sociología
y
política

EL MONÓLOGO NORTE-SUR

y la
explotación de los países subdesarrollados

por
ALFREDO ERIC CALCAGNO
Y
JEAN-MICHEL JAKOBOWICZ

siglo
veintiuno
editores

MÉXICO
ESPAÑA
ARGENTINA
COLOMBIA

siglo veintiuno editores, sa
CERRO DEL AGUA 248, MEXICO 20, D.F.

siglo veintiuno de españa editores, sa
C/PLAZA 5, MADRID 33, ESPAÑA

siglo veintiuno argentina editores, sa

siglo veintiuno de colombia, ltda
AV. 3a. 17-73 PRIMER PISO. BOGOTA, D.E. COLOMBIA

edición a cargo de carmen valcarce
portada de anhelo hernández

primera edición, 1981
© siglo xxi editores, s.a.
ISBN 968-23-1078-4

ÍNDICE

INTRODUCCIÓN

Periódicamente, el diálogo Norte-Sur hace su aparición en la primera plana de los diarios y en publicaciones. Para no cansar al lector, toma cada vez un nuevo rostro y un nombre nuevo: ha sido, sucesivamente, un simple diálogo, después un nuevo orden, un redespliegue industrial, una interdependencia, un triálogo, etc., y cada vez la nueva versión del mismo problema da nacimiento, si no a una solución, por lo menos a una impresionante cantidad de papel, de palabras y de discursos, de estudios a secas, así como de estudios complementarios. Se organizan reuniones, conferencias, negociaciones, después se crean comisiones, para desembocar en fin en subcomisiones que estudian el problema de modo profundizado. En el mejor de los casos, se llega a algunas reformas menores, sobre todo destinadas a impedir cambios mayores.

Sin embargo, no son las declaraciones de buena voluntad las que faltan. Nuestro propósito no es unirnos a este movimiento literario, que se encuadra más en la ciencia-ficción que en la ciencia económica. No propondremos ningún remedio milagro —del tipo de una transferencia de fondos tan masiva como hipotética de los países industrializados hacia los países subdesarrollados—, ningún escenario para futuros improbables, ninguna visión apocalíptica del mundo de mañana. Lo que procuraremos hacer, es aprehender la realidad tal como es, con sus luchas de poderes entre el Norte y el Sur ciertamente, pero también con sus contradicciones en el seno del Norte industrializado y del Sur subdesarrollado, y con el proceso de explotación sistemática del cual este último grupo de países fue y no cesa de ser la víctima.

"La explotación de los países subdesarrollados" es un fenómeno conocido, pero las ideologías de diversa naturaleza lo han provisto de tantos atributos que la realidad física, cuantitativa, ha desaparecido para dejar el lugar a un discurso abstracto fuera de todo contexto global.

El principio de este libro es el del realismo. No sirve para nada sostener de un modo maniqueísta que "los países subdesarrollados son explotados por el imperialismo occidental y sus agentes las empresas transnacionales" ni de repetir inveteradamente que "si los habitantes de los países subdesarrollados trabajaran más o fueran menos corrompidos, esos países podrían desarrollarse".

Es necesario analizar el proceso de subdesarrollo y el contexto en el que se produce, para ver cuáles son los hechos, los mecanismos, las reglas, las leyes que rigen el juego de la actividad internacional y procurar determinar, como en una novela policial, a quién "aprovecha el crimen" y quiénes toman verdaderamente las decisiones en el ámbito mundial. Una vez diseñado este cuadro de conjunto, sobre la base de hechos y de cifras, intentaremos ver cuáles son las contradicciones que ponen en peligro los poderes existentes, a fin de trazar los límites de lo posible y de lo imposible. ¿Qué puede, dadas las condiciones internacionales, hacer un país subdesarrollado para salir de su subdesarrollo? ¿Cuál es su margen de maniobra?

Desde el punto de vista de los países desarrollados, la regla de oro que ha guiado la acción de sus hombres de Estado en sus relaciones con el Sur desde el fin del siglo XVIII hasta el presente fue enunciada hacia 1790 por Alexander Hamilton: "Debemos estar dispuestos a denunciar como un daño que nos sería causado, actos que son en realidad decisiones justificables de una soberanía independiente que tiene en cuenta intereses diferentes de los nuestos."[1]

Por el contrario, para los países subdesarrollados ha llegado la hora de no confundir la utopía de los objetivos —utopía realista— con la utopía de los medios —ineficacia idealizada— y no pedir lo imposible sino imponer lo posible.[2] Con la creación del grupo de los países no alineados en la conferencia de Bandung en 1955, se originó el embrión de un poder autónomo en el seno de esos países, considerados hasta entonces por los países industrializados como "retardados". Este embrión multiforme tiene nombre: Grupo de Países No Alineados, Grupo de los 77, Organización de Países Exportadores de Petróleo. La fuerza muy desigual de estas organizaciones se ejerce sobre diferentes planos: poder político en las reuniones internacionales, poder económico por el control de elementos vitales de la civilización industrial de este fin del siglo XX, en particular las materias primas y más especialmente el petróleo. En fin y sobre todo, en una perspectiva de más largo plazo, poder demográfico: en el año 2000 la población de los países subdesarrollados representará 80% de la humanidad contra 65% en 1955. Esta superioridad numérica que aparece a los maltusianistas europeos como una desventaja, que llevaría a una continua degradación, podría muy bien ser el elemento determinante en esta batalla larvada que tiene lugar bajo nuestros ojos. El "campo de lo posible" no ha sido jamás tan amplio para los países subdesarrollados. Ellos y solamente ellos pueden explotar las posibilidades; sin embargo es necesario que exista la voluntad política de hacerlo. En tal contexto, este libro no se propone "aconsejar" o "promover" una forma determinada de desarrollo, sino más modestamente sólo ayudar a determinar el "margen de lo posible" que los países subdesarrollados podrían imponer.

---

[1] *The Federalist*, núm. 6, citado en Claude Julien, *Le rêve et l'histoire*, París, 1976, p. 330.
[2] Véase Pep Subiros, "Del socialismo científico al realismo utópico", en *Transición*, núm. 7, Madrid, abril de 1979.

El origen de la situación actual de los países subdesarrollados se sitúa en gran parte en los países industrializados: por ello, nos ha parecido indispensable analizar brevemente la crisis que los países desarrollados atraviesan desde hace varios años (captítulo i). Frente a esta crisis, el Sur subdesarrollado se ha convertido para las economías industrializadas en una dependencia indispensable, que provee materias primas y mano de obra baratas, recibe y remunera inversiones privilegiadas e importa productos manufacturados.

Como proveedores de materias primas, los países subdesarrollados, hasta estos últimos años ocuparon una posición de sujeción total frente a los países industrializados: los diversos reajustes de precios petroleros tuvieron, entre otras consecuencias, la de hacer tomar conciencia a estos países del poder inherente a sus riquezas naturales. Esta toma de conciencia no bastó en muchos casos para alterar el orden de los poderes a nivel mundial. En una perspectiva de más largo plazo, las materias primas cuya importancia estratégica es crucial para los países occidentales, podría servir a los países subdesarrollados como medio de presión para imponer un cierto número de propuestas (capítulo ii).

En materia de mano de obra, el papel de los países subdesarrollados puede, en el contexto internacional actual, parecer menos evidente. En efecto, los países industrializados cuentan en 1980 con más de 14 millones de personas en busca de empleo; no se ve entonces por qué esas economías van a recurrir a la mano de obra extranjera. Sin embargo el problema podría ser muy diferente después de 1985. Además del hecho de que la mano de obra en los países subdesarrollados es peor pagada que en los países desarrollados, estos últimos van a registrar a partir de este período y por lo menos hasta el fin del siglo, una baja de su población activa que podría obligarlos a relocalizar una parte sustancial de su producción industrial.

Este redespliegue, actualmente más retórico que real, permitiría confinar a algunos países subdesarrollados en la fabricación de bienes específicos con débil valor agregado y utilizando una mano de obra abundante y mal pagada. La economía de esos países aparecería entonces como en el caso de las materias primas, como complementaria de la de los países industrializados, sin posibilidad real de desarrollo propio (capítulo iii).

El capital constituye el tercero, pero no el menor, de los instrumentos de control y de explotación de las economías de los países subdesarrollados. La utilización de este instrumento se efectúa en general, sea por la vía de préstamos discriminatorios favorables a un cierto tipo de desarrollo, estrechamente ligado al país capitalista del centro, sea por intermedio de organismos especializados que se encargan de la "supervisión" de los programas económicos de los países deudores. Desde este punto de vista, el endeudamiento externo de los países subdesarrollados se ha duplicado con exceso entre 1975 y 1979, lo que hace del servicio de la deuda uno de los principales problemas de algunos de estos países (capítulo IV).

¿Qué hacer en este contexto internacional? Tal es la cuestión a la cual intentaremos responder en el último capítulo de este libro. ¿Cooperar con los países desarrollados, en nombre de la sacrosanta, pero relativamente reciente "interdependencia"? ¿Actuar solos o en grupo, pero de modo independiente de los países industrializados? Una alternativa que no lo es, sino en la medida en la que exista en los gobiernos de los países subdesarrollados la voluntad política de elegirla, con todo lo que ello representa como riesgo y como cuestionamiento de sus propias clases dirigentes.

CAPÍTULO I

LA SITUACIÓN DE LOS PAÍSES DESARROLLADOS

1. LA EXPANSIÓN HASTA EL PRINCIPIO DE LOS AÑOS SETENTA

Las relaciones internacionales modernas se hacen explícitas en términos de enfrentamientos. Cronológicamente, primero se habló de enfrentamientos entre el Este y el Oeste; después, entre el Norte y el Sur. Más raramente, se hace alusión a las luchas internas que tienen lugar en el seno mismo del Norte industrializado. Sin embargo, en el origen de la crisis que atraviesa actualmente esta región del mundo, influye esta lucha interna de la cual depende, no solamente la jerarquía futura de los poderes entre países industrializados, sino también la relación de fuerzas entre estos últimos y los países subdesarrollados.

Hasta el principio de los años setenta, las economías de los países industrializados parecían funcionar a la perfección. El crecimiento, palabra mágica, era general y si había algunos contratiempos, permanecían localizados en el tiempo, en el espacio y en su importancia relativa (en los Estados Unidos durante los años 1954 y 1958, en Francia en 1963 y 1968, en Alemania en 1967, etc.). Desde la posguerra, todo había aumentado, sea en términos de consumo privado, de salario real, de comercio internacional y, en general, de nivel de vida (véase cuadro I.1).

CUADRO I.1
ALGUNOS INDICADORES DEL NIVEL DE CONSUMO: 1952 Y 1970

	Consumo de acero (kg/hb)		Número de teléfonos (100 hb)		Número de televisores (1 000 hb)		Número de automóviles particulares (1 000 hb)	
	52	70	52	70	52	70	52	70
Estados Unidos	518	620	31.8	58.7	240	412	290	437
Japón	58	676	2.7	25.2	1.2	219	1.1	79
Francia	244	457	6.2	17.2	5.3	216	41	246
Gran Bretaña	317	458	11.8	26.7	92	293	51	256
Alemania Federal	289	660	4.6	22.5	3.1	276	16	223
Italia	84	393	3.0	17.1	2.8	181	11	188

FUENTE: Naciones Unidas, *Anuario Estadístico*, 1955 y 1977.

La tasa de desocupación había quedado en límites aceptables y numerosos países debían recibir mano de obra extranjera para compensar la menor natalidad de la primera mitad de los años cuarenta (véase cuadro I.A). Única pequeña sombra en el cuadro: las tasas de beneficio de las empresas, a las cuales nos referiremos más adelante, habrían tenido, según algunas estimaciones, tendencia a disminuir a partir de 1965.[1]

Hacia el fin de los años sesenta, la problemática se ubica para ciertos grupos sociales, sobre todo para los intelectuales, más bien al nivel de una elección de sociedad: en Francia, por ejemplo, 1968 va a ser el símbolo y tal vez el punto culminante de la puesta en cuestión de esta sociedad llamada de consumo tipo norteamericano, que después de la posguerra ha servido de imagen de referencia a las economías del mundo entero.[2]

Los jóvenes que no han conocido más que la abundancia de los años sesenta, van a buscar en el campo social, filosófico y espiritual, algo diferente a la satisfacción de las necesidades materiales. El impacto de mayo de 1968 ha sido analizado en detalle, sin que pueda determinarse si estos acontecimientos cambiaron realmente algo en el comportamiento de los diferentes actores sociales. Lo único que se puede comprobar es que dos años más tarde el mundo económico occidental comenzaba a agrietarse.

En 1970, la economía norteamericana tuvo su crecimiento más lento desde 1958. En un año, el producto nacional bruto norteamericano bajó en 0.3%, las inversiones en 7.9%, la tasa de desocupación aumentó en 40%, y el 25% de la capacidad del aparato productivo norteamericano permanecía sin utilizar, contra 13.5% el año anterior.[3]

La reacción de la administración fue muy keynesiana. Para reactivar una economía debe crearse una fuerte demanda y para ello es necesario que el Estado gaste más y que los créditos sean más baratos, de modo que los particulares puedan comprar en mayor cantidad y las empresas puedan invertir. La administración norteamericana aplicó esta receta al pie de la letra: déficit presupuestario récord de 18.3 mil millones de dólares en 1971 y baja de la tasa de interés de 1.5%.

Los resultados no se hicieron esperar y la economía norteamericana se activó: un fuerte crecimiento del producto nacional bruto y de la producción industrial en 1972, así como un aumento de 22% en el volumen de las inversiones en el lapso de 2 años. El consumo privado cre-

---

[1] Algunos análisis marxistas ven en esta disminución de la tasa de beneficio la fuente de la crisis actual del sistema capitalista.

[2] Algunos autores sostienen que lejos de haber llegado al final, esta dominación cultural norteamericana ha entrado tanto en las costumbres europeas que pasa prácticamente desapercibida. Véase al respecto, J. Thibau, *La France colonisée*, París, 1980.

[3] Estados Unidos, *Economic report of the president*, Washington, 1979.

ció también a un ritmo de 4.8% por año en el período de 1970-1973 contra 2% entre 1969-1970. El viejo buen "sistema K" parece haber perfectamente funcionado y los economistas triunfado: "sabemos ahora controlar los ciclos económicos; la crisis del 29 no se volverá a producir jamás". Sin embargo, en la euforia general de los años 1972-1973 algunos puntos obscuros permanecen en la economía norteamericana. Primeramente es la tasa de desocupación que no decrece con la reactivación económica: 5.6% en 1972 contra 3.5% en 1969. En seguida es la inflación, vecina al 5% por año mientras que no sobrepasaba el 1.6% anual entre 1955 y 1965. La utilización del potencial industrial permanece muy inferior a lo que era en los años sesenta. En fin, el dólar que desde la posguerra simboliza la grandeza de los Estados Unidos rompió su paridad oro en 1971 y comenzó a depreciarse en relación al marco alemán, al yen japonés, al franco suizo y a la libra inglesa (véase cuadro I.2). Los deterioros de este símbolo no eran más que la manifestación monetaria de un profundo cambio en el equilibrio de poderes al nivel mundial.

CUADRO I.2
EVOLUCIÓN DEL DÓLAR EN RELACIÓN CON OTRAS MONEDAS
(1951 = 100)

	1970	*1973*	*1979*
Yen	100.9	129.0	185.6
Marco alemán	115.1	155.5	229.8
Franco francés	63.4	74.3	83.8
Franco suizo	101.2	134.8	269.7
Lira italiana	100.3	102.8	57.8
Libra inglesa	116.2	120.0	136.8

FUENTE: Naciones Unidas, *Anuario Estadístico*, diversos años.

Entre 1950 y el principio de los años setenta, numerosas tensiones se acumularon y llevaron a dos crisis, que son la consecuencia una de la otra. Un gran número de países, durante este período se liberaron de los lazos coloniales: más de 100 países se unieron a los 51 que eran miembros de las Naciones Unidas después de la guerra. Estos estados progresivamente tomaron conciencia de su jerarquía y de su poder, aun si este último era muy relativo. Esta toma de conciencia llegó a su máximo en 1973, en el momento que se desencadenó la crisis del petróleo: los países subdesarrollados en su conjunto, de los más pobres a los menos pobres, se identificaron con los países exportadores de petróleo. No es por casualidad que la crisis del petróleo tuvo lugar en los principios de los años setenta y no 10 años más temprano o más tarde. A la llegada de los países subdesarrollados a la escena política mundial, se agregó una transformación de las relaciones en el seno mismo de los países industrializados.

2. LA DECLINACIÓN DE LA HEGEMONÍA NORTEAMERICANA

En los años de posguerra y hasta la mitad de los años sesenta, el mundo de economía de mercado estaba económica, política y culturalmente dominado por los Estados Unidos. Un aspecto cuantitativo de este hecho nos lo muestra el cuadro i.3. En 1955, la mayor parte de la producción mundial se concentra en los Estados Unidos, los norteamericanos tienen el más alto nivel de vida del mundo y América es el símbolo de la civilización industrial moderna y de la tecnología avanzada. Al cabo de los años va poco a poco a perder su prestigio. Es difícil apreciar si hubo declinación de la grandeza norteamericana o si más bien los europeos por una parte y los japoneses por la otra tuvieron éxito en disminuir su retardo. De todos modos, se comprueba que en 1970 es decir antes de la caída del dólar, cambió la distribución de la producción entre las grandes potencias industriales. En el conjunto de los seis países considerados, entre 1955 y 1979, Europa pasó del 29 al 38% y Japón del 4 al 19%. Este cambio estructural se hizo en perjuicio de la parte relativa de los Estados Unidos. Este fenómeno es aún más visible en 1979 cuando el dólar sufrió numerosas devaluaciones con relación a las monedas europeas y al yen japonés. Esta evolución de la que se habla poco, tiene una gran importancia, porque bajo el discurso único de los países desarrollados frente a los países del Este y a los subdesarrollados, se oculta la mayor reestructuración de este fin de siglo. El mundo unipolar de los años cincuenta ha terminado y nos encontramos actualmente frente a un mundo tripolar, con polos fuertemente interdependientes, pero con intereses contradictorios. En general, cuando se habla de interdependencia en los discursos oficiales se trata de la interdependencia Norte-Sur; sin embargo, el estudio de los flujos de comercio internacional (véase cuadro i.B) muestra que esta interdependencia se sitúa esencialmente entre países desarrollados. Un punto que es interesante comprobar es la estabilidad del comercio mundial. Entre 1955 y 1979 las grandes zonas económicas —países desarrollados, países del Este y países subdesarrollados— conservan la misma parte del comercio mundial. Los cambios se sitúan en el interior de cada una de estas zonas. Por una parte son los europeos y los japoneses que ganan terreno en perjuicio de los Estados Unidos; por otra parte son los países exportadores de petróleo, que representan más de 50% de las exportaciones efectuadas por los países subdesarrollados. La parte de importaciones de los países desarrollados provenientes de los países subdesarrollados fue de 28% en 1955 y de 26% en 1979. ¿Cuáles son las consecuencias de esta evolución?

CUADRO I.3
EVOLUCIÓN DE LA PARTICIPACIÓN DE DIFERENTES ZONAS Y PAÍSES
DE LA OCDE EN EL PRODUCTO NACIONAL BRUTO
(en porcentajes de su PNB *acumulado)*[a]

	1955	1960	1970	1979
Estados Unidos	67.4	64.5	56.3	43.5
Europa[b]	28.6	30.2	32.2	37.9
Japón	4.0	5.3	11.5	18.6
Total	100	100	100	100

[a] En dólares corrientes (conversión a la tasa de cambio medio del año considerado).
[b] Reino Unido, Francia, Alemania Federal e Italia.
FUENTE: OCDE, *Cuentas nacionales y perspectivas económicas de la OCDE*, núm. 28, diciembre de 1980.

Desde un punto de vista socioeconómico, la línea directriz de los países industrializados no ha sido muy claramente definida. Durante los años sesenta el objetivo buscado por las economías occidentales era simple y netamente explicitado: era necesario alcanzar a los Estados Unidos, copiarlo y, en fin, sobrepasarlo. Ahora, desde que Europa y Japón llegaron a este grado de desarrollo, parece más difícil definir objetivos de largo plazo en la sola lógica de la imitación.

En lo que concierne al aspecto político-económico, el poder en la esfera capitalista está ahora dividido en tres más uno. Los Estados Unidos, el Japón y Europa por una parte, y los países exportadores de petróleo por la otra. Dirigir entre tres, aun si estos tres tienen a menudo intereses comunes, es mucho más complicado que hacerlo solo. Además, para compensar una demanda que tiende hacia una cierta saturación, los países industrializados están obligados a exportar más hacia los clientes más solventes: los otros países industrializados. El resultado de esta política en el seno de las comunidades europeas es que la parte de la demanda externa en la demanda total ha aumentado en 28% entre 1970 y 1978, mientras que durante ese tiempo la parte del consumo privado llegaba a su punto máximo.[4]

Si se toma el caso de Francia, teniendo en cuenta el hecho que 70% de sus exportaciones se destinan a países industrializados, se advierte que actualmente 15% de la demanda depende de la situación económica en los otros países desarrollados, contra 10% en 1970; en Alemania

[4] Comisión de las Comunidades Europeas, *L'évolution des structures des économies européennes depuis la crise du pétrole, 1973-1978*, Bruselas, 1979.

Federal, las cifras son de 20% contra 15% siete años atrás. Es suficiente que un grupo de países sufra crecimientos lentos para que el conjunto del sistema se encuentre afectado.

3. LA CRISIS DE 1973-1975

Un factor va a venir a agravar este cambio estructural interno: la crisis del petróleo de 1973, o más bien la toma de conciencia por los países exportadores de petróleo de una contradicción fundamental que duraba desde hacía mucho tiempo. Por una parte, un bien escaso y una demanda de más en más fuerte; por el otro, un precio real que disminuye (véase cuadro I.c). En una economía de mercado este hecho no tiene sentido. Los países exportadores de petróleo van a aprovechar el "flotamiento" que existe en el seno de los países industrializados —"flotamiento" político, económico y militar— para utilizar en fin en su favor las leyes del mercado, que funcionaban hasta ese momento en beneficio de los países occidentales. Una de las primeras consecuencias para los países industrializados fue que debieron consagrar una parte mayor de sus ingresos de exportación para pagar el petróleo. Así en Francia, el 10% de este ingreso bastaba para pagar la factura petrolera en 1970, pero en 1974 era necesario el 24%. Es en este ambiente internacional traumatizado que va a tener lugar la crisis económica de 1975, la mayor por la que atravesó el mundo industrializado desde la posguerra.

Desde fines de 1974, la producción cae en los Estados Unidos, en Gran Bretaña y en Japón; las otras economías desarrolladas van a seguir pocos meses más tarde. En total, el producto nacional bruto del conjunto de los países de la OCDE disminuyó en 7.3% en un año. En esta misma región,[5] la desocupación aumentó hasta alcanzar a 14 millones de personas durante el segundo trimestre de 1975, es decir alrededor de 5.5% de la población activa, el doble del promedio registrado durante los años sesenta. Las inversiones disminuyen y una gran parte de las capacidades de producción permanece inutilizada en el conjunto de los países industrializados. Es esta coincidencia la que va a aumentar la amplitud de la crisis, porque como hemos visto precedentemente, las economías occidentales están estrechamente entrelazadas por la acción del comercio exterior. Al principio de los años setenta, 16% de la demanda final de los países europeos dependía de la situación en los otros países industrializados, cerca del doble de los años sesenta. En 1975 se asistió a una baja general de la demanda final y en consecuencia de las importaciones, lo que tuvo por consecuencia disminuir las posibi-

[5] OCDE, *Perspectives économiques de l'OCDE*, París, 1974-1980.

lidades de exportación, haciendo así aún más lenta la actividad económica de los países en crisis. Todos los gobiernos occidentales se encuentran entonces ante el mismo problema: exportar más, a la vez que se importa menos.

Para exportar, es necesario ser competitivo en el mercado internacional, en consecuencia producir bienes de calidad superior o producir más barato que los otros. Algunos países como Alemania Federal van a basarse sobre la calidad de los productos ofrecidos, lo que les permite aumentar sus exportaciones aun cuando sus precios son netamente superiores a los otros. Otros países, como los Estados Unidos, tratarán de disminuir los precios de los productos exportados (véase cuadro I.D).

Entre los instrumentos utilizados para aumentar la competitividad económica de las exportaciones, se puede citar una mayor eficacia del sistema productivo, la devaluación relativa de la moneda y una disminución de las cargas salariales.

El primero de estos instrumentos, directamente ligado a la productividad, es relativamente difícil de manejar. En efecto, como aparece en el cuadro I.E. la mayor parte del crecimiento de la productividad permanece sin explicar. Los factores identificados, como el nivel de educación, la composición por sexo y por edad de la fuerza de trabajo, son variables estructurales sobre las cuales los gobiernos tienen pocas posibilidades de acción, sobre todo en el corto plazo. Por otra parte, el crecimiento de la productividad puede tener como contrapartida una disminución de la demanda de mano de obra que no es bienvenida cuando la tasa de desocupación es alta, como es el caso en estos últimos años. (véase cuadro I.4).

CUADRO I.4
TASA MEDIA DE DESOCUPACIÓN
(en porcentaje de la población civil activa)

	1960-1969	1970-1973	1974-1976	1977-1978	1979
Estados Unidos	4.8	5.3	7.3	6.5	5.7
Japón	1.3	1.3	1.8	2.2	2.1
Alemania Federal	0.7	0.9	3.5	4.0	3.2
Francia	1.8	1.8	3.5	5.1	5.9
Gran Bretaña	2.7	3.1	3.9	5.7	5.8
Italia	3.2	5.1	5.3	6.7	7.5

FUENTE: Estados Unidos, *Economic report of the president, op. cit.;* Comisión de las Comunidades Europeas, *L'évolution des structures sectorielles des économies européennes depuis de la crise du pétrole, 1973-1978,* Bruselas, 1979; OCDE *Economic Outlook,* núm. 28, París, diciembre de 1980.

Una baja del precio del dinero es un elemento que actúa tanto sobre la productividad como sobre los costos de producción. Pero existe una tendencia a la uniformidad de las variaciones de las tasas de interés. Por otra parte, en virtud de su multinacionalización, las empresas tienen la posibilidad de variar su fuente de financiamiento y una reducción selectiva de las tasas de interés para las industrias exportadoras es difícilmente practicable sin provocar reacciones en los otros países. Una baja del conjunto de las tasas de interés tendría por efecto inmediato una reactivación del consumo interno y de la inflación.

Esta inflación, que nadie se atreve aún a calificar de galopante, alcanza después de la crisis de 1975 a tasas muy elevadas si se las compara con las registradas durante los años sesenta (véase cuadro 1.5). En cuanto a la determinación de sus causas, es una cuestión demasiado compleja, imposible de abordar en el contexto de este trabajo. Lo que podemos señalar es que comenzó en el caso de los Estados Unidos con la aparición de un fuerte déficit presupuestario y un déficit del balance de pagos, y que condujo a una depreciación del dólar en relación a la mayor parte de las otras monedas. Esta variación de la tasa de cambio equivale a una disminución relativa de los precios de las exportaciones norteamericanas. Entre 1975 y 1979 los términos del intercambio del comercio exterior disminuyeron en 15%. Por otra parte, entre 1970 y 1978, el costo del trabajo por unidad producida expresada en dólares aumentó en 54% en los Estados Unidos y en 185% en Alemania Federal; en cambio, expresada en moneda nacional, este aumento es sensiblemente el mismo en los dos países. Esta diferencia se debe a una depreciación relativa de 80 a 90% del dólar con respecto al marco alemán. Esta política es tanto más fácil para los Estados Unidos cuanto que la mayor parte del comercio internacional está expresado en dólares, es decir que paga sus importaciones en moneda nacional. En un primer tiempo esto permitió erosionar el poder de compra de los países exportadores de petróleo (véase cuadro 1.C). hasta el momento en que estos últimos amenazaron con no aceptar más dólares, por demasiado devaluados, en pago de sus exportaciones de petróleo. A partir de ese momento, los Estados Unidos tuvieron que reaccionar para no tener que pagar su petróleo con una moneda próxima a los derechos especiales de giro, lo que hubiera quitado al dólar el papel privilegiado que jugó sobre la escena internacional desde la posguerra.

Para exportar, no basta con ser competitivo en los precios y en la calidad; es necesario también tener un excedente de producción. Un modo de producir ese excedente consiste en comprimir la demanda interna. Para hacerlo, los gobiernos tienen entre otras, la posibilidad de actuar sobre cuatro factores: el consumo privado, el del gobierno, las inversiones y, en el corto plazo, las existencias. La técnica norteamericana va a consistir en actuar sobre los dos primeros factores. Entre

CUADRO I.5
VARIACIONES ANUALES DE LOS PRECIOS AL CONSUMIDOR
(en porcentaje anual)

	Estados Unidos	*Alemania Federal*	*Francia*	*Italia*	*Gran Bretaña*	*Japón*
1951-1960	1.5	0	4.3	2.0	3.5	0.3
1960-1970	2.9	1.2	4.2	4.2	4.1	1.4
1970-1973	4.6	5.9	6.2	7.1	8.5	7.4
1974	11.0	7.0	13.7	19.1	1.0	24.5
1975	9.1	6.0	11.8	17.0	24.2	11.8
1976	5.8	4.5	9.6	16.8	16.5	9.3
1977	6.5	3.7	9.4	18.4	15.8	8.1
1978	7.7	2.7	9.1	12.1	8.3	3.8
1979	11.3	4.1	10.8	14.8	13.4	3.6
1980	13.5	5.5	13.3	21.2	18.0	8.0

FUENTE: FMI, *International Financial Statistics, op. cit.;* OCDE, *Perspectives economiques de l'OCDE, op. cit.*

1970 y 1978, la parte del consumo privado y del gobierno en el producto nacional bruto van a disminuir cada una 2.1%, paralelamente con un ligero aumento de las inversiones (1.2%) y un incremento de las exportaciones (3%). La reducción del consumo del gobierno se obtiene por una compresión presupuestaria; en cuanto a la de las familias, por medio del aumento de las tasas de interés y el bloqueo de los salarios (véase cuadro I.6). Entre 1972 y 1978 el salario semanal pagado a los obreros norteamericanos pasó de 137 dólares a 211, lo que representa un aumento de 54%. Pero si se tiene en cuenta la inflación, los salarios lejos de haber aumentado durante este período, disminuyeron en 5%. La fuerte tasa de desocupación registrada en los Estados Unidos desde la mitad de los años setenta ayudó mucho a las autoridades y a los empresarios norteamericanos a hacer aceptar esta baja.

CUADRO I.6
VARIACIONES DE LA TASA DE INTERÉS EN LOS ESTADOS UNIDOS
(en porcentajes)

	1969	*1970*	*1971*	*1972*	*1973*	*1974*
Tasa de interés	6.00	5.50	4.50	7.50	7.75	6.00
	1975	*1976*	*1977*	*1978*	*1979*	
	5.25	6.00	9.50	12.00	13.00	

FUENTE: Fondo Monetario Internacional, *International Financial Statistics, op. cit.*

En 1975, 8.3% de la población activa de los Estados Unidos se encuentra sin empleo; por su importancia, este "ejército industrial de reserva" ejerce un poder depresivo sobre el mercado del empleo e indirectamente sobre los salarios reales que bajan en 3.2%. La continuación "clásica" del ciclo hubiera debido ser: habiendo bajado los salarios, la parte del valor agregado captada por el capital bajo forma de beneficios debería haber aumentado, provocando un aumento de las inversiones y una reactivación económica. Ahora bien, como lo hemos visto precedentemente, las inversiones no aumentaron suficientemente como para suscitar una activación económica durable. Por el contrario, lo que va a ocurrir es que la desocupación, instrumento previsto de la reactivación económica, llegue a un nivel tal que constituya una amenaza para el sistema mismo. Es la primera vez desde 1941 que la tasa de desocupación es tan elevada en los Estados Unidos. Los empresarios van entonces a invertir menos y a utilizar más una mano de obra que gracias a la caída del dólar y a la disminuición de los salarios reales, se ha convertido en más barata que en el pasado. Entre el segundo trimestre de 1975 y el segundo trimestre de 1979, hubo una baja de la productividad y una reabsorción de cerca del 30% de la desocupación.

En los otros países industrializados, la utilización de la desocupación como freno al crecimiento de los salarios reales fue hasta muy recientemente un fracaso, que se debe en gran parte al sistema social de los países de Europa occidental. En Francia, por ejemplo sería necesario llegar a una tasa de desocupación de 6.8% para que el crecimiento de los salarios reales comenzara a descender. Al principio de 1980, esta inflexión se generaliza en el conjunto de los países desarrollados. Así, en Japón el poder de compra había aumentado 3.6% en 1979 y, según el gobierno habría disminuido en 1980.[6]

Esta resistencia de los salarios a la presión ejercida sobre el ingreso estaría, según varios autores, en el origen de una baja de las tasas de beneficio de las empresas y en la base de la crisis actual que atraviesan las economías capitalistas.

4. LOS BENEFICIOS Y LA CONCENTRACIÓN INDUSTRIAL[7]

Medir los beneficios de las empresas se ha convertido, con la internacionalización del capital y la concentración industrial en un rompecabezas que el arsenal estadístico no ha llegado a resolver. Desde el punto

---

[6] *Perspectives économiques de l'OCDE, op. cit.*

[7] "Los beneficios son tan fluctuantes que la persona que lleva a cabo un comercio particular, no puede siempre decir cuál es el promedio de su beneficio anual", Adam Smith, *La riqueza de las naciones.*

de vista del empresario, el problema se sitúa en un nivel de elección estratégica. La alternativa es la siguiente: sea declarar fuertes beneficios para mostrar la buena marcha de los negocios y pagar impuestos sustanciales, sea no declarar beneficios (lo que es siempre posible por juegos de escritura) y arriesgarse a ver cuestionada la gestión de la empresa por los accionistas. Además, frente al gran público, hacer grandes beneficios en período de crisis es muy mal visto. Así, en marzo de 1979, cuando el Departamento de Comercio norteamericano anunció que los beneficios de las grandes empresas habían aumentado en 9.6% durante el cuarto trimestre de 1978, el revuelo fue general y se acusó a estas empresas de ser antipatrióticas,[8] y de provocar inflación. Un factor nuevo ha intervenido estos últimos años en la definición misma del beneficio: es el endeudamiento creciente de las empresas. En los Estados Unidos, en 1960, 73% de las inversiones industriales era efectuada por autofinanciamiento; en 1978, el aporte exterior a las empresas es de 48%. Este cambio estructural va a provocar en la repartición del beneficio de producción, un crecimiento de la parte traspasada a los bancos bajo forma de interés en detrimento de los beneficios distribuidos a los accionistas. Si se consideran únicamente los beneficios después de impuestos (véase cuadro I.7) se advierte que su parte en los costos de producción ha disminuido en 30% entre 1970 y 1978;[9] en cambio, la parte de los intereses se duplicó con exceso. En realidad, la suma de beneficios más intereses no cambió prácticamente entre estos dos años. Lo que querría decir que desde el punto de vista del capital —sea provisto por una fuente u otra, estando ambas fuertemente ligadas, como lo veremos en seguida— su retribución no ha cambiado. Si la parte salarial pudo aumentar, es en perjuicio de los impuestos directos e indirectos. Parecería entonces que la afirmación según la cual en la crisis actual habría una baja tendencial de la tasa de beneficios y sería en consecuencia una crisis estructural del sistema capitalista, es difícilmente verificable, tanto más cuanto las empresas —o al menos algunas de ellas— han tenido en este período de crisis una gran prosperidad. Mientras que en los años sesenta, la tasa de quiebras era en los Estados Unidos de 60 empresas por año por 10 000 empresas existentes, esta tasa disminuyó a la mitad en 1977.

Estas cifras ocultan también otro fenómeno: la concentración industrial creciente, que permite a grandes grupos extender su mercado sin creación de nuevos productos por la compra de empresas en dificultad. Esta concentración se manifiesta tanto al nivel de las ventas como de los beneficios y del empleo. En 1955, las 500 mayores empre-

---

[8] Declaraciones de George Meany, citadas en "What's really happened to profits", *Fortune,* Nueva York, 27 de agosto de 1979.

[9] Estados Unidos, *Economic report of the president, op. cit.*

CUADRO I.7
DISTRIBUCIÓN DE COSTOS Y BENEFICIOS EN ESTADOS UNIDOS
(en porcentaje)

	Amortizaciones	Impuestos directos	Salarios	Intereses	Beneficios			
					Total	Impuestos	Beneficios después de imptos.	Total
1960	9.7	10.2	65.3	1.3	13.5	6.8	6.7	100
1978	10.2	9.5	67.2	3.0	10.1	5.5	4.6	100

FUENTE: Estados Unidos, *Economic report of the president, op. cit.*

sas norteamericanas empleaban 44% de la mano de obra de la industria y de las minas; en 1977, empleaban más del 77%. Su cifra de negocios representa 58% del producto nacional bruto norteamericano y 60% de los beneficios.[10] En Francia[11] como en los Estados Unidos, las diez primeras empresas totalizan el 16% del producto nacional bruto.[12] Sin embargo, estas concentraciones se operan de modo muy diferente según los países.

En los Estados Unidos son los bancos los que han financiado esta reestructuración. Ellos han aumentado por dos medios, entre otros, su control sobre la actividad económica. De un modo directo, por su tenencia de acciones: al principio de los años setenta, detentaban acciones por 1 000 billones de dólares, lo que les daba poder sobre 22% de los derechos de voto del conjunto de las sociedades que se cotizan en bolsa.[13]

El otro modo de controlar aún más directamente las empresas industriales, además de la toma de participación, es el intercambio de di-

[10] *Fortune Magazine,* Nueva York, 13 de agosto de 1979.
[11] Jean Marie Chevalier, *L'Économie industrielle en question,* París, Calmann-Levy, 1977.
[12] *Fortune Magazine,* Nueva York, 13 de agosto de 1979.
[13] Estos bancos estaban reagrupados en 15 grupos. Uno de ellos el grupo Rockefeller-Morgan controla 6 de los más grandes bancos norteamericanos: el Chase Manhattan Bank, el Rockefeller Family Deposit, el First National City Bank, el Manufactures Hannover Trust, el Chemical Bank of New York, el Morgan Guaranty Trust y el Banker Trust, lo cual totaliza un capital social de 286 000 millones de dólares en 1978, 35% de los depósitos norteamericanos y 25% de los préstamos. Estos bancos tienen intereses en sectores tan diferentes como los transportes aéreos (United, Western, American y Northwestern Airlines), petróleos y minas (Exxon Standard Oil y Kennecott que controla a su vez Peabody Coal, la más grande compañía carbonera del mundo), los medios de difusión (CBS, NBC y ABC), para no citar sino algunas de las actividades de este grupo gigante.

rectores. Según el informe del subcomité Patman[14] que data de 1968, los 49 bancos comerciales más importantes de los Estados Unidos tienen puestos de directores en más de 5 000 empresas. Uno de los puntos que precisa este mismo informe y que va en contra de la imagen difundida en el público acerca del capitalismo tecnocrático, es que en los Estados Unidos, 108 de las 200 principales empresas están controladas por familias y 40 por grupos financieros que pertenecen también a menudo a familias (grupo Rockefeller, grupo Morgan, grupo Mellon).[15] No se trata entonces de una nueva forma de capitalismo internacional sin rostro, sino más bien de la misma oligarquía de hace 20 o 30 años, que se oculta tras estructuras financieras internacionales complejas (véase cuadro I.F).

Este fenómeno no es particular a los Estados Unidos. Un cuadro similar diseñado para Francia da resultados idénticos (véase cuadro I.G).

Sobre las 200 primeras empresas francesas, 100 están en manos de familias. Pero los De Wendel, los Gillet, los Michelin, no tienen el aparato financiero de los Rockefeller, lo que los va a obligar a reunirse en el seno de grupos financieros para reestructurar y concentrar la industria francesa.

Es en este contexto que nacieron grupos financieros tales como Paribas y la Financière de Suez. Los industriales franceses los crearon y utilizaron para financiar su reestructuración y no a la inversa, como fue el caso de los Estados Unidos. Así, el Consejo de Administración de Saint-Gobain-Pont-à-Mousson (SGPM) tiene tres administradores más o menos directamente ligados a la Financière de Suez. Por otra parte, esta misma Financière de Suez es una de las mayores accionistas de Saint-Gobain-Pont-à-Mousson (17% de las acciones) e inversamente el grupo Saint-Gobain-Pont-à-Mousson tiene 9.9% de las acciones de la Financière de Suez por intermedio de un holding Cadamas que controla en 99.9%. Esta concentración, que en el caso preciso de SGPM tiene lugar en ocasión de una oferta pública de venta lanzada por BSN, se efectuó a nivel nacional aun si se encuentra entre los accionistas un banco alemán —West-Deutsche Landesbank Girozentrale que tiene 5.8% de las acciones del grupo— y una empresa belga —las Glaceries de Saint Roch. Pero a partir de esta base nacional, este grupo que se clasifica en el 50 lugar sobre el mercado mundial y en el quinto lugar sobre el mercado francés va a dirigirse de más en más al extranjero. En dos años, la parte de las inversiones totales en el extranjero aumenta en 17% y en 1978, eran 2.5 veces más importantes que las realizadas en Francia.

[14] U.S. House of Representatives, Committee on Banking and Currency, *Commercial banks and their trust activities: emerging influence on the American economy*, 90 th. Congress, 2nd. session, 1968.

[15] J.M. Chevalier, *L'Économie industrielle en question, op. cit.*

Como resultado de esta política, entre 1974 y 1978 el grupo SGPM reduzco su personal empleado en Francia en 12% y lo aumentó en 84% en los países situados fuera de Europa, en particular en Estados Unidos y en los países subdesarrollados. La lógica económica impulsa al grupo a maximizar su beneficio, aun si esto significa retirarse de su nación de origen.

Este sistema de ramificaciones internacionales permite a un grupo distribuir sus beneficios por zonas geográficas en función de los gravámenes fiscales nacionales. Así la SGPM posee un holding en Suiza que a su vez tiene intereses en Italia, Suecia, Alemania Federal, España, Portugal, Estados Unidos, etcétera.

Se estima actualmente en 400 000 millones de dólares la liquidez internacional que tienen las 200 mayores empresas industriales mundiales; estas sumas, si se utilizaran con propósitos especulativos, pueden permitir a estas empresas influir en los mercados monetarios la cotización de las monedas.[16]

5. ALGUNAS CONCLUSIONES

¿Qué puede concluirse de este breve cuadro que hemos intentado esbozar en las páginas precedentes? En general ¿hacia dónde van las economías industrializadas? Y en fin ¿a quién beneficia la crisis?

Desde un punto de vista internacional, dos hechos nuevos han aparecido en estos últimos años: la importancia decreciente de los Estados Unidos y el aumento de los precios del petróleo. En 1980 es necesario exportar más para importar productos más caros (petróleo) en cantidad igual o inferior. La solución de facilidad fue para los Estados Unidos reducir el valor de un dólar sobrevaluado para reconquistar mercados exteriores y reducir el costo, en términos monetarios, del petróleo importado. A corto plazo, esta política de huida hacia adelante tuvo por efecto desestabilizar un sistema monetario anticuado, que estaba basado sobre la supremacía de los Estados Unidos, atraer inversiones extranjeras y mejorar la competitividad de los productos norteamericanos. Sin embargo, en el largo plazo, esta estrategia constituye una mala solución frente a la degradación de variables estructurales, tales como la productividad decreciente que tiene actualmente la economía norteamericana. La elevación de los precios del petróleo es un elemento marcante de estos últimos años, pero sería falso acentuar su efecto estructural en el largo plazo sobre las economías industrializadas. Es cierto

---

[16] A propósito de la especulación de las empresas multinacionales, véase "Je suis un spéculateur", *Economia*, París, febrero de 1975.

que este aumento ha provocado un déficit de las balanzas de pagos y una transferencia de riquezas (o mejor dicho de fondos) hacia los países exportadores de petróleo.

Ahora bien, esos países a causa de su subdesarrollo y particularmente de su falta de control sobre el sistema económico mundial y sobre la tecnología, no pueden esperar ser competitivos en el nivel industrial ni aun en un futuro lejano. Lo que les queda por hacer, es preservar lo mejor posible sus haberes financieros, con todo lo que implica respecto al reciclaje de los capitales, acentuando aún más la crisis monetaria internacional. En el largo plazo, esta fuerte elevación de los precios de los productos energéticos, a pesar de su efecto desfavorable, va a permitir a las economías desarrolladas efectuar cambios en su sistema productivo escalonados sobre una veintena de años, en lugar de hacerlo "en catástrofe" si las reservas energéticas disminuyeran brutalmente, como parece que será el caso de aquí al fin del siglo.

Según la OCDE,[17] por otra parte, es necesario no exagerar los efectos perniciosos de este aumento. Un crecimiento de 10% de los precios del petróleo no implica más que un aumento de los precios al consumo de 0.1%. Desde un punto de vista internacional, pues, la base de la crisis se sitúa más al nivel de una redistribución de cartas entre países desarrollados que entre países desarrollados y exportadores de petróleo. En los países industrializados, son ante todo los trabajadores los que van a pagar los costos de esta crisis. Su poder de compra va a ser puesto en cuestión por dos razones: para disminuir los costos de producción y para desprender un excedente exportable. En la disminución de los salarios reales, la desocupación es un elemento clave.

Bajo este aparente caos de las economías industrializadas se oculta una reestructuración muy importante: la concentración a nivel de las empresas y su multinacionalización creciente. No son, como en los años sesenta, únicamente las firmas norteamericanas las que se internacionalizan, sino las de todos los países desarrollados. La baja de los salarios les permite acrecentar los beneficios y la internacionalización les permite acumular en donde mejor les parezca y aún utilizarlos para objetivos no productivos. Lo que aparece como más importante que el aumento de los precios del petróleo es esta creciente interdependencia, no entre Norte y Sur —hemos visto que la estructura de los flujos comerciales no ha cambiado durante estos veinte últimos años— sino entre países del Norte, tanto en el comercio internacional como al nivel de las empresas transnacionales. Estas últimas son por lo demás, las mejor ubicadas para sacar provecho de la situación.

Para los países desarrollados en crisis, tanto como para las empresas transnacionales, los países subdesarrollados constituyen regiones de

---

[17] Véase OCDE, *Perspectives Économiques*, núm. 25.

apoyo indispensables para su crecimiento económico. En esta óptica, los flujos comerciales se organizan en función de los antiguos lazos coloniales por una parte, pero también en función de las relaciones de fuerza nuevas, en particular en el caso de África.

Históricamente, los Estados Unidos tenían como reserva la América Latina; Europa tenía el África y el Medio Oriente; y el Japón ciertas partes de Asia del sudeste, compartidas con Europa.

Con la importancia estratégica tomada por las materias primas, hubo en estos últimos años una redistribución de las relaciones geopolíticas. Europa y Japón incursionaron en el dominio reservado de los Estados Unidos en América Latina; Europa perdió su dominación sobre el Asia del sudeste. África y el Medio Oriente son el campo de una batalla entre todas las partes, cuyo final permanece incierto y es vital, sobre todo para los países europeos.

En esta batalla cada país trata de sacar un provecho superior al del país vecino. Esta actitud individualista es real, tanto del lado de los países subdesarrollados como en el campo de los países capitalistas desarrollados. Ésta es una de las razones por la cual los "acuerdos de productos", o en un nivel más general el Programa Integrado de la UNCTAD, tienen tantas dificultades para concretarse, ya que la mayoría de los países prefiere acuerdos bilaterales a negociaciones globales.

En esta perspectiva, las materias primas no son más que uno de los lazos que unen el Norte con el Sur. Otros factores de producción tales como mano de obra y el financiamiento constituyen los elementos de un "diálogo" entre las dos regiones. En los capítulos que siguen, trataremos estos tres aspectos de la explotación de los países subdesarrollados por los países industrializados.

CAPÍTULO II

EXPLOTACIÓN DE LOS RECURSOS NATURALES

1. LA SITUACIÓN ACTUAL

Hasta mediados del decenio de 1960, los países desarrollados no tenían problemas en abastecerse de materias primas. Les era fácil obtener en uno u otro lugar el petróleo, el cobre, el café, etc., a precios administrados por empresas transnacionales y por ellos mismos. Posteriormente, un conjunto de factores, entre los que se destacan la oleada nacionalista en los países subdesarrollados y las disensiones provocadas por las pugnas de poder en el seno de los países desarrollados, provocó una toma de conciencia y un cambio de política en los países subdesarrollados: eran dueños de una riqueza que otros aprovechaban y era necesario sacar de ella mejor partido. En ese sentido, la OPEP sirvió de ejemplo para cada grupo de productores de materias primas.

En un primer momento, los países desarrollados se alarmaron, ya que parecía configurarse el fin de una época; fue entonces el momento de las negociaciones sobre productos básicos en el Programa Integrado de la UNCTAD (acuerdos sobre productos y establecimiento de un "fondo común" para la estabilización de precios). En una segunda fase, los países desarrollados tomaron conciencia de que la situación no era tan grave y que incluso les era posible sacar ventaja de ella. En este contexto, prefirieron una táctica basada sobre convenios bilaterales, en oposición a los acuerdos de conjunto; de este modo, continuarían siendo la parte más fuerte en cada negociación.

Actualmente, dos tesis han remplazado a la ausencia de posiciones de la época colonial: la de los países desarrollados, que reclaman el libre acceso a las materias primas, la seguridad en el abastecimiento y precios "justos", y la de los países subdesarrollados, que desean disponer de sus recursos naturales y utilizarlos en función de sus propias necesidades (sin estar obligados a abastecer sistemáticamente a los países desarrollados), a precios "remunerativos".

Uno de los objetivos fundamentales que persiguen los países desarrollados con su política económica internacional consiste en asegurar su abastecimiento de materias primas, combustibles y ciertos productos agrícolas. Su mayor interés consiste en asegurar la continuidad del abastecimiento. Por supuesto, también interesan los precios; pero la cuestión vital para el aparato productivo de los países desarrollados es la seguridad de la corriente de abastecimiento, en especial cuando se trata de recursos no renovables. Este problema es uno de los fundamentales de la economía contemporánea, ya que ha dejado de ser válido el supuesto del abastecimiento ilimitado de recursos naturales. Por el contrario, su agotamiento (o la contaminación) constituyen cada vez más una restricción —que a largo plazo puede ser decisiva— a la expansión del sistema productivo.[1] Por ello es necesario usar "precios de escasez" en el cálculo económico, en especial para evaluar y comparar programas y proyectos.[2]

No pueden establecerse reglas generales en cuanto a la explotación económica de los productos de base, ya que la situación varía sustancialmente para cada uno de ellos.

El cuadro II.1 muestra la participación de los países subdesarrollados en la producción, consumo, exportación e importación de seis minerales y de trece productos agrícolas, en cada una de las etapas de su elaboración. En la mayor parte de los minerales, los Estados Unidos y la Unión Soviética aparecen entre los mayores productores y consumidores, en todas las etapas de elaboración. Por su parte, los países subdesarrollados son fuertes productores y exportadores, con porcentajes decrecientes a medida que aumenta el grado de elaboración, así como débiles consumidores e importadores. Los países de la CEE y Japón son importantes productores de minerales elaborados y consumidores de materias primas y de productos elaborados en diferentes etapas.

Con respecto a los trece productos agrícolas considerados, Estados Unidos aparece entre los mayores productores en varias etapas de elaboración en siete de ellos y entre los principales consumidores de once. La Unión Soviética lo es en ocho casos como productor y en once como consumidor.

---

[1] Véase Robert L. Heilbroner, *Business civilization in decline*, Londres, Marion Boyars Publishers, 1976. Se señala en este trabajo que el crecimiento industrial o la expansión capitalista es un proceso exponencial, que actúa como una bola de nieve, requiere continuamente mayores cantidades de recursos y provoca crecientes despilfarros simplemente para mantener un ritmo constante de expansión. Pero ningún proceso social de carácter exponencial es capaz de continuar indefinidamente. Tarde o temprano, tal proceso debe saturar su medio ambiente, consumir todos sus nutrientes o envenenarlos, por los desechos que genera.

[2] Véase Oscar Varsavsky, *Estilos tecnológicos*, Buenos Aires, Periferia, 1974, pp. 189-235. Se trata de "definir una medida práctica de escasez que dé la alarma a tiempo cuando un recurso no va a alcanzar, luego diseñar métodos para su cálculo efectivo y por último, aplicarlos con la información disponible". En este trabajo, se proponen métodos de cálculo para recursos ahorrables y no renovables, naturales, perecederos, humanos, de capacidad instalada de producción, externos o de capacidad de importación y disponibilidad de ciertos productos. "Una vez calculados los precios de escasez de los recursos y productos, es posible asignar un costo de escasez a cada tecnología posible para un proyecto dado, que junto con otros criterios de costo social permitirán evaluarlo." Como método de cálculo se utiliza la experimentación numérica.

CUADRO II.1
MINERALES Y PRODUCTOS AGRÍCOLAS SELECCIONADOS: PARTICIPACIÓN DE LOS PAÍSES
SUBDESARROLLADOS EN SU ECONOMÍA Y PRINCIPALES PRODUCTORES Y CONSUMIDORES

	Participación de los países subdesarrollados en la economía mundial, 1976				Principales países productores y consumidores	
	Producción	Consumo	Exportaciones[a]	Importaciones	Productores	Consumidores
Aluminio						
1. Bauxita	48.8	17.5	70.9	0.9	1. Australia, Guinea, Jamaica, URSS, Surinam	1. Australia, Estados Unidos, URSS, Jamaica, Japón
2. Alúmina	17.5	9/3	27.2	11.4	2. Australia, EU, URSS, Jamaica, Japón	2. Estados Unidos, URSS, Japón, R.F. Alemana, Canadá
3. Aluminio primario	9.3	7.3	12.7	8.0	3. EU, URSS, Japón, R.F. Alemana, Canadá	3. EU, URSS, Japón, R.F. Alemana, Francia
Cobre						
1. Minerales y concentrados	41.4	32.9	60.2	1.2	1. EU, URSS, Chile, Zambia, Zaire	1. EU, URSS, Chile, Japón, Zambia
2. Cobre para refinación	32.9	21.3	74.6	3.4	2. EU, URSS, Chile, Japón, Zambia	2. EU, URSS, Japón, R.F. Alemana, Reino Unido
3. Cobre refinado	21.3	7.6	50.6	9.0	3. EU, URSS, Japón, R.F. Alemana, Reino Unido	3. EU, URSS, Japón, R.F. Alemana, Reino Unido
1. Mineral de hierro	28.1	8.1	43.5	0.8	1. URSS, Australia, EU, Brasil, Canadá	1. URSS, Japón, EU, R.F. Alemana, India

CUADRO II.1 *(Cont.)*

	Participación de los países subdesarrollados en la economía mundial, 1976				Principales países productores y consumidores	
	Producción	Consumo	Exportaciones[a]	Importaciones	Productores	Consumidores
2. Pellets	9.3	n.a.	n.a.	n.a.	2. EU, URSS, Canadá, Australia, Suecia	2. n.a.
3. Sinter	4.1	n.a.	n.a.	n.a.	3. URSS, Japón, R.F. Alemana, Francia	3. n.a.
4. Hierro fundido bruto	5.6	5.6	n.a.	n.a.	4. URSS, Japón, EU, R.F. Alemana, Francia	4. URSS, EU, Japón, R.F. Alemana, Francia
Estaño 1. Concentrados	85	81	79.2	40.9	1. Malasia, Bolivia, Indonesia, Tailandia, Australia	1. Malasia, Indonesia, Tailandia, Reino Unido
2. Metal primario	81	13	76.0	6.5	2. Malasia, Indonesia, Tailandia, Reino Unido, Bolivia	2. EU, Japón, R.F. Alemana, Reino Unido, Francia
3. Planchas de estaño	7	17	n.a.	n.a.	3. EU, Japón, Reino Unido, R.F. Alemana, Francia	
Manganeso 1. Minerales	20.6	n.a.	43.4	3.7	1. URSS, Sudáfrica, Gabón, Australia, Brasil, India	1. EU, URSS, Japón, CEE

2. Ferro-manganeso	8.2	n.a.	3.8	2.1	2. URSS, Japón, EU, Sudáfrica, Francia	2. EU, URSS, Japón, CEE.
Fosfatos 1. Brutos	27.9	9.7	60.5	12.6	1. EU, URSS, Marruecos, Túnez, China	1. EU, URSS, China, CEE, Japón
2. Fertilizantes	9.6	15.4	11.1	83.0	2. EU, URSS, China, CEE	2. EU, URSS, CEE, China
Carne fresca	18.5	18.5	14.1	13.1	1. EU, China, URSS, Francia, R.F. Alemana	1. EU, China, URSS, Francia, R.F. Alemana
Carne seca salada	n.a.	7.0	0.4	7.2	2. EU, China, URSS, Francia, R.F. Alemana	2. URSS
Carne en conserva	n.a.	1.2	21.5	15.5	3. Dinamarca, Francia, Bélgica, Luxemburgo, Irlanda	3. EU, Reino Unido, R.F. Alemana, URSS
Azúcar	54.1	40.3	72.1	25.4	1. URSS, Brasil, Cuba, EU	1. URSS, EU, Brasil, China
Té	67.6	41.1	82.6	31.2	1. India, China, Sri Lanka, Japón	1. Reino Unido, EU, URSS, Pakistán
Café	99.6	9.6	95.5	5.5	1. Brasil, Colombia, Costa de Marfil, México	1. EU, CEE, Asia, África

CUADRO II.1 *(Cont.)*

| | Participación de los países subdesarrollados en la economía mundial, 1976 | | | | Principales países productores y consumidores | |
	Producción	Consumo	Exportaciones[a]	Importaciones	Productores	Consumidores
Granos de cacao	100.0	n.a.	76.1	2.8	1. Ghana, Brasil, Costa de Marfil, Nigeria	1. R.F. Alemana, Países Bajos, URSS, Reino Unido
Polvo de cacao	36.9[a]	n.a.	42.3	5.8	2. Países Bajos, Brasil, Ghana, R.F. Alemana	2. EU, Francia, Canadá, Reino Unido
Pasta de cacao	79.6[a]	n.a.	89.0	4.6	3. Brasil, Ecuador, Nigeria, Camerún	3. EU, URSS, Francia, Reino Unido
Chocolate	—	—	3.5	5.3	4. Países Bajos, Reino Unido, Luxemburgo, Bélgica, R.F. Alemana	4. R.F. Alemana, Francia, Países Bajos, Reino Unido
Tabacos brutos	39.4	30.2	51.1	15.1	1. China, EU, India, URSS	1. EU, Japón, CEE, URSS
Tabacos manufactur.	57.0	n.a.	n.a.	n.a.	2. EU, URSS, Japón, Reino Unido	2. EU, Suiza, Reino Unido, Canadá
Pieles brutas	40.6	42.0	10.3	15.2	1. EU, URSS, India, Argentina	1. URSS, EU, Italia, India
Cueros preparados	32.4	36.7	26.0	47.4	2. URSS, EU, Brasil, Italia	2. URSS, Italia, Brasil, EU
Calzados	27.8	19.5	12.2	0.7	3. URSS, EU, India, Italia	3. URSS, EU, India, China

Aceites vegetales y oleaginosas	46.0	41.5	39.4	8.6	1. EU, China, India, URSS	1. EU, China, India, URSS
Caucho natural	99.0	19.8	96.7	11.7	1. Malasia, Indonesia, Tailandia, Sri Lanka	1. EU, Japón, URSS, R.F. Alemana
Fibras vegetales distintas del algodón y del yute	42.6	19.0	54.5	4.7	1. URSS, Brasil, Tanzania, Polonia	1. URSS, Bélgica, Luxemburgo, Brasil, Angola
Yute	63.9	54.5	97.2	39.3	1. India, Bangladesh, Tailandia	1. India, Indonesia, Bangladesh
Productos de yute	90.5	n.a.	28.8	n.a.	1. India, Bangladesh, Tailandia	1. India, Indonesia, Bangladesh
Algodón	40.0	35.7	45.5	29.7	1. China, EU, India, Turquía	1. China, URSS, EU, Japón
Hilados de algodón	36.5	56.5	22.2	22.8	2. URSS, EU, India, Japón	2. URSS, EU, India, Japón
Vestidos de algodón	33.6	34.3	45.1	17.0	3. URSS, India, EU, Japón	3. URSS, EU, India, Japón
Vestidos de rayón	43.6	40.0	13.6	2.5	4. EU, Japón, Tailandia, Taiwán	4. Reino Unido, Japón, R.F. Alemana, Francia
Maderas tropicales Maderas para aserrar	48.3	48.0	1.7	16.4	1. EU, Malasia, URSS, Indonesia	1. Malasia, Japón, EU, China
Madera de obra aserrada	30.4	25.6	64.7	21.7	2. EU, Japón, China, Malasia	2. EU, Japón, China, Malasia

CUADRO II.1 *(Cont.)*

	Participación de los países subdesarrollados en la economía mundial, 1976				Principales países productores y consumidores	
	Producción	Consumo	Exportaciones[a]	Importaciones	Productores	Consumidores
Hojas de madera terciada	24.3	15.6	42.4	13.2	3. Canadá, URSS, R.F. Alemana	3. Singapur, EU, URSS, Brasil
Madera terciada	12.0	7.2	49.2	12.7	4. EU, Japón, URSS, Canadá	4. EU, Japón, Canadá, URSS

[a] Exportaciones netas de los países subdesarrollados/exportaciones mundiales.

FUENTE: Secretaría de la UNCTAD, sobre la base de diversas estadísticas de la FAO y de estadísticas nacionales.

a] *El abastecimiento de los países desarrollados*

Como se señaló anteriormente, el abastecimiento constituye el punto fundamental para los países desarrollados, pero la situación se plantea de muy diferente manera según se trate de materias primas industriales, alimentos o energía.

i) Materias primas industriales

Desde el punto de vista de los países desarrollados, para evaluar la situación en materia de minerales, es necesario considerar por un lado el problema físico de la relación entre reservas existentes y consumo proyectado; y por el otro, la cuestión política referida al acceso que podrán tener a ellos cuando están localizados en áreas de países subdesarrollados o socialistas.

Con respecto al primer problema, las perspectivas varían para cada producto pero en general no son preocupantes para los países desarrollados. Así, si se consideran 21 de los más importantes minerales, de acuerdo con cálculos de la OCDE no existe ningún problema con respecto al mineral de hierro, el aluminio, el titanio, el cromo, el colombio, el manganeso, el vanadio y el platino. La situación es menos holgada con relación al cobre, el plomo, el estaño, el zinc, el molibdeno, el tantalo y el tungsteno; y podrán presentarse problemas con la plata, el bismuto, el mercurio y el radio.

A criterio de la OCDE "si las fases de transición técnica y económicas no son perturbadas por rupturas bruscas e imprevisibles, no debería haber problema grave, a pesar de dificultades específicas"[3] (véase cuadro II.A).

Sin embargo, el problema de la localización geográfica de los minerales preocupa a los países desarrollados, pues los yacimientos de muchos de estos minerales están ubicados fuera de sus zonas de influencia directa.

El cuadro II.B muestra el lugar importante de la Unión Soviética y de países subdesarrollados para el mineral de hierro, el cobre, el estaño, el aluminio, el níquel, el sulfuro, los fosfatos y el manganeso.

La inversión directa extranjera en el sector minero de los países subdesarrollados disminuyó en el curso de los últimos años; así, aquellas provenientes de los Estados Unidos representaron en 1977-1978 solamente un tercio del monto del período 1966-1969 en dólares constantes; por el contrario, aumentaron en los países desarrollados, sobre todo en los Estados Unidos donde (en dólares de 1967) los montos pasaron de una media anual de 1.8 mil millones en 1967-1972 a una de 2.3 mil

---

[3] Véase OCDE, *Interfutures, face aux futurs, pour une maîtrise du vraisemblable et une gestion de l'imprévisible,* París, 1979, p. 51.

millones en 1973-1977. También, las actividades de exploración se concentraron en los países desarrollados. Un estudio de 18 empresas mineras de los Estados Unidos y del Canadá revela que en el curso de los últimos años, más de 80% de los gastos de exploración se concentraron en los países desarrollados; también, si en 1961 14 empresas europeas habían destinado 57% de sus gastos de exploración a los países subdesarrollados, ese porcentaje no superaba el 19% en 1977.[4]

Se trata también de un mercado fuertemente oligopólico, como lo muestra el cuadro II.C. Se puede suponer que en caso de escasez, las filiales de las empresas transnacionales —que tienen tendencia a integrarse verticalmente— darán prioridad en los abastecimientos a sus casas matrices.

Para el aparato productivo de los países desarrollados, la importancia de las materias primas no elaboradas se refleja muy imperfectamente por su valor relativo en el seno de esas economías: en 1976, no representaban más que 5.8% del producto nacional bruto de los Estados Unidos,[5] y 8.8% de las importaciones de bienes de los países desarrollados capitalistas.

En conclusión, los países subdesarrollados poseen un poder que crecerá en el tiempo; sin embargo, ese poder podría ser contrabalanceado para ciertos minerales, por la explotación de los fondos marinos, todavía en la fase experimental.

A ese respecto, se ha estimado sobre la base de proyectos elaborados hasta 1978, que la producción de nódulos marinos podría ser importante en el año 2000 (véase cuadro II.D).

A pesar de los costos muy elevados de esta primera generación de producción (será necesario sobre todo pagar los gastos de exploración), varias empresas están interesadas en la explotación de los fondos submarinos. Entre las razones que justifican este interés, se han citado: a) la magnitud de estos depósitos parece ser enorme; b) las compañías esperan un régimen internacional más favorable que el de los países y subvenciones de los gobiernos; c) los gobiernos de los países desarrollados quieren asegurarse el aprovisionamiento de minerales; d) algunas empresas tienen intereses de largo plazo en esta exploración (como Tenneco) y en la tecnología (como Lockheed).[6]

ii) Productos alimenticios

□ *La desnutrición:* En lo que concierne a los productos alimenticios,

---

[4] Véase Raymond Mikesell, *New patterns of world mineral development*, British-North American Committee, 1979.

[5] Véase V.S. Bureau of Mines, *Commodity data summaries 1977*, Washington, 1977.

[6] Véase Eapen Chacko, "The economics of deep sea nodules", *Natural Ressources Forum*, enero de 1978, pp. 143 y 144.

la situación es, en general, relativamente más favorable para los países desarrollados, pero presenta graves problemas de incertidumbre para los subdesarrollados. Actualmente, a escala mundial, la producción total es suficiente para satisfacer las necesidades medias por persona; pero la distribución desigual del ingreso, tanto a escala internacional como nacional, es tal que muchos países no tienen capacidad para importarlos o en el interior de esos países amplios grupos sociales no tienen medios para comprarlos. En este momento, el problema del hambre es más un problema de distribución del ingreso que de producción.[7]

La desnutrición de una gran parte de la población de los países subdesarrollados es muy grave. Una cuarta parte de la humanidad sufre hambre y cada día 50 000 personas mueren por esa causa;[8] más todavía: esta situación tiene tendencia a agravarse. El conjunto de los países subdesarrollados era exportador de granos hasta 1950; pero la situación se invirtió, y en 1979 sus importaciones fueron de 80 millones de toneladas. Peor aún, alrededor de 40 países son tan pobres que no importan porque no pueden pagarlo.

Esta situación ha determinado que algunos países hayan emprendido políticas destinadas a asegurar una alimentación adecuada a su población. Citaremos dos ejemplos: los de Sri Lanka y México

Sri Lanka, con un ingreso anual por habitante de 190 dólares, pertenece al grupo de los 38 países clasificados por el Banco Mundial como de más bajo ingreso por habitante. En 1978 ese grupo de países tenía, en promedio, una esperanza de vida al nacer de 50 años y 38% solamente de su población era alfabeta. En el caso particular de Sri Lanka, a partir de 1970 una política global que incluye subsidios a la alimentación e impulso a la educación permitió elevar la esperanza de vida a 69 años y la tasa de alfabetismo a 78% de la población.[9] El programa de "Ración y subsidio" proveía 20% de las calorías y 15% de los ingresos del 20% de la capa más pobre de la población. En 1974 los subsidios alimenticios fueron reducidos y la tasa de mortalidad aumentó; pero descendió en 1976 cuando los subsidios fueron reestablecidos.

En México se comenzó a aplicar el "Sistema alimentario mexica-

---

[7] El Consejo Mundial de la Alimentación ha señalado que los aumentos de producción no pueden resolver por sí solos el problema de la alimentación de los pueblos hambrientos; estos esfuerzos deben ser acompañados por una acción más directa para evitar la desnutrición y obtener una mayor equidad en la distribución de los alimentos (véase la exposición del señor Maurice J. Williams, director ejecutivo del Consejo, en el segundo Comité de la Asamblea General de las Naciones Unidas, el 8 de octubre de 1979).

[8] Véase Programa de las Naciones Unidas para el Desarrollo, *Food: the obstacle to feeding the hungry, Development Issue Paper for the 1980s*, núm. 11, Nueva York, 1980.

[9] Banco Mundial, *World development report, 1980*, Washington, 1980, pp. 62 y 110.

no". Los objetivos del programa son: 1) satisfacer las necesidades mínimas de nutrición de todas las capas de la población; 2) aumentar la producción de alimentos de base para obtener la autosuficiencia entre 1982 y 1985; 3) una redistribución más equitativa del ingreso entre los diferentes grupos sociales, entre las regiones y entre la población urbana y rural.

Según los estudios que están en la base de este programa, la mitad de la población no consume las calorías y proteínas necesarias y, particularmente, 19 millones de personas están en una situación muy precaria; las zonas críticas se encuentran en el centro y en el sur del país. Este programa consiste en un sistema de subsidios al consumo y a la producción, y uno de sus objetivos consiste en disminuir el costo medio de una "canasta de alimentos" de 14 a 9 pesos por día (39 centavos de dólar)   por persona. Esto implica un subsidio anual de 1.2 mil millones de dólares. Del lado de la producción, se han establecido también los objetivos a alcanzar, e igualmente por subsidios: precios garantizados, créditos en condiciones muy favorables, expansión de los seguros e incremento de la producción de insumos para la agricultura. Al mismo tiempo, el programa organiza la distribución y la elaboración de alimentos. De esta manera, el gobierno espera llegar a un nivel aceptable de nutrición para todos y a la autonomía nacional alimentaria en 1985.

El sistema alimentario nacional es uno de los objetivos mayores del gobierno mexicano, que está decidido a utilizar en la medida necesaria los excedentes de la explotación petrolera para alimentar mejor a los grupos más desfavorecidos de la población (alrededor de 13 millones en las regiones rurales y 6 millones en las zonas urbanas).

◻ *El comercio mundial de alimentos:* Se puede observar, en lo que respecta al comercio mundial, que en 1977 las exportaciones e importaciones de productos alimentarios (26.5 y 26.9 mil millones de dólares) los países subdesarrollados estaban en equilibrio, mientras que los países desarrollados tenían un saldo desfavorable de 10 000 millones de dólares (66.9 mil millones de exportaciones contra 77.0 mil millones de importaciones). Sin embargo, frente a la enorme capacidad de importación de los países desarrollados —que exportaron en 1977 bienes por un valor de 729 mil millones de dólares— este déficit no constituye un problema importante.

En lo que concierne a los cereales —que representan uno de los elementos de base de la alimentación, para el consumo directo en los países subdesarrollados, y en su mayor parte para la producción de carne en los desarrollados— los países desarrollados tienen un fuerte excedente comercial.

Proyecciones efectuadas por la OCDE,[10] concernientes a la deman-

_____

[10] Véase OCDE, *Interfutures, op. cit.*, pp. 20-21.

da mundial de cereales en el año 2000, muestran que esta demanda en relación a la de 1977 aumentará en 95% en los países de la OCDE, 124% en el conjunto de los países desarrollados (incluyendo a los países socialistas), 210% en China y 300% en los otros países subdesarrollados.

En otras palabras, en los países desarrollados la demanda de cereales provendrá en el futuro de más en más de las necesidades de alimentación animal (360 millones de toneladas frente a 87 millones para el consumo directo). Por el contrario, para autoabastecerse, China deberá duplicar su producción en los próximos 20 años y otros países subdesarrollados deberán triplicarla.

Para otros productos de zona templada, tales como la carne, la leche y sus derivados, los países desarrollados son exportadores netos y los subdesarrollados importadores netos. Por el contrario, los países desarrollados tienen una gran dependencia frente a los productos tropicales que importan de los países subdesarrollados; es el caso, por ejemplo, del azúcar, el café, el cacao, el té y las bananas.

El control ejercido por un grupo de países desarrollados —especialmente los Estados Unidos— sobre las exportaciones mundiales de cereales ha hecho posible su utilización como arma política. Un caso reciente es el sobrevenido a principios de 1980 cuando varios países occidentales, a la cabeza de los cuales se encontraba Estados Unidos, cesaron sus envíos de trigo a la Unión Soviética, como represalia por la presencia del ejército soviético en Afganistán.

Anteriormente, el aprovisionamiento de alimentos había sido empleado como instrumento político de presión. En 1972 y 1973, 70% de los productos subvencionados por la ley 480 de los Estados Unidos era enviado al Vietnam y a Camboya; por el contrario, durante 1971 y 1972 cesaron las exportaciones de trigo de los Estados Unidos hacia Chile. En cuanto a Egipto, se suprimieron los envíos de productos bajo la ley 480 en ocasión de la guerra contra Israel en 1967. Pero la ayuda alimentaria se reanudó cuando cambió la política egipcia con respecto a Israel.

Aunque numerosos países subdesarrollados importan de los Estados Unidos la mayor parte de sus abastecimientos de trigo (casi 50% en el caso del Brasil, entre 80 y 95% en los de Corea del Sur, Filipinas, Ecuador y Venezuela) también podrían abastecerse sin grandes dificultades en otros países exportadores, como Canadá, Francia, Argentina y Australia. En todo caso, esta arma no es eficaz sino cuando la cantidad demandada es extraordinariamente grande, como en los casos de la Unión Soviética y de Japón.

Frente a la diversidad de armas de que disponen los países desarrollados —una de las cuales acabamos de señalar— los países subdesarrollados poseen actualmente el "arma energética", a la que nos referiremos a continuación.

iii) Energía

Actualmente, el abastecimiento de energía constituye uno de los principales problemas de los países desarrollados. Como se ha señalado[11] el problema energético está estrechamente ligado al tipo de sociedad de que se trate; así, una sociedad capitalista desarrollada que continúe aplicando sus pautas tradicionales, tenderá a mantener el derroche de energía. De allí que la introducción de un nuevo modelo —que, por ejemplo, introduzca nuevas fuentes que permitan ahorrar hidrocarburos y racionalice el consumo— implica cambios sociales profundos. Además, es indispensable considerar que no puede independizarse la oferta de energéticos del tipo de uso que exige la demanda. Existe una gran diferencia entre las instalaciones fijas, que requieren y reciben recursos con mayor versatilidad (hidroelectricidad, energía nuclear, carbón, leña, biomasa, etc.) y los móviles que exigen determinados combustibles específicos, en especial hidrocarburos. Asimismo, en estos últimos casos la resistencia al cambio es mayor, como lo prueba el hecho de que aún no se haya introducido el automóvil eléctrico o procedimientos que tiendan a economizar sustancialmente energía.

No es nuestro propósito el analizar aquí esta cuestión, que ha sido cubierta por una avalancha de estudios, sobre todo a partir de 1974. Sólo deseamos destacar que la etapa actual es de transición hacia la utilización de nuevas formas de energía y que podría durar 50 años más. Durante este lapso, los países desarrollados se enfrentarán a déficit difíciles de disminuir, dado la inflexibilidad de los hábitos de consumo, la "inercia" de los sistemas energéticos y el largo tiempo de maduración, tanto de las investigaciones como de las inversiones en nuevas fuentes de energía. Y, con mayor importancia aún, se presenta el problema de la localización geográfica del petróleo exportable, que está ubicado en países subdesarrollados independientes, en una época en que las intervenciones armadas para conquistar recursos naturales parecen muy costosas —tanto en términos económicos como políticos— y de dudosos resultados.

El cuadro II.2 muestra la distribución de los recursos mundiales de energía. Se advierte que entre el 71 y el 72% —según las hipótesis que se adopten— del carbón, el petróleo y el gas natural se encuentran en países socialistas y subdesarrollados; y que sólo entre el 28 y el 29% está localizado en países capitalistas desarrollados. En particular, los países de la OPEP poseen 70% de las reservas comprobadas de petróleo, los de la OCDE el 10% y los socialistas entre el 16 y el 19%.[12] A su vez,

---

[11] Véase Alberto Bozzolo, *Algunas reflexiones sobre el futuro de los recursos energéticos* (mimeografiado), México, 1981.
[12] Véase *Interfutures, op. cit.*, p. 32.

tres países (URSS, Estados Unidos y China) poseen el 90% de las reservas mundiales de carbón.[13]

CUADRO II.2

RECURSOS EN COMBUSTIBLES POR REGIÓN (EN MMTEP)*

Región	Recursos en carbón, petróleo y gas natural finalmente recuperables	Uranio y Torio	
		Reactores técnicos	Sobregeneradores[a]
América del norte	1 110-1 940	46	2 760
Europa occidental	116- 270[b]	7.8	460
Japón	4- 6	Negl.	4
URSS y Europa del este	2 500-3 470[b]	?	?
América Latina	54- 480	1.6	100
Medio Oriente	61- 610	1.6	460
Resto de África	58- 480[c]		
China	289- 470[d]	?	?
Otros países de Asia del sudeste	43- 255[d]	1.1	68

* MMTEP = Mil millones de toneladas equivalentes a petróleo.

[a] Limitándose a los combustibles considerados actualmente.
[b] Para el gas natural, total para toda Europa.
[c] Para el carbón, total situado en África, excluyendo Medio Oriente.
[d] Para el gas natural, total situado en China y en los otros países de Asia del sudeste.

FUENTE: OCDE, *Interfutures, op. cit.*, p. 33.

Desde el punto de vista de los países desarrollados, la solución para ellos estaría, por una parte, en las negociaciones con los países de la OPEP para asegurarse el abastecimiento y, por la otra, en el desarrollo de los sobregeneradores atómicos, que funcionan con la fusión del uranio y del torio. Hacia fines de este siglo o principios del próximo podría ser operativo técnica y económicamente el reactor a fusión D-T (a litio) y entre los años 2020 y 2050 el reactor a fusión D-D (deuterio) con los que se solucionaría técnicamente la cuestión energética. Por supuesto, surgirán otros problemas, vinculados a la concentración del poder que significa esa solución y a la contaminación del medio ambiente; pero ésta es otra cuestión.

Las importaciones netas totales de energía de los países desarrollados capitalistas, en porcentaje de su consumo total de energía, fueron en 1978, de 37.0% (21.5%, los Estados Unidos; 56.1%, la Comunidad Eco-

13 *Ibid.*, p. 33 y U.S. Bureau of Mines, *op. cit.*, pp. 38-41.

.nómica Europea; y 97.1%, el Japón). En 1960 esos porcentajes habían sido de 17.4% para el conjunto de países desarrollados capitalistas, 5.2% para los Estados Unidos, 29.8% para la Comunidad Económica Europea y 44.8% para el Japón. En los totales en 1978, el 67.4% de la energía primaria producida lo era con combustibles líquidos y gas natural.[14]

Las proyecciones para el año 2000 en un escenario de crecimiento relativamente elevado, muestra la persistencia del déficit energético de los países desarrollados, que llegaría a los 3 220 MTEP (millón de toneladas equivalentes a petróleo). Además, se produciría una brecha de 960 MTEP entre las importaciones deseadas y las exportaciones potenciales, cifra que se reduciría a 600 MTEP en un escenario de crecimiento débil (véase cuadro II.E).

Con respecto a la importancia relativa de las distintas fuentes de energía en el aprovechamiento total del año 2000, el petróleo tendría el 41%, el gas natural el 16%, el carbón el 22%, la energía nuclear el 13%, la hidroelectricidad el 5% y otras fuentes el 3%.[15] Como se advierte, aún en esa época el petróleo y el gas natural llegarán al 57% del total.

Actualmente, para ciertos países subdesarrollados, el petróleo constituye una poderosa arma de negociación, sobre todo a corto plazo. A mediano y largo plazo, el petróleo representa una renta para estas economías. Sin embargo, las consecuencias que derivan de su utilización pueden ser contradictorias: puede constituir un instrumento importante para el desarrollo o, por el contrario, provocar importaciones masivas que perjudiquen y, eventualmente, destruyan al aparato productivo nacional.[16]

[14] Véase UNCTAD, *Manuel de statistiques du commerce international et du développement*, Nueva York, 1980, pp. 358 ss.
[15] Véase *Interfutures, op. cit.*, p. 42.
[16] Véase Abdelkader Sid-Ahmed, *L'OPEP, pasée, présent et perspectives*, París, Economica, 1980. Sid-Ahmed señala que "los estados rentistas se encuentran en la situación de España del siglo XVI, invadida por el oro de América [...] La estructura sociopolítica de estos países, junto con los restos de un colonialismo abierto y disfrazado, no conduce al desarrollo [...] sustanciales gastos públicos en sí mismos, si estimulan la producción a través del crecimiento de la demanda, no inducen necesariamente un crecimiento económico rápido. La naturaleza de la composición de esos gastos, así como la reacción del resto de la economía (oferta) puede influenciar de modo sustancial el resultado [...] En los estados exportadores de petróleo, una parte importante de la renta externa satisface las necesidades de consumo a través de la importación [...] Los sectores de consumo de las economías rentistas favorecen así más las industrias de los países proveedores que los de la economía local. Así, los gastos públicos hechos posibles por la renta petrolera, no entrañan forzosamente una expansión de la misma amplitud en el resto de la economía. Además, una tasa de cambio sobrevaluada —como es el caso de estos países— representa una subvención implícita a las importaciones" (pp. 104-106).

En los países subdesarrollados, el problema de la energía tiene características particulares. Primeramente, las dimensiones son diferentes, porque sus importaciones llegan al 22% del total mundial y el consumo de energía por habitante en los 38 países más pobres es de 2% de la de los países desarrollados, y la de los 51 países con ingresos medios es de 13%.[17]

Hay países grandes, muy poblados como el Brasil, que totaliza 12% de las importaciones de petróleo de los países subdesarrollados; y por otra parte hay países pequeños, que tienen graves problemas de balance de pagos a causa de las importaciones de petróleo, pero cuyas cifras absolutas de déficit son pequeñas. Estas dos situaciones diferentes tienen necesidades y soluciones diversas. En América Latina, por ejemplo, se tienen los casos de Brasil y de los países de América Central y del Caribe.

El Brasil importa alrededor de 900 000 barriles del millón que consume por día. Frente a esta situación, el gobierno emprendió acciones sobre varios frentes. Primeramente, aumentó la producción nacional de petróleo a 200 mil barriles por día y cumple un programa de exploración que cuesta 1.1 mil millones de dólares por año. Paralelamente, puso en ejecución un gigantesco programa de explotación hidroeléctrica, a un costo de 58 000 millones de dólares para los 10 años próximos. Un programa nuclear está también en curso de ejecución, con la construcción de 8 usinas generadoras en 1995. Pero el punto más original, que constituye una respuesta inmediata al problema energético, es el programa de pro-alcohol, basado en la adición a la bencina de etanol, destilado a partir de la caña de azúcar. En 1979, el porcentaje de alcohol en la bencina fue de 19%; para 1985, los planes son de producir 8.4 millones de toneladas por año, para hacer frente a la mitad de las necesidades proyectadas para ese año. Ese programa implica el cultivo de tierras incultas y la asignación para esta finalidad de una gran parte de los cultivos actuales. Este desvío de objetivos ha sido el principal factor del alza del precio internacional del azúcar. El problema del uso alternativo de tierras cultivables para producir alimentos o combustibles está ya en discusión y es grave cuando no existe la posibilidad de extender la frontera agrícola o de combinar una y otra producción (tener al mismo tiempo los alimentos y los desechos para el alcohol). Actualmente, el caso de Brasil constituye la más impresionante tentativa para obtener la autonomía energética en condiciones naturales adversas y sin disminuir el ritmo de crecimiento.

En lo que concierne al caso de pequeños y medianos países, se ha producido en América Latina un ejemplo de solución regional autóno-

[17] Véase Banco Mundial, *World development report, 1980,* Washington, agosto de 1980, pp. 16, 122 y 123.

ma. Los gobiernos de México y Venezuela resolvieron en agosto de 1980, asegurar el abastecimiento petrolero de países de América Central y del Caribe,[18] y de financiar su pago. Los dos países petroleros van a asignar 160 000 barriles por día para este objeto y van a otorgar créditos a los países consumidores por el 30% de la factura, a pagar en 5 años con un interés anual del 4%; pero si estos recursos se destinan a financiar proyectos de desarrollo, el plazo será de 20 años y el interés de 2% anual. Un régimen análogo había sido establecido anteriormente por Venezuela en beneficio de los países centroamericanos; por ejemplo, en el caso de Costa Rica, gracias a los recursos suministrados por Venezuela pudo construirse la represa de Arenal que provee la energía necesaria para equilibrar el déficit eléctrico.

b] *Nacionalizaciones en países subdesarrollados*

La explotación de los recursos naturales de los países subdesarrollados por parte de las empresas transnacionales no es nueva; precisamente, es ésta una de las características del colonialismo político y económico. El proceso de descolonización, además de obtener o afianzar la independencia política, actuó sobre la recuperación de los recursos naturales. De tal modo, los países subdesarrollados reclamaron su propiedad y establecieron políticas para utilizarlos en función de sus intereses y no de la hipotética obligación de satisfacer los requerimientos de los países desarrollados.

Entre 1960 y 1976 los países subdesarrollados expropiaron 369 empresas extranjeras, de las cuales 80 eran mineras, 220 petroleras y 272 agrícolas (véase cuadro II.F). Los sectores en los que estas nacionalizaciones se produjeron con mayor intensidad fueron recursos naturales y servicios públicos. Las empresas de los Estados Unidos eran sobre todo petroleras y mineras, y las del Reino Unido agrícolas. Además, en otros casos los gobiernos de países subdesarrollados han renegociado los acuerdos suscriptos con empresas extranjeras, procurando otorgar mayores atribuciones al gobierno local.

El cuadro II.3 ofrece un panorama general de la participación estatal y de las empresas transnacionales y nacionales en la producción, procesamiento y exportación de 21 productos de base. La primera evidencia que surge, es que no pueden señalarse reglas generales, pues la situación varía no sólo entre los diferentes productos, sino también para el mismo producto si se trata de distintos países. No obstante, se advierte que en las explotaciones mineras de los países subdesarrollados,

---

[18] Barbados, Costa Rica, El Salvador, Guatemala, Honduras, Jamaica, Nicaragua, Panamá y República Dominicana.

es importante la actividad del Estado y de las empresas transnacionales; en cambio, en la actividad agrícola prevalecen las empresas privadas nacionales. Por otra parte, en los países desarrollados es mínima la acción estatal en el procesamiento, comercialización y distribución de los productos considerados.

Esta recuperación del poder de decisión puede implicar, además, un cambio sustancial de actitud y de política con respecto a la explotación de los recursos naturales, que comienza a concretarse en el caso del petróleo. Tradicionalmente, los países subdesarrollados procuraban llevar sus exportaciones al máximo que les permitía la demanda de los países desarrollados y sólo después se planteaba el problema de determinar la forma cómo se gastarían esos ingresos de exportación[19] (lo cual en muchos casos no impedía pesados déficit en la balanza comercial).

Además, la regulación de las exportaciones no sólo representa un medio esencial para preservar los recursos naturales no renovables, sino que también permite influir sobre los precios internacionales y planificar la actividad económica interna.

c] *Nuevas formas de explotación instrumentadas por empresas transnacionales*

Para responder a la política de mayor independencia emprendida por muchos gobiernos, las empresas transnacionales han instrumentado nuevas formas de explotación de los recursos naturales, que consisten sobre todo en la expansión horizontal de empresas transnacionales como forma de acción empresaria y en la constitución de empresas conjuntas, como modo de acción en los países subdesarrollados, cuando aumenta la injerencia del Estado de esos países.

La constitución de empresas transnacionales integradas horizontalmente y dedicadas a la explotación de minerales, ha sido sobre todo impulsada por las compañías petroleras, cuyos beneficios aumentaron sustancialmente a partir de 1974.[20]

[19] Véase Samir Amin, *Classe et nation dans l'histoire et la crise contemporaine*, París, Minuit, 1979, p. 156; y Oscar Varsavsky, *Proyectos nacionales*, Buenos Aires, Periferia, 1971.

[20] En un informe del Centro de las Naciones Unidas para las Corporaciones Transnacionales se citan los siguientes ejemplos de esta política: *i*] Superior Oil de los Estados Unidos es propietaria de Falconbridge, que es la segunda empresa mundial que explota níquel; este conglomerado realiza actividades en petróleo, níquel, carbón, cobalto, platino, hierro y cobre; *ii*] Exxon, la mayor empresa mundial compró al gobierno chileno la mina la Disputada de Las Condes en diciembre de 1977, por 107 millones de dólares; *iii*] la compañía petrolera estadounidense Atlantic Richfield compró la Anaconda, que es la mayor empresa cuprera mundial; con ello participa en empresas de cobre, aluminio, uranio y otras actividades, que Anaconda lleva a cabo en Brasil, Jamaica, México, Irán, Arabia Saudi-

CUADRO II.3
PRODUCTOS PRIMARIOS SELECCIONADOS: PARTICIPACIÓN DEL ESTADO Y DE EMPRESAS
TRANSNACIONALES Y PRIVADAS NACIONALES EN LA PRODUCCIÓN, TRANSFORMACIÓN,
EXPORTACIÓN Y COMERCIALIZACIÓN

Productos primarios	País	Países productores subdesarrollados									Países consumidores desarrollados*					
		Producción			Transformación			Exportación			Transformación			Comercialización		
		Estado	Trans-nacional	Na-ción Pri-vada	Estado	Trans-nacional	Na-ción Pri-vada	Estado	Trans-nacional	Na-ción Pri-vada	Estado	Trans-nacional	Na-ción Pri-vada	Estado	Trans-nacional	Na-ción Pri-vada
Cobre	Chile	x			x			x				x	x		x	x
	Zambia	x			x			x								
	Filipinas	xx	x		xx	x										
Mineral de hierro	Brasil	x	x		x			x	x			x	x		x	x
	Liberia		x			x	x		x							
	India	x		x	x		x	x		x			x			
Bauxita	Jamaica	x	x			x		x	x			x			x	x
	Guyana	x			x			x								
	Guinea	x	x		x	x		x	x							
	Surinam		x			x			x							
Fosfatos	Marruecos	x			x			x								
Manganeso	Gabón	x	x					x	x			x	x		x	x
	Brasil	x						x				x	x		x	x
	India	x		x				x		x						

Producto	País	1	2	3	4	5	6	7	8	9	10	11	12	13
Estaño	Malasia	x	x	x	x	xx	x		xx	x		xx	x	
	Bolivia					x		x			x	x		x
	Indonesia					x		xx				x		xx
Caucho	Malasia		x		x		xx	x				xx	x	
	Indonesia			x			xx	x				xx	x	
Sisal-henequén	Brasil	x				x		xx	x		x	x		xx
	Tanzania	x						xx	x		xx	x		
	México	x		x				x	x	x		x		
Yute	India							x	x		x	x		
	Bangladesh										x	x		
Algodón	Egipto	x	x	x	x	x	x	x	x			x	x	
	México						x		x			x		
Maderas tropicales	Indonesia	x	x		x	x	x	x	x	x		x	x	
	Malasia	x	x			x	x	x	x			x		
	Costa de Mafril	x	x			x	x	x	x	x		x		
	Filipinas	x	x			x	x	x	x			x		
Cueros y pieles	Argentina	xx	x	xx	x	x	x		xx	x		x	x	
	Brasil					x	x		x	xx		x		
Aceites vegetales	Malasia	x	x	x	x	x	x		x	x		x	x	x
	Filipinas					x	x		x	x		x	x	

| | | Países productores subdesarrollados | | | | | | | | | Países consumidores desarrollados* | | | | | |
| | | Producción | | | Transformación | | | Exportación | | | Transformación | | | Comercialización | | |
Productos primarios	País	Estado	Trans-nacional	Na-ción Privada	Estado	Trans-nacional	Na-ción Privada	Estado	Trans-nacional	Na-ción Privada	Esta-do	Trans-nacional	Na-ción Privada	Esta-do	Trans-nacional	Na-ción Privada
Carnes	Argentina		x	x	x	x	x		x	x		x	x		x	x
	Uruguay			x	x	x	x		x	x						
Azúcar	Cuba	x			x			x				xx	x		xx	x
	Brasil			x			x	x		x						
	Filipinas			x		x	xx			x						
Café	Brasil			x			x			x		xx	x		xx	x
	Colombia			x			x			x						
	Uganda			x												
Cacao	Ghana			x		x	x		x			xx	x		xx	x
	Nigeria			x		x	x		x							
	Costa de Marfil					x	x									
Bananas	Ecuador			x					x						x	
	Costa Rica		x	x					x						x	
Tabaco	Zambia			x	x	x			x	x		xx			x	
	Filipinas			x		x	x		x			xx			x	
	India			x		x			x	x		xx			x	
Trigo	Argentina			x					x	x					x	x

* Se ha tomado en consideración la situación general de los países capitalistas desarrollados. Cuando hay más de un agente económico, el más importante se califica con xx.

Cuando la actividad económica está controlada por el Estado de los países subdesarrollados o son altas las posibilidades de que así lo sea en el futuro, las empresas transnacionales han optado, según los casos, por una gama de soluciones intermedias, que van desde la constitución de empresas mixtas o la realización de operaciones conjuntas, hasta los contratos de suministro a largo plazo y de administración de empresas. De tal modo, se procura asegurar la continuidad en el abastecimiento y realizar los beneficios más elevados posibles, en un contexto que no es el más favorable a las empresas transnacionales.

La solución más utilizada es la constitución de empresas mixtas y la realización de operaciones conjuntas.[21] En estas asociaciones, las empresas transnacionales procuran conservar el control de las operaciones, ya sea exigiendo mayorías calificadas de acciones para la realización de ciertos actos o realizando contratos para la administración de la empresa. De tal modo, aun cuando tuviera la mayoría del capital accionario, el gobierno no dispondría del efectivo control de la empresa o la empresa transnacional tendría derecho de veto.[22]

ta, Australia, Canadá y Holanda; *iv*] el grupo Royal Dutch Shell ingresó en la industria de minería y metales en 1970, con la compra de NV Billiton Maatschappij, que se dedica a la extracción de seis minerales no ferrosos, de los cuales el principal es la bauxita. (Véase UNIDO, *Transnational corporations and the processing of raw materials: impact on developing countries,* informe preparado por el Centro de las Naciones Unidas para las Corporaciones Transnacionales, febrero de 1978 [documento ID/B/209], pp. 27-28.)

[21] Entre ellas pueden citarse las realizadas por el gobierno del Brasil: a] en el sector mecánico, para la constitución de usiminas mecánicas, con las empresas Gutehoffnung (alemana) y Nippon Steel (japonesa); b] en la siderurgia, Industria Metal N.S. Aparecida, con Thos. First and John Brown (del Reino Unido); Usiminas, con Nippon Steel; Forja Acesita, con Sumitomo (japonesa); c] en petróleo, Petrocoque, con Alcan (Canadá); d] en química, Ciquine do Nordeste, con Adela (Luxemburgo) y Royal Dutch Shell (anglo-holandesa); Ultrafertil S.A., con International Finance Co. (Estados Unidos) y grupos privados brasileños; Cía. Brasileira de Estirenos, con Koppers (Estados Unidos) y Huels (Rep. Fed. de Alemania); Oxiteno S.A., con IFC (Estados Unidos) y grupos locales; Cía. Química do Reconcavo, con Morton Norvich (Estados Unidos); Nitriflex S.A., con Goodyear (Estados Unidos); Isocianatos do Brasil, con E.I. du Pont (Estados Unidos); Salgema Industria Química, con E.I. du Pont (Estados Unidos) y un grupo privado brasileño; Ciquine, con Mitsubishi (Japón) y un grupo local; Politeno S.A. con C, Itoh (Japón) y un grupo privado brasileño; e] en minería: Termisa Terminais Salineros, con Morton Norvich (Estados Unidos); para la bauxita, con Alcan (Canadá); f] en telecomunicaciones, Río Grandense de Telecomunicaçoes, con Ericsson (Suecia) y el gobierno de Río Grande do Sul; g] en automotores, con Fiat (Italia) y el estado de Minas Gerais; h] en electrónica, el acuerdo con Ferranti (Reino Unido); i] en energía atómica, con Urangesellschaft (Rep. Fed. Alemana).

[22] Ejemplos de estas políticas son los contratos suscritos por el gobierno de Ghana con la empresa transnacional Lonhro (minas de oro) y con la Consolidated African Selection Trust (minas de diamantes, año 1973), por las que el gobierno adquiere el 55% de las acciones y se conviene un contrato de gestión por 5 años

2. CARACTERÍSTICAS DE LA EXPLOTACIÓN

a] *Falta de procesamiento en los países subdesarrollados*

Tradicionalmente, la explotación de los recursos naturales de los países subdesarrollados por parte de los desarrollados ha sido una actividad extractiva y ha estado vinculada al aparato económico del país desarrollado. En el país subdesarrollado suelen constituir enclaves, que pagan impuestos pero generan muy poco valor agregado.[23] Así, en general, las materias primas se extraen del país subdesarrollado para ser procesadas en el país desarrollado. El cuadro II.4 muestra que con respecto a 27 productos básicos, los países de la OCDE los importaron en un 58% sin elaborar, en un 20% semielaborados y en un 22% elaborados. Estos 27 productos significan alrededor de la mitad de las importaciones totales mundiales —con exclusión del petróleo— procedentes de los países subdesarrollados. Con respecto a cada uno de los productos básicos, los países de la OCDE importan de los países subdesarrollados sin elaborar más del 80% del café, tabaco, manganeso, caucho, lana, pescado, fosfatos, hierro y frutas. En el otro extremo de la escala, se exportan como elaborados más de la mitad del algodón, cuero, almendras de palma y copra. Estas cifras, no obstante señalar una situación altamente desfavorable para los países subdesarrollados, implican un progreso con respecto a la situación anterior. Así, en 1965 los porcentajes de los 27 productos importados sin elaborar, semielaborados y elaborados eran de 74, 18 y 8, respectivamente (véase nuevamente el cuadro II.4).

a favor de las empresas transnacionales; el contrato del gobierno de Jamaica con ALCOA (bauxita, año 1977), por el que el gobierno participa con el 51% de las acciones y se realizan al mismo tiempo contratos de abastecimiento (por 40 años) y de gestión con la empresa transnacional; el contrato del gobierno de Sierra Leona con la Consolidated African Selection Trust Ltd. (diamantes, 1970), por el que el 51% de las acciones pasó al gobierno y se estableció un contrato de gestión; la estatización del mineral de hierro en Venezuela (1974), con un contrato de gestión para una empresa de los Estados Unidos; el de Zambia con la empresa Roan/AMAX (cobre, 1969), por el que el gobierno tomó una participación del 51% y se realizó un contrato de gestión y de ventas con la empresa transnacional (en 1974 se modificó el contrato dando mayor injerencia al gobierno). (Véase Centro de las Naciones Unidas para las corporaciones transnacionales, *Transnational corporations in world development: a re-examination*, Nueva York, 1978, pp. 102 a 119, 316 y 317.)

   [23] Existen, sin embargo, casos especiales como el de los cereales en Argentina y Uruguay y el del café en Brasil, en los que, como señala Celso Furtado, "la productividad relativamente alta de la mano de obra, la magnitud del área plantada [. . .], favorecieron la construcción de una infraestructura moderna y la creación de un mercado interno". (*La economía latinoamericana: formación histórica y problemas contemporáneos*, México, Siglo XXI, 1980, 15a. ed., p. 66.)

Para los países subdesarrollados, esta situación implica tanto un retardo en el proceso de industrialización como un lucro cesante. En primer término, al constituir en general una economía de enclave —como se ha señalado— son muy pocos los efectos multiplicadores de estas actividades. Es obvio que si además de la mera extracción se transformara localmente a estos productos básicos, no sólo se generaría mayor valor agregado, sino que se impulsaría el proceso general de industrialización (capacitación de mano de obra, mejoramiento de la infraestructura, subcontratación local y, en general, creación de otras economías externas).

Con respecto al lucro cesante que significa para los países subdesarrollados la exportación de productos básicos sin elaborar, la Secretaría de la UNCTAD ha efectuado un cálculo preliminar, con el objeto de señalar órdenes de magnitud. Se consideraron los casos del cobre, la bauxita, el fosfato, el caucho natural, el algodón, el yute, los cueros y pieles, la madera de especies no coníferas, el cacao y el café; los resultados muestran un posible ingreso bruto de exportación adicional de 27 000 millones de dólares al año, sobre la base de las cifras de comercio correspondientes a 1975, si se llegara a las fases de semi-elaboración indicadas para cada producto en el cuadro II.5. Estas cifras dan una idea de la magnitud de tales ingresos adicionales, ya que los productos considerados sólo representaron en 1975 la tercera parte del valor de las exportaciones de productos básicos, combustibles excluidos, de los países subdesarrollados.[24] En el referido cuadro preparado por la Secretaría de la UNCTAD, se advierte que la relación entre el aumento de los ingresos brutos y el valor actual de las exportaciones es bajo en los casos del cobre, el yute, el cacao y el café. En los otros productos se supera la unidad, lo que refleja a priori la conveniencia económica de la elaboración local.

Esta falta de elaboración local obedece a un conjunto de restricciones, que han sido analizadas en diversos documentos de la UNCTAD. A continuación se reseñarán —sobre la base de uno de ellos—[25] los principales obstáculos a una mayor elaboración de los productos básicos en los países subdesarrollados, a saber, las barreras oficiales (arancelarias y no arancelarias), las creadas por las estructuras del mercado y las operaciones de las empresas transnacionales y por último los obstáculos originados por la escala de la producción y el volumen de las inversiones.

Con respecto a la magnitud de las barreras comerciales que utilizan

[24] Véase UNCTAD, *La transformación de los productos básicos antes de su exportación: sectores en que pueden adoptarse nuevas medidas de cooperación internacional* (documento TD/229/Sup. 2), Ginebra, marzo de 1979.
[25] Véase UNCTAD, *La transformación. . . , op. cit.*, pp. 17ss.

CUADRO II.4
DISTRIBUCIÓN PORCENTUAL, POR FASES DE TRANSFORMACIÓN, DE LAS IMPORTACIONES DE LA OCDE PROCEDENTES DE LOS PAÍSES EN DESARROLLO Y TOTALES, 1965 Y 1975

Porcentaje de las importaciones del grupo de productos realizadas en forma de

| | Materias primas | | | | Productos semitransformados | | | | Productos transformados | | | |
| | Países en desarrollo | | Total | | Países en desarrollo | | Total | | Países en desarrollo | | Total | |
Grupo de productos	1965	1975	1965	1975	1965	1975	1965	1975	1965	1975	1965	1975
Café	99	95	98	93					0.3	5	2	7
Cacao	90	78	62	50	10	21	19	25	0.2	1	19	25
Azúcar	98	66	83	54	2	34	11	40	0.2	0.5	6	6
Caucho	99	92	59	25					1	8	41	75
Algodón	59	17	35	13	14	11	21	17	27	72	44	70
Yute	38	18	35	16	55	62	54	57	7	20	11	27
Sisal y henequén	83	65	53	29	86	78	75	59	17	35	47	71
Cobre	10	21	8	19	86	78	75	59	4	1	18	22
Estaño	33	21	26	18	67	79	73	81	0	0.1	0.6	2
Carne	76	68	79	83					24	32	21	17
Cacahuates	77	52	77	60					23	48	23	40
Copra	75	48	69	44					25	52	31	56
Almendras de palma	90	35	79	31					10	65	21	69
Madera	63	53	25	34	36	40	68	55	0.6	8	7	11
Hierro	93	82	42	36	7	18	54	60	0	0.2	4	5
Fosfatos	91	85	66	80	4	4	18	9	5	11	16	11

Manganeso	93	94	68	60	17	63	63	65	7	6	31	40
Aluminio	81	35	18	11					2	2	20	23
Pescado	77	86	71	80					23	14	29	20
Frutas	86	81	80	77					14	19	20	23
Legumbres	78	72	80	72					22	28	20	29
Tabaco	96	95	88	75					4	5	12	25
Cuero	49	12	35	15	30	20	23	17	22	68	42	69
Pasta y papel	20	5	3	3	47	47	37	33	33	49	60	63
Lana	95	89	61	50	1	8	15	18	4	14	25	32
Plomo	40	51	31	33	59	48	67	64	1	1	2	3
Zinc	72	74	46	49	26	25	50	47	2	1	4	4
Total	74	58	47	39	18	20	30	23	8	22	28	33

FUENTE: Cálculos de la UNCTAD basados en las estadísticas de comercio exterior de la OCDE, serie C, 1965 y 1975.

CUADRO II.5
AUMENTO DE LOS INGRESOS BRUTOS DE DIVISAS DE LOS PAÍSES EN DESARROLLO COMO CONSECUENCIA DE UNA MAYOR TRANSFORMACIÓN LOCAL DE DETERMINADOS PRODUCTOS, 1975
(en millones de dólares estadunidenses)

Productos primarios	Valor de las exportaciones de los países en desarrollo	Primera etapa de transformación		Segunda etapa de transformación		Aumento total de los ingresos brutos	Relación entre el aumento de los ingresos brutos y el valor de las exportaciones de productos primarios
		Producto obtenido	Aumento de los ingresos brutos	Producto obtenido	Aumento de los ingresos brutos		
Cobre (mineral, blíster y refinado)	2 865	Cobre refinado	230	Varillas, alambre, tubos y planchas	970	1 200	0.42
Bauxita, alúmina, aluminio	1 300	Lingote de aluminio	4 400a	Semimanufacturas (laminación y estirado)	5 800	10 200	7.85
Fosfato	1 480b	Superfosfatos, ácidos fosfóricos	3 800	—	—	3 800	2.56
Caucho natural	1 525	Hojas, planchas, tubos	1 300	Bandajes	2 000	3 300	2.16
Algodón	2 091	Hilado de algodón gris a granel	1 300	Tejido de algodón acabado	2 600	3 900	1.86
Yute	600b	Tejido de yute	80	—	—	80	0.13
Cueros y pieles	480	Cuero acabado	800	—	—	800	1.67
Madera de especies no coníferas	2 045	Hojas para enchapado y contrachapado	3 400	—	—	3 400	1.66
Cacao	1 605	Manteca de cacao y cacao en polvo	340	—	—	340	0.21
Café	3 936	Extractos de café y café soluble	170	—	—	170	0.04
Total	17 927	—	15 820	—	11 370	27 190	1.52

a El consumo de energía absorbería el 40% aproximadamente de esos ingresos brutos adicionales de exportación si esa energía se evalúa en su equivalente en petróleo a los precios mundiales de exportación.
b Comprende también el valor de los productos semitransformados.

FUENTE: Cálculos de la secretaría de la UNCTAD.

los países desarrollados, se ha calculado que si los países de la OCDE las suprimieran totalmente con respecto a las manufacturas procedentes de los países subdesarrollados, en 1985 éstos obtendrían 24 000 millones de dólares al año más que si se mantuvieran esas barreras.[26] El nivel de protección arancelaria tiende a aumentar junto con el grado de elaboración de cada producto; es decir, cuanto más elaborado es el producto, mayor es la protección. Además, la protección efectiva[27] es en muchos casos muy superior a las tasas nominales aplicadas y se refiere al valor agregado, uno de cuyos componentes —el trabajo— constituye una "ventaja comparativa" de los países subdesarrollados. Así, entre otros muchos ejemplos, la CEE que no grava la entrada del respectivo producto primario sin elaborar, impone una protección efectiva de 180% a los aceites vegetales, de 126% a la manteca de cacao, de 53% a los tejidos de yute, de 38% a los tejidos de lana, de 20% a la madera terciada, de 44% a los preparados de carne, de 19% a productos de acero y de 29% al aluminio trabajado.[28] El Sistema General de Preferencias no mejora sustancialmente esta situación, ya que excluye algunos productos importantes para los países subdesarrollados (como textiles, cuero y calzado) y en la mayoría de los casos sólo se aplica una reducción arancelaria parcial o se establecen limitaciones cuantitativas.

En cuanto a las barreras no arancelarias, el GATT ha identificado más de 30 tipos, que se clasifican en limitaciones específicas al comercio (en especial restricciones cuantitativas), gravámenes sobre las importaciones, normas (tales como normas industriales, embalajes, etc.), intervención oficial en el comercio y trámites aduaneros y administrativos. Los productos más afectados son la carne y los preparados de carne; el cacao y sus productos; los productos del trigo, la cebada, el maíz y el arroz; los productos del yute, la lana y el algodón.

Existe además otra forma de proteccionismo por parte de los países desarrollados, que se manifiesta en "limitaciones voluntarias a la exportación" o "acuerdos para regularizar la comercialización". El caso más destacado de estas prácticas lo constituye el Acuerdo relativo al comercio internacional de los textiles, de 1973, prorrogado hasta 1981, que se basa en contingentes bilaterales, determinado con criterios restrictivos, aplicados sobre todo a países subdesarrollados. También se han impuesto restricciones cuantitativas para las importaciones de calzado en los Estados Unidos, Japón, el Reino Unido, Francia, Australia.

---

[26] Véase el discurso de Robert S. McNamara, presidente del Banco Mundial, en la Reunión Anual de la Junta de Gobernadores, *Summary proceedings*, septiembre de 1977, pp. 18-19.
[27] Es decir, la incidencia de la protección sobre el valor agregado, si el precio de los insumos permanece constante.
[28] Véase UNCTAD, *La transformación. . . , op. cit.*, pp. 19-20.

Canadá y Suecia. En los Estados Unidos y la CEE se aplican medidas contra la importación de acero.

Los países desarrollados no sólo han restringido la entrada de productos semi-elaborados y elaborados procedentes de los países subdesarrollados, sino que, paralelamente, han subvencionado sus propias industrias no competitivas. En 1976 los fondos corrientes transferidos del presupuesto nacional a las empresas públicas y privadas fueron de 49 000 millones de dólares en los países de la CEE (de los que 9 400 millones correspondieron a Francia, 6 800 millones a la República Federal de Alemania y 6 100 millones al Reino Unido); de 5 100 millones en los Estados Unidos; de 3 200 millones en Canadá y de 7 300 millones en el Japón.[29]

Como se advierte, tanto por el proteccionismo como por las subvenciones, los países capitalistas desarrollados no vacilan en violar las "leyes del mercado" cuando así lo aconseja su interés nacional o el de los grupos que controlan su economía.

Otra importante restricción a la transformación local de productos básicos es la creada por las estructuras del mercado y la actuación de las empresas transnacionales. En este sentido, como se afirma en el citado documento de la UNCTAD "la concentración del control mediante una integración vertical y horizontal de las operaciones ha creado barreras efectivas a la entrada de los países en desarrollo en los mercados internacionales. Estas barreras creadas por las empresas privadas surgen fundamentalmente de la proliferación de prácticas comerciales restrictivas, entre ellas las que resultan del control que las empresas transnacionales ejercen sobre la producción, la tecnología y los conductos de distribución y comercialización".[30] En particular revisten este carácter los acuerdos de cártel, que fijan precios y reparten mercados. Estas prácticas se facilitan enormemente con el comercio intracompañía, cuya magnitud y características se consideran en el capítulo IV.

Asimismo, la transferencia de tecnología, en especial en la industria minera y metalúrgica, depende en gran parte de patentes y licencias de propiedad de empresas transnacionales y está sujeta a las restricciones impuestas por estas empresas (como por ejemplo la limitación de las exportaciones de productos fabricados con esa tecnología). Además, en muchos casos, las únicas empresas que pueden utilizar esa tecnología en los países subdesarrollados son las filiales de las propietarias de las patentes.

También es muy diferente la dotación de capital y la complejidad

[29] Véase GATT, "Estudios en problemas de comercio internacional", núm. 6, *Adjustment, trade and growth in developed and developing countries*, por Richard Blackhurst, Nicolás Marian y Jan Tumlir, Ginebra, septiembre de 1978.

[30] Véase UNCTAD, *La transformación. . . , op. cit.*, pp. 30-31.

de la tecnología necesaria para la explotación de cada producto de base. En general, la extracción y elaboración de minerales es altamente intensiva en capital y de tecnología compleja, mientras que la producción y elaboración de productos agrícolas es barata y de tecnología relativamente simple. Ello hace que en los países subdesarrollados las decisiones sobre inversiones mineras requieran la consideración de la oportunidad y rendimiento de inversiones alternativas. Además, en general sólo el Estado y las empresas transnacionales están en condiciones de afrontar financiamientos tan elevados. El cuadro II.6 muestra los costos medios de inversión para algunas actividades mineras y metalúrgicas —en precios de 1975— que van desde un mínimo de 80 millones de dólares para una planta de zinc con capacidad para producir 50 000 toneladas/año hasta un máximo de 1 200 millones de dólares para una planta de aluminio de 500 000 toneladas/año.

CUADRO II.6
COSTOS MEDIOS DE INVERSIÓN

Producto	Capacidad óptima	Costo de las inversiones en 1975 (millones de dólares)
Aluminio	500 000 toneladas/año	1 200
Cobre	100 000 ” ”	600
Nódulos de mineral de hierro	10 000 000 ” ” (66% de contenido de hierro)	800
Níquel	25-30 000 toneladas/año	480
Plomo	100 000 ” ”	140
Zinc	50 000 ” ”	80

FUENTE: "Minerales: cuestiones principales. Informe del secretario general" (E/C.7/68), 29 de marzo de 1977 (documento presentado en el quinto período de sesiones del Comité de Recursos Naturales, Ginebra, 9 a 20 de mayo de 1977).

Con respecto a las inversiones necesarias para la industrialización de productos agrícolas, en el citado estudio de la UNCTAD se establece que son de una magnitud muy inferior.[31] Así, se cita un estudio del Instituto de Estudios Tropicales en el que se señala que para elaborar

[31] Véase UNCTAD, *La transformación de los productos básicos antes de su exportación: sectores en que pueden adoptarse nuevas medidas de cooperación internacional* (documento TD/229/Sup. 2), Ginebra, marzo de 1979.

17 000 sacos de café soluble (deshidratación por aspersión) se requeriría una inversión de 170 000 dólares. En otro estudio preparado para la UNCTAD se considera que la elaboración del cacao, en su primera fase de tostaduría y molienda a escala rentable, necesitaría una inversión de 12 a 13 millones de dólares (a precios de 1972); para producir manteca de cacao y cacao en polvo, las inversiones serían respectivamente de 1 a 2 millones y de 2 a 3 millones de dólares. De acuerdo con el citado estudio de la UNCTAD, una fábrica de neumáticos relativamente pequeña costaría cerca de 10 millones de dólares y una de tamaño medio 22 millones. Una fábrica de elaboración de 20 000 a 30 000 toneladas de sisal cuesta cerca de 9 millones de dólares (de los cuales, 4.1 millones para maquinaria); y el de una fábrica de productos de yute es de 11 millones de dólares, incluyendo 4 millones para equipo. En el caso del algodón, las inversiones son más elevadas, pero no mayores de 60 a 90 millones de dólares.

Las consecuencias de la falta de procesamiento de los productos básicos en el país productor subdesarrollado son múltiples. En primer término —como se ha señalado— figura el lucro cesante que los países subdesarrollados pierden por el menor valor agregado en el momento de la exportación y al que nos hemos referido en este capítulo; pero además de este efecto primario y directo figuran otros de parecida importancia. Ante todo, el menor desarrollo del sistema productivo que supone la no realización de procesos de elaboración más avanzados. El subdesarrollo industrial se define como la falta de capacidad o de posibilidad para llegar a etapas avanzadas —de ser posible el producto final— en el proceso de elaboración de un producto. Éste es, precisamente, el caso. Ello implica, además, una dificultad para el abastecimiento del propio mercado interno y una modalidad del comercio exterior: muchas veces, países subdesarrollados importan elaboradas las mismas materias primas que exportaron en bruto. No son excepciones los países ganaderos que exportan cueros e importan zapatos; o los mineros que exportan cobre en lingotes e importan los cables eléctricos. Este fenómeno se plantea con magnitud mucho mayor en el conjunto de los países subdesarrollados, en el cual es evidente el comercio triangular de muchos productos. Así, países subdesarrollados exportan materias primas a países desarrollados —en especial a sus antiguas metrópolis coloniales o a centros a los que están económicamente subordinados—, los que a su vez abastecen del producto elaborado a los demás países subdesarrollados. Ello se debe a una compleja red de relaciones, en cuyo punto inicial está la falta de elaboración local: los países subdesarrollados necesitan el producto final, ya que tampoco tienen la posibilidad de elaborar la materia prima; por ello, y dependiendo de otros factores tales como financiamiento y transporte, no compran la materia prima en el país subdesarrollado vecino que lo produce, sino en el lejano país desarrollado que previamente la importó y la exporta después de agregarle otros insumos y mano de obra caros.

b] *Parte del precio final que recibe el país subdesarrollado productor*

Otra de las consecuencias de la falta de elaboración es que el porcentaje que recibe el país productor del precio al consumidor pagado en el país desarrollado es relativamente pequeño. Para determinarlo, se compara el precio de exportación con el pagado por el consumidor (mayorista o minorista, según el caso). Los resultados muestran que el país exportador recibe menos del 10% en los casos del mineral de hierro y la bauxita; entre el 20 y el 40% con respecto al té, café, cacao, jugos cítricos, bananos y yute; y entre el 40 y el 55% en relación al azúcar[32] (véase cuadro II.G). En varios de estos casos, la elaboración es mínima, lo cual indica los altos costos del transporte y la comercialización y los elevados márgenes de beneficios. Además, si se considera que el precio que recibe el país exportador incluye también los costos internos de transporte y comercialización, puede concluirse que la parte recibida por el productor es muy baja. En el caso del café se ha estimado que el productor recibe entre el 12 y el 24% del precio de venta en el país desarrollado,[33] y en el del banano, el 11%.[34]

En muchos casos, los impuestos cobrados internamente en los países desarrollados son de montos semejantes o mayores que los percibidos por los países productores por sus materias primas. Véase por ejemplo, el caso más importante, que es el del petróleo producido por los países de la OPEP y consumido en el mercado europeo. En 1972, sobre un precio total de 12.60 dólares por barril de productos finales, 1.70 dólares correspondían al fisco del país productor; 4.10 dólares a gastos de distribución y beneficios de las empresas; 5.40 dólares al fisco del país consumidor; el resto, a costos de producción, fletes y refinación. Es decir, el Estado del país consumidor percibía tres veces más impuestos que el del país productor. En 1974, con el nuevo precio del petróleo, esas relaciones cambiaron. En el primer trimestre de ese año, sobre un precio total de 21 dólares, correspondían 7.85 dólares al fisco del país productor; 5.30 dólares a distribución y beneficio de las empresas, y 6.00 dólares al fisco del país consumidor. A la luz de estas cifras, el

[32] Véase UNCTAD, *Relación existente entre los precios de exportación y los precios de venta al consumidor de algunos productos básicos exportados por los países en desarrollo* (documento TD/184/Sup. 3), Nairobi, mayo de 1976.

[33] Véase Alberto Orlandi, "Precios y ganancias en el comercio mundial del café", en *Revista de la CEPAL,* primer semestre de 1978.

[34] Véase UNCTAD, *Marketing and distribution systems for bananas,* Ginebra, 1974.

cambio fundamental en la política económica internacional ocurrido en 1974 consistió en que el petróleo exportado por los países subdesarrollados no sólo se utiliza para financiar al fisco de los países desarrollados y para subvencionar los gastos y despilfarros de energía de los países desarrollados, sino también para financiar a los gobiernos de los países productores subdesarrollados, que exportan un recurso natural no renovable.[35]

c] *Prevalencia del interés de la empresa transnacional, en perjuicio*
   de la población local, en algunos casos de agricultura de exportación

En varios países subdesarrollados se remplazó el cultivo de autoconsumo, que alimentaba a las masas campesinas, por el monocultivo industrial para exportación. En África, durante la época colonial, se produjeron varios de esos casos. Por este procedimiento, se abastecía al país desarrollado, se mejoraba sustancialmente el balance de pagos del país productor y se "optimizaba" la utilización de los factores y, en especial las utilidades de las empresas transnacionales; pero el resultado social de este éxito económico era el hambre para la mayoría de la población, ya que el cálculo económico no privilegiaba la importación de alimentos para quienes habían perdido sus cultivos de alimentos. Tal es el caso de Gambia, donde existía un importante cultivo de arroz, pero la mayor parte de la tierra fue consagrada al cultivo del maní para el mercado europeo; Ghana, que tenía yuca fue obligado a la monocultura del cacao; Liberia fue transformado en una plantación de caucho de la Firestone Tire and Rubber; la producción de alimentos de Dahomey y del sudeste de Nigeria fue sacrificada en beneficio de las palmeras productoras de aceite; Tanganika debió cultivar el sisal y Uganda, algodón;[36] Senegal, maní y el Chad, algodón.

Para ello, o bien se obligaba a los campesinos al monocultivo y venta para la exportación; o empresas transnacionales se apropiaban de esas tierras e instalaban grandes plantaciones y exportaban ellas mismas.

Un análisis realizado acerca de la agricultura del Senegal[37] llega a la conclusión de que la monocultura del maní ha destruido el equilibrio

---

[35] Véase UNCTAD, *Mobilisation des ressources intérieures. Pays membres de l'Organisation des Pays Exportateurs de Pétrole (OPEP) et développement,* estudio realizado por Abdelkader Sid-Ahmed, consultor, a pedido de la Secretaría de la UNCTAD, octubre de 1978. Las cifras referidas se basan en *Mémoire présenté par l'Algérie a la Conférence des souverains et chefs d'Etat des pays membres de l'OPEP,* Argel, marzo de 1975, p. 204.

[36] Estos ejemplos están extraídos de Frances Moore Lappé y Joseph Collins, *L'industrie de la faim,* Montreal, Editions l'Etincelle, 1978, p. 123.

[37] Voir Ali Ridha, *L'agriculture Sénégalaise* (mimeografiado), Ginebra, 1980.

a nivel local entre los cultivos para la alimentación, la ganadería y las cosechas comercializables; además, en el Sahel senegalés, contribuyó a la "desertificación" por la explotación intensiva del suelo. "En general, una agricultura de exportación, una vez lanzada en un medio subdesarrollado va ampliándose hasta ahogar la agricultura para la alimentación tradicional, porque se revela como creadora de enormes beneficios para la oligarquía comercial, bancaria y gubernamental dominante. Las oficinas agrícolas estatales, los grandes importadores y exportadores, los mayoristas, etc., que importan y distribuyen los equipos, fertilizantes, pesticidas e insecticidas y exportan el maní, los aceites y tortas de maní, obtienen enormes beneficios de esas actividades, mientras el pequeño cultivador de maní permanece en la miseria, sujeto en la compra y la venta a un juego de precios que lo expolia. Por el contrario, la producción y distribución de productos alimenticios vendidos a la población, si bien contribuyen a eliminar el hambre y la desnutrición y a disminuir la dependencia económica, sólo procuran débiles beneficios a los poderosos que gobiernan el país y a los ricos que dominan la economía. En este hecho radica el secreto de la preferencia por una economía fundada sobre la exportación y la monocultura, aún si debe resultar volcada hacia afuera, dependiente y desarticulada."

En síntesis: en estos casos se sacrificó la alimentación de grandes masas de población, a las necesidades del abastecimiento de países desarrollados y a la obtención de beneficios por parte de las empresas transnacionales y de grupos gubernamentales y comerciales locales.

CAPÍTULO III

REDESPLIEGUE INDUSTRIAL Y MANO DE OBRA

En este capítulo se examinan algunos de los cambios recientes en la estructura industrial a escala internacional. En primer término, se procura determinar la magnitud real de la nueva localización, para establecer si se trata de una posibilidad casi sin concretar o de un proceso en plena ejecución. A continuación se señalan distintos tipos de industrialización en los países subdesarrollados. En seguida, se plantea el problema del "redespliegue industrial" de los países desarrollados, considerando la contradicción que existe entre el actual problema de desocupación y la probable escasez de mano de obra que podría presentarse entre 1985 y el año 2000; en este caso la relocalización industrial llegaría a ser una solución (otras serían el aumento de la productividad y la afluencia de trabajadores extranjeros). Se consideran también las ventajas comparativas o absolutas que pueden impulsar a las empresas transnacionales a instalarse en países subdesarrollados y se analiza con mayor detenimiento la cuestión de la diferencia de salarios ponderados por la productividad. Por último, se plantean alternativas de política para los países subdesarrollados, comparando las características y los efectos de una industrialización "abierta" basada en ventajas comparativas o absolutas —que se adecuaría al "redespliegue" de los países desarrollados— con los de una industrialización que tienda a afirmar la autonomía nacional (como la de bienes de capital) y a abastecer a la mayoría de la población.

1. LA MAGNITUD REAL DE LA NUEVA DISTRIBUCIÓN INTERNACIONAL DE LA ACTIVIDAD INDUSTRIAL

El concepto de nueva distribución internacional de la actividad industrial no es nuevo y durante los últimos veinte años ha provocado numerosas discusiones teóricas; pero nunca se planteó en los países industrializados en términos tan precisos y concretos como desde el principio de la crisis de 1974-1975. El análisis oponía, de una manera dicotómica, el proteccionismo a la especialización internacional; sin embargo, desde un punto de vista práctico, la situación es mucho más compleja. No es común que un país, por poderoso que sea, esté dispuesto a desprenderse de una actividad industrial en provecho de otros países y quedar así más dependiente del exterior para su abastecimiento. Por otra parte, el mantenimiento permanente de barreras aduaneras para salvaguardar una industria internacionalmente no competitiva tampoco constituye una solución. La diferencia entre los intereses de las empresas transnacionales y los de los estados nacionales complica aún más la cuestión.[1]

Antes de plantear el problema de la distribución de la actividad industrial, debe determinarse, más allá de las discusiones teóricas, si hay efectivamente —y en qué medida— una nueva localización a escala internacional de la producción industrial. En primer término debe tenerse en cuenta la interacción entre producción y comercio. Por ejemplo, el mayor proceso de nueva localización industrial, que fue el de sustitución de importaciones en muchos países subdesarrollados —en particular de América Latina— significó un cambio drástico en la composición de su comercio internacional; incluso aumentando en su valor total, las nuevas importaciones se adecuaban al proceso deseado de desarrollo interno. Además, salvo excepciones, sólo se exporta una parte —que no es la mayor— de la producción industrial (44% en los países desarrollados y 23% en los subdesarrollados). Lo que ahora se llama "redespliegue" o "relocalización" industrial se refiere a la importación que realizan algunos países industriales desde países subdesarrollados, de ciertas manufacturas que antes fabricaban localmente, y a su significación para la producción y el comercio exterior de los países subdesarrollados concernidos.

A priori, parece evidente que un porcentaje creciente de los textiles, del vestido, de los aparatos eléctricos, etc., consumidos en los países desarrollados provienen de los "nuevos países industriales" (NPI);[2] pero en realidad, a escala internacional, sólo una parte muy reducida de la producción industrial ha pasado del norte hacia el sur (véase cuadro III.1). Durante los 15 últimos años, solamente 3.3% de la producción industrial se desplazó desde los países desarrollados hacia los paí-

---

[1] Por ejemplo, en el caso de la empresa Volkswagen, que fabrica automóviles en el Brasil, parte de los cuales exporta después en piezas separadas hacia Alemania, es la industria automovilística alemana la que se perjudicaría a mediano plazo. Sin embargo, ¿puede imaginarse que un gobierno levante barreras aduaneras contra las importaciones de una de sus propias empresas? Pero dadas las restricciones de mano de obra que este país podría tener en el futuro, una relocalización de este tipo parecería lógica.

[2] Esos países son 10 para la OCDE: España, Portugal, Grecia, Yugoslavia, Brasil, México, Hong-Kong, Corea del Sur, Taiwán y Singapur. La comunidad Europea agrega Turquía a esta lista. Véanse OCDE, *L'incidence des nouveaux pays industriels*, París, 1979; y Comisión de las Comunidades Europeas, *Evolution des structures sectorielles des économies européenne depuis la crise du pétrole*, 1973-1978.

ses subdesarrollados;[3] 2.5% hacia los nuevos países industriales y 0.8% hacia los otros países en desarrollo. A este ritmo de transferencia, los objetivos de la Conferencia de Lima se lograrían hacia el año 2050.[4]

CUADRO III.1
ESTRUCTURA DE LA PRODUCCIÓN Y EXPORTACIONES MUNDIALES
DE PRODUCTOS MANUFACTURADOS
(total mundial = 100)

	Producción[a]			Exportaciones		
	1963	1973	1976	1963	1973	1976
Países desarrollados[b]	88.1	86.0	84.8	82.4	83.3	83.8
Países subdesarrollados	11.9	14.0	15.2	4.3	6.6	6.6
NPI orientales[c]	0.4	0.9	1.5	1.4	3.3	4.1
NPI orientales[d]	3.0	4.3	5.4	1.6	4.3	5.0
más América Latina						
Países socialistas	–	–	–	13.3	10.0	9.6

[a] Con exclusión de los países socialistas.
[b] Incluye a los países de la OCDE, España, Portugal y Grecia.
[c] Hong-Kong, Corea del Sur, Taiwán y Singapur.
[d] Los países incluidos en c más Brasil y México.

FUENTE: GATT y OCDE.

El problema que ahora preocupa más específicamente es el de la producción industrial de países subdesarrollados con destino a la exportación hacia países desarrollados; estos últimos, por diversas razones, habrían decidido no abastecerse totalmente en esos rubros con su producción interna. Al respecto, existe una impresión general que los países subdesarrollados, durante estos últimos años, han aumentado fuertemente su participación en el comercio internacional de manufacturas. Pero no es así: como puede verse en el cuadro III.2, los países desarrollados no solamente han conservado su posición preponderante sino que la han consolidado. Así, durante 1976, de esos países provenía el 83.5% de las exportaciones mundiales de productos manufacturados, frente al 82.6% en 1963. Si los nuevos países industriales han podido aumentar su participación en el mercado mundial en 3.45%, ello correspondió

[3] Organización de las Naciones Unidas para el Desarrollo Industrial, *La industria en el mundo desde 1960: progresos y perspectivas*, Nueva York, 1979.
[4] La Conferencia de la UNIDO reunida en marzo de 1975 en Lima, fijó como objetivo que por lo menos el 25% de la producción manufacturera se efectuase en países subdesarrollados en el año 2000. Este porcentaje era de 6.9% en 1960 y de 8.6% en 1976.

a una disminución correlativa de los demás países subdesarrollados y de los países del Este.[5]

CUADRO III.2
IMPORTACIONES DE PRODUCTOS MANUFACTURADOS EFECTUADAS POR LOS PAÍSES INDUSTRIALIZADOS CLASIFICADAS POR REGIÓN DE ORIGEN
(total de las importaciones de productos manufacturados = 100)

	Importaciones de productos manufacturados efectuadas por los países desarrollados		
	1963	*1973*	*1978*
Países desarrollados[a]	94.4	91.1	89.5
Países subdesarrollados	3.8	6.8	8.2
NPI orientales[b]	1.2	3.8	4.8
NPI orientales más A. Latina[c]	1.5	4.7	5.8
Países socialistas	1.8	2.1	2.3

[a] Países de la OCDE, incluyendo a España, Portugal y Grecia.
[b] Hong-Kong, Corea del Sur, Taiwán y Singapur.
[c] Los países incluidos en b más Brasil y México.

FUENTE: GATT y OCDE.

Como se observa en el cuadro III.2, la casi totalidad de las importaciones de productos manufacturados que realizaron los países desarrollados provenía, tanto en 1963 como en 1978, de otros países desarrollados; sólo el 5.8% procede de los nuevos países industriales y 4.0% de los restantes países subdesarrollados y de los países del Este. Además, se sigue cumpliendo una de las pautas del subdesarrollo: no obstante que los nuevos países industriales aumentaron notablemente sus exportaciones de manufacturas con destino a países desarrollados, estos últimos exportan más hacia los nuevos países industriales que lo que importan desde allí. En 1977, el saldo era de 18.2 mil millones de dólares en favor de los países de la OCDE; el Japón tenía un saldo positivo de 10.6 mil millones y solamente los Estados Unidos registraban un déficit de 2.6 mil millones.

Las únicas áreas donde los nuevos países industriales tuvieron éxito en la búsqueda de mercado en los países desarrollados son vestuario

[5] Dentro de los nuevos países industriales, los del sureste asiático son los que tuvieron un crecimiento más intenso de su comercio exterior; si se contrasta este hecho con la estructura mundial de la producción descrita más arriba, se puede concluir que el incremento de la producción de esos nuevos países industriales orientales fue en gran parte absorbido por su comercio exterior, mientras que en Brasil y México esta producción fue destinada a su mercado interno.

y calzado, textiles y máquinas eléctricas. El conjunto sin embargo, no representa más del 4.5% de las importaciones totales de los países de la OCDE y apenas 2% de su consumo total de bienes manufacturados[6] (véase cuadro III.3).

El contenido de capital y trabajo calificado de los productos es determinante en estos intercambios. Así, 56% de los bienes importados por los países industriales avanzados que provienen de los nuevos países industriales poseen un contenido muy escaso en trabajo calificado y 68% un contenido escaso, a veces ínfimo, en capital; mientras que la mitad de los bienes intercambiados entre países industrializados tienen un contenido en capital muy elevado (véase cuadro III.A).

A su vez, el comportamiento de las familias en los países desarrollados, tal como resulta del estudio de su función de consumo (véase cuadro III.4) refleja una relativa saturación en lo que respecta a ciertas necesidades básicas. La demanda de vestuario y calzado, de productos alimenticios, de muebles y más recientemente de aparatos electrodomésticos, ha progresado de un modo mucho menos rápido que el consumo total; los sectores "de punta" son la salud, las distracciones, la vivienda y los transportes.[7] Si se consideran estos productos desde el ángulo de su fabricación, excepto los electrodomésticos, parecen ser productos de industrias que requieren poco capital (en el caso de vestuario y calzado, 63.5% menos que la media de las industrias manufactureras), una mano de obra poco calificada, y donde prácticamente no hubo innovaciones de importancia en los últimos años.

Recapitulando: en su gran mayoría, las industrias transferidas[8] hacia los países subdesarrollados son de débil intensidad de capital y de investigación, con tecnología "de retaguardia" en los países desarrollados y con fuerte intensidad de mano de obra no calificada. Estas industrias tienen en los países desarrollados un mercado estancado o que crece lentamente, además de precios que aumentan menos que los de otros productos. Este artículo se referirá a este "redespliegue", que sólo cons-

---

[6] Discurso pronunciado en la reunión de la Conferencia de las Naciones Unidas para el Comercio y el Desarrollo por Robert S. McNamara, presidente del Banco Mundial, Manila, 10 de mayo de 1979.

[7] Véase Francia, Commissariat Général du Plan, *La spécialisation internationale des industries à l'horizon 1985*, París, 1978.

[8] El término "transferencia" puede dar lugar a equívocos. No se trata necesariamente de que la casa matriz implante una filial en un país subdesarrollado —como fue muchas veces el caso en el proceso de sustitución de importaciones— o traslade su empresa, sino que el gobierno del país desarrollado adopte medidas de política interna, tales como supresión de subsidios o rebajas arancelarias, que tengan por resultado que para ciertos abastecimientos se recurra a la importación además de la producción interna; o que la empresa transnacional organice la cadena de producción recurriendo a la subcontratación de etapas con gran intensidad de mano de obra en países subdesarrollados.

CUADRO III.3
PORCENTAJE DE IMPORTACIONES DE LA OCDE PROVENIENTES DE LOS NPI, POR PRODUCTOS
(1963/1977)

Grupo de la CUCI	Porcentaje proveniente de los NPI[a] 1963	Parte de cada grupo en las importaciones totales de la OCDE Imp. total = 100 1963	Porcentaje proveniente de los NPI[a] 1977	Parte de cada grupo en las importaciones totales de la OCDE Imp. total = 100 1977
Vestuario (84)	15.3	3.3	31.2	4.9
Cuero y calzado (61, 83, 85)	3.8	2.2	21.6	2.4
Máquinas eléctricas	0.5	8.3	10.6	10.3
Textiles (65)	2.8	8.9	6.5	5.3
Otros[b]	0.4	66.9	1.6	65.0
Total	1.3	89.6	5.1	87.9

[a] NPI: Brasil, México, Taiwán, Hong-Kong, Singapur y Corea del Sur.
[b] CUCI: 62, 69, 66, 67, 67, 73, 71, 5, 64.

FUENTE: OCDE, *L'incidence. . .*, *op. cit.*, p. 27.

CUADRO III.4
EUROPA: EVOLUCIÓN DEL CONSUMO PRIVADO POR FUNCIÓN,
A PRECIOS DE 1970
(1970 = 100)

	1953	1960	1973	1977
Alimentación	58.0	74.2	107.7	108.4
Vestuario	47.0	64.2	111.1	112.9
Vivienda y calefacción	46.0	61.8	115.3	136.6
Muebles	41.2	61.4	122.0	126.2
Salud	31.0	48.6	127.0	181.3
Transporte	27.5	46.6	121.4	141.0
Distracciones	46.0	63.0	120.8	146.1
Otros servicios	43.6	61.2	116.5	150.4
Total	46.8	63.9	115.0	128.0

FUENTE: *Cuentas nacionales de los países de la OCDE, 1960-1977*, volumen II,
París, 1979.

tituye una parte menor de los cambios que están ocurriendo con respecto a la localización industrial en el mundo; la parte más importante está constituida —como ya se dijo— por las nuevas industrias destinadas a abastecer los mercados internos. A continuación se discutirá en qué medida se compaginan con el desarrollo industrial que se considera deseable para los países subdesarrollados y cuáles son las razones que podrían impulsar en el futuro a los países desarrollados a importar esos productos desde los países subdesarrollados.

2. TIPOS DE INDUSTRIALIZACIÓN
    EN PAÍSES SUBDESARROLLADOS

Frente a este panorama de concentración en los países centrales, se plantea para los países de la periferia en general y los latinoamericanos en particular, el problema de cómo desarrollar sus economías y especialmente la industria. Al respecto, surgen interrogantes tales como ¿qué tipo de estructura industrial deberán buscar los países subdesarrollados?, ¿cuál debería ser la interrelación entre mercado interno y exportación? y ¿qué espacio deja la política de los países desarrollados y cómo debería aprovecharse el margen de maniobra que exista?

a] *Distintos tipos de industrialización*

Para contestar al primer interrogante sería necesario, en primer término caracterizar los diferentes tipos de industrialización que pueden darse en países subdesarrollados.

Históricamente, Adam Smith consideró la industrialización como un complejo de actividades manufactureras y productivas, dándole un sentido institucional que excede el personal de la habilidad, perseverancia y diligencia.[9] En otras palabras, "industria significa la relación hombre-naturaleza, mediante el trabajo desarrollado a través de la máquina".[10] En los hechos, la modalidad de la industrialización inglesa se caracteriza porque simultáneamente se da una reorganización y un aumento de productividad en la agricultura, que permite una emigración de mano de obra agrícola; una primera fase de industrias de bienes de consumo, en especial los textiles; y una ulterior fase siderúrgica acompañada de una intensa oferta de capital sobre los mercados internos e internacional.[11] A su vez, en la modalidad soviética confluyen un rápido proceso de industrialización con una colectivización de la agricultura, y se orienta esencialmente hacia los bienes de capital.[12]

Posteriormente, se desarrollaron múltiples procesos de industrialización que adoptaron en mayor o menor grado los elementos de estos dos modelos. En el cuadro III.5 se sintetizan varios tipos de industrialización, procurando determinar el carácter autónomo o dependiente de ese proceso y su índole popular o elitista. Se trata de un esquema elemental, que sólo se propone mostrar la gran variedad de procesos posibles de industrialización. Como categorías de análisis se considera qué tipo de bienes se producirán (de capital, intermedios o de consumo); para quiénes (mercado interno o exportación; grupos de altos o de bajos ingresos); cómo (tecnología simple o compleja, integrados a la economía nacional o a la empresa transnacional, alto o bajo valor retenido en el país productor); y por quiénes (salarios altos o bajos, derechos sindicales reales o inexistentes, empresas estatales, privadas nacionales o extranjeras).

A partir de esta tipología, se advierten diferencias fundamentales entre los distintos tipos de industrialización. Esquematizando casos extremos, muy poco tienen en común, por una parte, una industrialización autónoma, que fabrica bienes de capital para el mercado interno, cuya producción está integrada a la economía nacional, que retiene un

---

[9] Véase Ruggiero Romano, *Industria: storia e problemi*, Turín, Einaudi, 1976.

[10] *Ibidem*, p. 3.

[11] *Ibidem*, p. 31.

[12] Véase Maurice Dobb, *Estudios sobre el desarrollo del capitalismo*, México, Siglo XXI, 11a. ed., 1979.

CUADRO III.5
CARACTERÍSTICAS ESENCIALES DE VARIOS TIPOS
DE INDUSTRIALIZACIÓN*

	Autó-noma	Depen-diente	Popular	Elitista
Tipo de bienes				
De capital	XXX	X	XXX	XX
Intermedios	XXX	XX	XXX	XX
De consumo	XX	XXX	XXX	XXX
Destino de la producción				
Mercado interno	XXX	XX	XXX	XX
Exportación	XX	XXX	XX	XXX
Grupos sociales destinatarios				
Altos ingresos	XX	XXX	X	XXX
Bajos ingresos	XXX	XX	XXX	X
Tecnología				
Simple	XXX	X	XXX	X
Compleja	XX	XXX	X	XXX
Grado de integración				
Integrada a la economía nacional	XXX	X	XXX	XX
Integrada a la empresa transnacional	X	XXX	XX	XXX
Valor retenido en el país productor				
Alto	XXX	X	XXX	XX
Bajo	X	XXX	X	XX
Mano de obra				
Salarios altos y derechos sindicales	XXX	X	XXX	X
Salarios bajos sin derechos sindicales	X	XXX	X	XXX
Tipos de empresas				
Estatales	XXX	X	XXX	X
Privadas nacionales	XX	XX	XX	XXX
Extranjeras	X	XXX	X	XXX

* La gradación de X, XX y XXX significa nula o poca, mediana o mucha importancia.

alto valor en el país subdesarrollado, paga elevados salarios y la efectúan por empresas nacionales o estatales; y por la otra, una industrialización que fabrica bienes de consumo para la exportación, con tecnología compleja, integrada a una empresa transnacional, que retiene escaso valor en el país subdesarrollado, paga bajos salarios y está a cargo de una empresa transnacional.

En la consideración de los "tipos de industrialización" no debe perderse de vista que en los países de economía mixta, como son los latinoamericanos, coexisten en distintas ramas y empresas, diversas combinaciones de "tipos de industrialización". Lo que importa es cuál prevalece en el conjunto de la economía. En tal sentido, es obvia nuestra preferencia por una industrialización autónoma y popular por razones de filosofía política, que van más allá de criterios microeconómicos (que tampoco tienen por qué ser desfavorables para esta opción).

b] *Mercado interno y exportación*

La polémica que oponía la industrialización por sustitución de importaciones a la exportación de manufacturas parecía superada hace veinte años; sin embargo, como se le ha vuelto a plantear, parece conveniente recordar los argumentos básicos que fundamentan la preponderancia del mercado interno y del papel complementario y de apoyo de las exportaciones manufactureras. En un reciente análisis[13] se pone en evidencia "que la conformación histórica-estructural de América Latina, en el presente y en el futuro discernible, determina que su desarrollo depende *primordialmente* de la utilización de sus recursos humanos y materiales en las actividades orientadas hacia el mercado interno. Los coeficientes de apertura actuales y las perspectivas evidencian meridianamente esa realidad." En el mismo estudio se señala el importante papel de apoyo de las exportaciones de manufacturas para proveer de divisas y para complementar la demanda interna con la exterior y poder alcanzar así en ciertos casos niveles adecuados de productividad y costos. En síntesis: no se trata de una alternativa excluyente sino de una complementariedad, en la que la función principal corresponde a la producción para el mercado interno.

c] *La inserción externa*

La tercera pregunta que se formuló al comienzo de este capítulo se refería al espacio que deja la política industrial de los países desarrollados y las posibilidades que tienen los países subdesarrollados de aprovecharla. Este tema se vincula al "redespliegue industrial".

---

[13] Véase Aníbal Pinto, *Centro-periferia e industrialización* (mimeografiado), Santiago de Chile, diciembre de 1980.

3. EL "REDESPLIEGUE INDUSTRIAL"
    DE LOS PAÍSES DESARROLLADOS

En esta sección se considerará la situación de los países desarrollados
y los motivos que podrían tener para adoptar una política de "redespliegue industrial". La primera cuestión a considerar se refiere a la
mano de obra y se contraponen claramente el problema de corto plazo
ligado a la desocupación, con el de mediano y largo plazo vinculado al
descenso de la población activa, por la baja en la natalidad. El segundo
aspecto es el de las ventajas comparativas o absolutas que podrían aprovechar en los países subdesarrollados y que consisten sobre todo en
la diferencial de salarios, la dotación de recursos naturales, el ahorro
de energía, la ausencia de gastos anticontaminantes y las ventajas fiscales.

a] *Desocupación, población activa y "redespliegue" industrial*

Uno de los problemas más importantes que enfrentan los países industrializados desde 1975 se refiere a los efectos directos e indirectos
de una disminución relativa de la población en general (véase cuadro
III.6) y de la población activa en particular. Este fenómeno se manifiesta ya al nivel de la demanda (cierre de escuelas primarias por falta de
alumnos, por ejemplo) pero parece totalmente irrealista si se lo plantea
con respecto a la oferta de mano de obra, cuando se sabe que en 1980
había más de 6 930 000 personas que buscaban empleo en la Comunidad Europea y más de 6 000 000 en los Estados Unidos. Sin embargo,
la afirmación según la cual el crecimiento económico de los países industrializados podría ser frenado por una falta de mano de obra, se basa
en dos hechos: por una parte, la disminución de la población activa durante la segunda mitad de los años ochenta; por otra, la merma en la
productividad de la mano de obra.
    Es necesario, pues, diferenciar claramente los efectos de la reloca-
lización sobre el empleo a corto plazo y su posible relación con la disminución de la población activa a largo plazo.

i) *El corto plazo: la ocupación*
    A corto plazo, el principal argumento invocado en los países
desarrollados en contra del redespliegue industrial es la disminución
de empleos que provocaría. Frente a esta situación, la reacción de los
gobiernos ha sido de tipo defensivo, y adquirió la forma de subvenciones o de proteccionismo, en general a pedido de los sindicatos y de grupos de presión regionales. Sin embargo, numerosos estudios demuestran
que si bien podrá existir desempleo a nivel de las empresas afectadas, los

CUADRO III.6
DISTRIBUCIÓN DE LA POBLACIÓN MUNDIAL, 1950, 1975 Y 2000
(porcentaje del total)

	1950	*1975*	*2000*
Europa occidental	12.4	9.7	7.2
Países del Este	11.3	9.5	7.4
Estados Unidos	6.0	5.3	4.2
Japón	3.3	2.8	2.1
Países desarrollados	34.0	28.2	21.8
América Latina	6.5	8.0	9.8
África	8.7	10.0	13.3
Asia	50.7	53.6	55.0
India	16.4	15.4	16.7
China	22.2	22.2	19.2
Países subdesarrollados	66.0	71.8	78.2
Total	100.0	100.0	100.0

FUENTE: Naciones Unidas, *World population trends and policies 1977, monitoring report*, Nueva York, 1979.

resultados en el empleo global, regional o sectorial son mínimos; más aún, a mediano plazo los países desarrollados podrían disponer de mercados adicionales en los países que se industrialicen, gracias a que los intercambios recíprocos y las exportaciones así generadas serán creadores de empleo.

Las pérdidas de empleo imputables a las importaciones provenientes de los países subdesarrollados han afectado, en Francia 73 400 personas en 1970, y 93 200 en 1976, es decir, en promedio menos del 0.4% de la población activa.[14] Entre 1976 y 1985 estas importaciones podrían provocar la desocupación de 153 000 a 343 000 personas (entre 2.8 y 6.3% de la mano de obra empleada en la industria) según haya "protección limitada" de la economía francesa o "competencia acrecentada". Sin embargo, estas cifras apenas muestran un aspecto del proceso. En efecto, si se tiene en cuenta el empleo que está ligado a las exportaciones hacia los países subdesarrollados, el saldo es ampliamente positivo y relativamente equilibrado para el futuro según los escenarios adoptados. Este equilibrio entre pérdidas y ganancias de empleos ligados a las exportaciones de los nuevos países industriales ha sido muy estudiado.[15] En Alemania Federal, "100 millones de marcos de importa-

[14] Francia, Commissariat Général du Plan, *Le défi économique du tiersmonde*, informe del grupo de trabajo orientado por Ives Berthelot y Gerard Tardy, París, La Documentation Française, 1978.
[15] Resúmenes de estos estudios figuran en OCDE, *L'incidence...*, *op. cit.*, anexo 2; y en Organización Internacional del Trabajo, *Restructuring of industrial*

ciones de productos manufacturados provenientes de países en vías de desarrollo provocarían el licenciamiento de cerca de 2 250 obreros. Pero por otra parte, las exportaciones de un valor igual de productos manufacturados desde Alemania hacia los países en desarrollo crearían alrededor de 2 160 empleos".[16] Así, el efecto neto sobre el empleo de un crecimiento equilibrado de intercambios entre Alemania y los países subdesarrollados sería prácticamente nulo; sólo se modificaría la estructura del empleo: parte de los trabajadores afectados por el crecimiento de las importaciones provenientes de los países subdesarrollados debería cambiar de rama de industria para hacer frente a la demanda de exportaciones.

En Gran Bretaña, la disminución anual de los empleos disponibles entre 1970 y 1975 fue de 6.1% en los hilados textiles, 4.5% en la industria del calzado y algodón y 2.4% en vestuario. Después de analizar las causas de estas pérdidas de empleos, se llegó a la conclusión que sólo una parte muy pequeña de la misma se debía a las importaciones provenientes de los países subdesarrollados: 0.05% para los hilados textiles, 0.4% para el calzado, 0.8% para el algodón y 1.07% para el vestuario.[17]

En los Estados Unidos, para el conjunto de las industrias —excepto la textil que tiene barreras no tarifarias— la incidencia sobre el empleo de una disminución general del 50% de los derechos de aduana existentes, si se lo distribuye en 10 años, sólo provocaría una disminución de 15 000 empleos. La supresión de las barreras no tarifarias equivaldría a un aumento de las exportaciones agrícolas de 320 millones de dólares y un aumento de las importaciones netas de productos textiles de 965 millones de dólares. Esto llevaría a la creación de 1 000 empleos en la agricultura y a la pérdida de 88 000 en el sector textil.[18]

economies and trade with developing countries, por Santrah Mukherjee y Charlotte Feller, Ginebra, 1978.

[16] Deutsches Institut für Wirtschaftsforschung, *Economic Bulletin,* vol. 14, núm. 5, Berlín, 1977, citado en OIT, *Restructuring, op. cit.;* D. Schumacher, "Beschäftigungwirkungen von Importen aus Entwicklungsländern nicht dramatisieren", *DIW Wochenbericht,* núm. 1, enero de 1978, citado en OCDE, *L'incidence. . . , op. cit.*

[17] Overseas Development Institute, *ODI Review,* núm. 2, Londres, 1977.

[18] "No solamente los efectos macroeconómicos de una disminución sustancial de tarifas aduaneras son débiles, sino que los efectos sobre industrias específicas, sobre el empleo sectorial y el empleo por actividad son mínimos en la mayor parte de los casos. Un crecimiento industrial normal puede anular todos los efectos negativos sobre el empleo, en todas las industrias excepto en 20 de ellas. Los cambios en el empleo por especialización y por actividad son insignificantes, sobre todo si esta disminución del 50% de las tarifas se escalona a lo largo de 10 años." (Véase R. E. Baldwin, "Trade and development effects in the United States of multilateral trade reductions", en *American Economic Review,* mayo de 1976, citado en OIT, *Restructuring. . . , op. cit.,* p. 24.)

En los países de la OCDE, una disminución de 50% de los derechos de aduana de todos los países para el conjunto de los productos —excepto los agrícolas, textiles y petroleros— provocaría en el peor de los casos una disminución de 0.9% de la oferta de empleo y en el mejor de los casos un aumento de 1.22%.[19]

Esta información indica que los efectos de la relocalización industrial sobre el empleo en los países desarrollados son muy débiles o insignificantes a mediano plazo; en cambio, a largo plazo, esta relocalización tan discutida al nivel nacional e internacional podría convertirse en una necesidad.

ii) El largo plazo: la población activa

La mayoría de las personas que estarán en edad de trabajar el año 2000 han nacido antes de 1980; es entonces posible determinar con exactitud su número. Si se considera el crecimiento de la población europea, por ejemplo, se advierte que este crecimiento llegó a su máximo durante los años 60 a 65 (sin tener en cuenta el *baby-boom* de la posguerra); los jóvenes nacidos durante este período llegaron al mercado de empleo a partir de 1978 y los últimos efectos de este fuerte crecimiento de la natalidad se harán sentir hacia 1985.

En cambio, desde 1965, el incremento de la población ha sido cada vez más lento, hasta convertirse en casi nulo estos últimos años. En Alemania Federal la población en cifras absolutas disminuyó en 1.2% entre 1974 y 1978. Ello implica que después de 1975 y por lo menos hasta el año 2000, la población activa disminuirá en los países europeos y en América del Norte. Por el contrario, los países en desarrollo, tienen tasas de crecimiento de la población 2.8% más elevadas que las de los países industrializados; si bien es cierto que la tasa bruta de natalidad disminuyó en 13.5% entre 1960 y 1980, su tasa de mortalidad descendió en 45% durante el mismo período, lo que explica que la población de esta zona se haya duplicado en 30 años. En definitiva, representa el 72% de la población mundial y llegará a más del 78% en el año 2000 (véase cuadro III.7). En síntesis, por un lado tenemos los países hoy industrializados, con una población que crece a un ritmo muy débil o aún decrece, y ocurrirá lo mismo con la mano de obra a partir de 1985; por el otro, los países en desarrollo, con una población que aumenta siempre con intensidad y que dispone de una mano de obra desempleada muy importante. Si los países industrializados quieren que su

---

[19] De acuerdo con el estudio efectuado por A. B. Deardorff, R. M. Stern y C. F. Baum, "A multi-country simulation of the employment and exchange-rate effects of post Kennedy round tariff reduction", en N. Akrasanee, S. Naya y V. Vichit-Vadakan (comps.), *Trade and employment in Asia and the Pacific*, Honolulu, The University of Hawai Press, 1977, citado en OCDE, *L'incidence...*, *op. cit.*

nivel de vida crezca al ritmo de los años 1950 a 1980, tienen tres posibilidades: hacer crecer la productividad de su mano de obra (producir más con relativamente menos mano de obra), recibir mano de obra extranjera o subcontratar una parte de su producción.

CUADRO III.7
CRECIMIENTO DE LA POBLACIÓN MUNDIAL
1950-1975 y 1975-2000
(en % anual)

	1950-1975	1975-2000
Europa	0.93	0.55
Países del Este	1.17	0.75
Estados Unidos	1.38	0.77
Japón	1.91	1.15
Países desarrollados	1.15	0.68
Países subdesarrollados	2.25	2.09
Mundo	1.91	1.73

FUENTE: Naciones Unidas, *Annuaire Statistique, 1979.*

La primera solución, que consiste en aumentar la productividad de la mano de obra, parece actualmente en evolución desfavorable. En efecto, desde el principio de los años setenta y de un modo más definido durante estos últimos años, la productividad ha tendido a crecer menos rápidamente que en el pasado, y aún a disminuir en ciertos países. Este problema, que está siendo intensamente estudiado, en particular en los Estados Unidos, permanece hasta ahora insoluble. A priori, se percibe fácilmente que existen factores tales como las inversiones en maquinarias, la calificación de la mano de obra y los descubrimientos tecnológicos, que tienen una incidencia sobre el crecimiento de la productividad; pero es difícil determinar exactamente cuál. Se han realizado ensayos de estimación sin gran éxito, pues queda sin explicar la mayor parte de ese fenómeno.

Existe una función matemática que vincula el crecimiento económico, el de la productividad y el de la población activa y empleada.[20] Esta función permite determinar cuál debería ser el crecimiento de la

---

[20] Esta relación se puede hacer explícita del modo siguiente:

$$PE_0 = PA_0(1 - TC_0)$$
$$PR_0 = VA_0/PE_0$$
$$PE = \frac{VA}{PR} = \frac{VA_0 \ (1 + x)^t}{PR_0 \ (1 = pr)^t} = PA \ (1 - TC) = PA_0(1 + pa)^t \ (1 - TC)$$
$$PE_0 x \ (1 + Pa)^t \ \frac{(1 - TC)}{(1 - TC_0)} = \frac{VA_0}{PR_0} \frac{(1 + x)^t}{(1 + pr)^t}$$

productividad desde ahora hasta el año 2000 para mantener un ritmo de crecimiento económico semejante al del pasado, teniendo en cuenta las restricciones de mano de obra. La respuesta es que para la mayoría de los países industrializados, la tasa de crecimiento de la productividad de la mano de obra tendría que ser de 50 a 200% más elevada en los 20 próximos años que actualmente, si estos países quieren alcanzar crecimientos económicos similares a los del período 1957-1973 (véase cuadro III.8).

En el contexto actual, estos aumentos parecen muy improbables, ya que la mayor parte de los esfuerzos técnicos y financieros serán consagrados durante los años próximos a poner a punto procedimientos de producción y de conservación de energía que remplazarán al petróleo, cada vez más caro y relativamente escaso. Estos procedimientos no estarán directamente ligados a la producción de un bien suplementario, sino a sustituir progresivamente a un bien que ya existe; no tendrán, entonces más que una incidencia muy débil sobre el crecimiento de la productividad en general.

Como parece muy poco probable que pueda aumentar sustancialmente la productividad,[21] queda la posibilidad de incorporar mano de obra extranjera, como ocurrió en la posguerra y particularmente desde fines de los años sesenta en Europa Occidental.

Si se parte de la relación empírica que vincula el incremento de la productividad al crecimiento económico, es posible determinar la mano de obra necesaria en cada nivel de crecimiento económico, así como la tasa de crecimiento máxima ligada a la mano de obra disponible en el año 2000[22] (véase cuadro III.9). Así, Francia deberá mantener una fuerte tasa de crecimiento para asegurar, si no el pleno empleo, por lo

$$(1 + x)^t = (1 + pa)^t \times (1 + pr)^t \frac{1 - TC}{1 - TC_0}$$

PE = Población empleada
PA = Población activa
TD = Tasa de desocupación
PR = Productividad de mano de obra
VA = Valor agregado
x   = Tasa de crecimiento anual del valor agregado
pr y pa son las tasas de crecimiento anual de la productividad y de la población activa.

[21] Entre los períodos 1957-1973 y 1973-1978, las tasas promedio anuales de crecimiento de la productividad en la industria manufacturera descendieron de 2.1 a 0.8% en los Estados Unidos; de 8.9 a 3.0% en Japón; de 4.8 a 2.9% en Francia; de 4.6 a 3.1% en la República Federal de Alemania y de 3.0 a 0.7% en Gran Bretaña (en este último caso la comparación llega hasta 1977). (Véase OCDE, *Annuaires Statistiques*, París, 1957 a 1978; OIT, *Annuaires Statistiques*, Ginebra, 1957 a 1978.)

[22] El método de los mínimos cuadrados simples dio los resultados siguientes para el período 1958-1978:

CUADRO III.8
CRECIMIENTO DE LA PRODUCTIVIDAD NECESARIO
PARA UN DETERMINADO CRECIMIENTO ECONÓMICO

	(1) Crecimiento del PNB 1980-2000 (% por año)	(2) Crecimiento de la pro- ductividad 1973-1977	(3) Crecimiento de la pro- ductividad 1980-2000	(3)/(2) (%)
Estados Unidos	3.76	0.83	2.56	+208
Francia	5.35	2.93	4.57	+ 56
Alemania Federal	4.91	3.11	5.01	+ 61
Gran Bretaña	3.11	1.15	2.69	+133

FUENTE: Cálculos efectuados sobre la base de: United Nations, *World popula-tion trends, op. cit.*, Nueva York, 1979; Banque Mondiale, *Rapport sur le développement dans le monde, 1979,* Washington, agosto 1979 y fuentes del cuadro 8.

menos una tasa de desocupación limitada. Los Estados Unidos, por el contrario, no podrán asegurar un crecimiento de 2.4% sin recurrir a mano de obra extranjera. La situación de Alemania Federal es, desde este punto de vista, grave: si el crecimiento de la productividad conti-núa ligado al crecimiento económico del mismo modo que durante los 20 últimos años, será necesario que reciba de 1.7 a 3.0 millones de trabajadores extranjeros para mantener ritmos de incremento de produc-ción de 2 a 4% por año. Si se tiene en cuenta el hecho de que hay ya ac-tualmente 4 millones de extranjeros en Alemania, de los cuales 1.8 mi-llones son trabajadores (o sea 100 activos por 115 inactivos) este país contaría en el año 2000 entre 7.6 y 10.3 millones de extranjeros, es decir entre el 12% y 16% de su población frente a 6.5% en 1978.[23]

Estados Unidos: $pr = 0.50x$ $R^2 = 0.65$ D.W. $= 2.65$
              (7.14)   (valor de T)
Francia: $pr = 0.83x$ $R^2 = 0.89$ D.W. $= 1.60$
Alemania: $pr = 0.88x$ $R^2 = 0.62$ D.W. $= 0.82$
              (15.2)
Gran Bretaña: $pr = 0.89x$ $R^2 = 0.87$ D.W. $= 1.89$
              (13.4)

pr = tasa de crecimiento de la productividad
x = tasa de crecimiento del producto nacional bruto.

Esta relación entre el crecimiento de la productividad y crecimiento de la producción —o "ley de Verdoorn"— ha sido estudiada desde los años 1940. Véase Solomon Fabricant, *Employment in manufacturing,* 1899-1939, NBER, 1942; y P. J. Verdoorn, "Fattori che regulono lo sviluppo della produttivita del lavoro", en *L'industria,* 1949.

[23] Los datos concernientes a la población extranjera se han extraído de Eurostat, *Emploi et chomage 1972-1978,* Luxemburgo, julio de 1979.

Sólo Gran Bretaña parece poder mantener sin gran cambio estructural su crecimiento de los años sesenta.[24]

CUADRO III.9
TASA DE DESOCUPACIÓN (XX) Y POBLACIÓN EXTRANJERA
REQUERIDA (X) EN PROPORCIÓN DE LA POBLACIÓN ACTIVA
SEGÚN EL CRECIMIENTO ECONÓMICO ENTRE 1980 Y 2000

	Crecimiento del producto nacional bruto			Tasa de crecimiento de los últimos 20 años
	2% por un año	3% por año	4% por año	
Alemania Federal	x 3.00	x 5.38	x 7.78	x 8.53
Francia	xx 7.71	xx 4.67	xx 1.57	x 1.06
Gran Bretaña	xx 3.22	xx 0.40	x 6.72	xx 1.45
Estado Unidos	xx 5.24	x 4.33	x 14.73	x 9.24

FUENTE: Las mismas del cuadro III.8.

Se plantea entonces la cuestión de si es conveniente que un país desarrollado reciba una población extranjera que represente del 12 al 16% de su propia población. Las dificultades encontradas por los trabajadores emigrados, en particular en Francia, donde en 1975 sólo representaban el 6.5% de la población francesa, pueden permitir dudarlo; por otra parte, a menos de poseer una legislación análoga a la de Suiza, puede ser muy difícil despedir y hacer retornar, en caso de crisis, a sus países de origen a estos desocupados potenciales. Es muy probable que en el futuro los gobiernos quieran evitar la desafortunada experiencia de las subvenciones al retorno a los países de origen, tal como se practican en Francia; se encontrarán entonces ante la alternativa de producir menos (véase cuadro III.10) o concentrarse más en la población de bienes intensivos en capital y tecnología y desplazar hacia los países en desarrollo aquellos muy intensivos en mano de obra.

b] *Las ventajas comparativas para los países desarrollados de la relocalización industrial*

No es nuestro propósito debatir el problema teórico de las ventajas absolutas o comparativas ni de su aplicación general a la distribución de las inversiones entre centro y periferia de la economía mundial. Sola-

[24] Todo este razonamiento presupone la estabilidad de la relación crecimiento de la productividad/crecimiento de la economía.

CUADRO III.10
CRECIMIENTO ECONÓMICO POTENCIAL[a] 1980-2000
(porciento anual)

	1957-1973	*1980-2000*
Alemania Federal	4.90	0.60
Francia	5.35	4.18
Gran Bretaña	3.11	2.7
Estados Unidos	3.76	2.35

[a] Utilizando la elasticidad del trabajo en relación al producto nacional bruto y los datos sobre la población activa (véanse las actas 20 y 22).

FUENTE: Las mismas del cuadro III.8.

mente se planteará el caso concreto de las ventajas más visibles que representa para las empresas de países del centro, una localización en la periferia. Nos interesa particularmente dilucidar el problema de en qué medida la diferencia de salarios entre países subdesarrollados y desarrollados es contrapesada por las diferencias en la productividad. No se considera el problema de las "desventajas comparativas" porque habría que analizarlas a nivel microeconómico, caso por caso; no podría generalizarse acerca de la existencia o no de infraestructura, mano de obra calificada, servicios básicos, comunicaciones, transportes, servicios de educación y salud y el resto de las economías externas, así como de los riesgos políticos. Hasta ahora, son estas últimas consideraciones las que han prevalecido; pero es probable que en el futuro aumente la importancia de las "ventajas".

i) Los salarios

A priori, la diferencia entre los salarios pagados a los obreros de los países subdesarrollados y a los de los países desarrollados constituye una de las ventajas más importantes para las compañías transnacionales. Estas empresas suelen justificar los bajos salarios pagados en los países subdesarrollados por la baja productividad del trabajo en esos países.

Así, según ellos, cada unidad producida contendría la misma proporción de salario en las dos regiones. Es precisamente este problema teórico, que desde hace largo tiempo forma parte de la retórica del redespliegue, el que vamos a estudiar desde un punto de vista cuantitativo en los párrafos siguientes.

El punto esencial es establecer una relación entre las productividades del trabajo, tanto a nivel nacional (entre ramas de actividad) como a nivel internacional. Si la productividad del trabajo está expresada en unidades físicas homogéneas de producción por empleado (véase cuadro III.B), es posible compararla entre países. Sin embargo, en la mayor parte de los casos, la misma rama produce un conjunto heterogéneo de bienes, lo que hace muy difícil las estimaciones de una productividad del trabajo comparable internacionalmente. Al mismo tiempo, se hace imposible determinar la proporción de los salarios por unidad física producida.

Para analizar esta cuestión existen varios enfoques. A continuación se resumirán cuatro de ellos y se los utilizará para estimar la parte relativa de los salarios entre ramas y a nivel internacional. Para hacerlo, se ha utilizado una muestra de 18 países,[25] para 4 industrias y el sector de los productos manufacturados en su conjunto en 1973.[26] Se considerarán en especial los casos de las empresas transnacionales instaladas en los países desarrollados y subdesarrollados.

☐ *Los salarios nominales:* El análisis de los datos demuestra que existe una profunda brecha entre los salarios nominales medios pagados a los empleados y obreros industriales en los países desarrollados y en los países subdesarrollados (véase cuadro III.11). En este último grupo de países, los salarios medios no sobrepasan el 10% de los pagados en los Estados Unidos; a su vez, los salarios europeos son inferiores en 20% a los salarios norteamericanos. En 1980, la evolución de los salarios y los tipos de cambio tiende a acentuar más aún la diferencia entre países subdesarrollados y países desarrollados, puesto que los salarios europeos y norteamericanos prácticamente se han igualado.

CUADRO III.11
SALARIO MEDIO POR PERSONA EMPLEADA
(Estados Unidos = 100)

	Textil	Hierro y acero	Metales no ferrosos	Metalurgia	Manufacturas
Países subdesarrollados[a]	10.0	9.1	11.2	10.2	8.0
Países desarrollados[a]	78.2	76.2	80.1	78.6	79.0
Países desarrollados excepto Japón	94.4	83.6	90.5	90.9	91.5

[a] La lista de países incluidos se encuentra en la nota 25.

FUENTE: Naciones Unidas, *Yearbook of Industrial Statistics, 1975,* Nueva York, 1977; Organización Internacional del Trabajo, *Yearbook of Labour Statistics, 1977,* Ginebra, 1978; Naciones Unidas, *Monthly Bulletin of Statistics,* Nueva York.

[25] Entre los países subdesarrollados: India, Indonesia, Kenya, Nigeria, Filipinas, Mozambique, Corea del Sur, Colombia, Malasia, Brasil, México, Hong-Kong y Singapur. Entre los países desarrollados: Japón, Bélgica, Alemania Federal, Suecia y los Estados Unidos.

[26] Las industrias son: textiles (ISIC núm. 321), hierro y acero (ISIC núm.

En esta comparación sólo se trata de determinar los costos del salario para la empresa transnacional y por ello las equivalencias de monedas se calcularon de acuerdo con el tipo de cambio. Si el propósito fuera comparar el nivel de vida de los asalariados, debería haberse usado un tipo de cambio de paridad basado en los precios de una canasta de bienes.

Una comparación de los salarios medios dentro de cada rama, muestra una misma tendencia en los diferentes grupos de países: en el sector manufacturero, son los trabajadores de la industria textil los peor pagados, mientras que los mayores salarios son los percibidos en las industrias de minerales y metales. Sin embargo —como otra de las consecuencias de la heterogeneidad estructural—, la diferencia entre los salarios más altos y más bajos es mayor en los países subdesarrollados (80%), que en los desarrollados (50%, excluyendo el Japón). (Véase cuadro III.C.)

Los salarios en la industria textil se acercan más al salario medio en los países subdesarrollados que en los desarrollados, debido a la importancia relativa de esta rama en el primer grupo de países. En los países subdesarrollados, solamente 3.9% de la población activa empleada trabaja en el sector manufacturero —contra más de 20% en los países desarrollados—; y dentro de este 3.9%, 21% está en la industria textil, contra 6 a 7% en los países desarrollados (véase cuadro III.D.).

□ *Salarios ponderados por la productividad por ramas industriales:* Si se mide la productividad por la cantidad de bienes homogéneos producidos por cada empleado y obrero, en la siderurgia, por ejemplo, para producir 1 000 toneladas de acero, harían falta 3.5 años-hombre en los Estados Unidos, 9.2 en Gran Bretaña y 15.7 en Brasil.[27] Si los salarios son en Brasil la décima parte que en los Estados Unidos, el costo de la mano de obra contenido en cada tonelada de acero, será 2.2 veces mayor en los Estados Unidos que en Brasil.

Otra manera de abordar el problema consiste en analizar los costos de la mano de obra por unidad de valor agregado. Esta relación representa también la distribución del valor agregado entre remuneración del capital y del trabajo, y es en promedio dos veces mayor en los países desarrollados que en los otros países, situándose el Japón entre los dos extremos (véase cuadro III.E).

371), metales no ferrosos (ISIC núm. 372), metales (ISIC núm. 381), sector de manufacturas (ISIC núm. 3).

[27] Esta diferencia entre las productividades no se debe únicamente a la calificación de la mano de obra; entre otras causas se pueden mencionar: i] la edad de las máquinas; ii] el nivel tecnológico; iii] la subcontratación: en los Estados Unidos por ejemplo, numerosas tareas las efectúan empresas exteriores y se cuentan así como servicios, mientras que en los países subdesarrollados estas mismas tareas las realizan los empleados de las fábricas siderúrgicas.

Otro método para estimar la productividad internacional por rama industrial, consiste en deflactar, con la ayuda de un índice de precios, el valor de los bienes producidos a fin de obtener volúmenes comparables. Este volumen, dividido por el número de empleados y obreros permite obtener una nueva medida de la productividad.[28] El cuadro III.F muestra los resultados obtenidos utilizando una "canasta de bienes" como deflactor de precios.[29] Para aumentar la precisión de tales estimaciones, sería necesario utilizar un deflactor por rama y no uno de precio único por país. Los resultados obtenidos por este método, muestran que los salarios pagados por las empresas en los países subdesarrollados representan entre 10 y 25% de los pagados en los Estados Unidos por la misma cantidad de bienes producidos.

El último método de estimación que mencionaremos, está basado en un estudio de la Organización Internacional del Trabajo,[30] que vincula el nivel de desarrollo y la productividad. Una serie de regresiones basadas en un conjunto de 18 países permitió determinar la elasticidad de esta productividad con relación al producto nacional bruto por habitante. Esta elasticidad refleja el efecto de un crecimiento de una unidad de la productividad del conjunto de la economía sobre la productividad de la industria en cuestión. Según los resultados, las ramas más productivas son la siderurgia y metales no ferrosos, y la menos productiva la industria textil. El costo de la mano de obra por unidad de valor agregado es entre 45 y 70% inferior en el país subdesarrollado (véanse los cuadros III.G y H).

Los resultados obtenidos se resumen en los cuadros III.12 y 13 y muestran que las diferencias de salarios continúan siendo sustanciales, aun cuando se las pondere por la productividad.

□ *Salarios en filiales de empresas transnacionales:* Los cálculos efectuados en los puntos anteriores conciernen al conjunto de una rama productiva; pero en el tipo particular de empresas que son las filiales de las sociedades transnacionales en los países subdesarrollados, la productividad de los trabajadores suele no ser muy inferior a la de las casas matrices en los países desarrollados.

[28] La productividad P_{ij} de la rama i para el país j puede expresarse así:

$P_{ij} = \dfrac{O_{ij}}{P_j \times E_{ij}}$ donde O_{ij} es el valor de la producción, P_j el deflactor de precios y E_{ij} el número de empleados en la rama i del país j.
Los gastos en salarios por unidad producida serían:

$SE_{ij} = \dfrac{S_{ij}}{E_{ij} \times P_{ij}} = \dfrac{S_{ij} \times P_j}{P_{ij}}$ donde S_{ij} representa los salarios pagados en la rama i.

[29] Véase I. B. Kravis, Z. Kennessey, y otros, *A system of international comparison of gross product and purchasing power,* John Hopkins University Press, 1975.

[30] Véase M. F. Lydall, *Commerce et emploi,* Ginebra, Organización Internacional del Trabajo, 1976.

CUADRO III.12
RESUMEN DE SALARIOS NOMINALES Y COSTOS UNITARIOS
DE PRODUCCIÓN
(Estados Unidos = 100)

	Salario medio nominal	Parte de los salarios en el valor agregado	Salarios ponderados por la productividad		Costos salariales por unidad producida[a]
Países subdesarrollados	8.0	47.3	17.3	39.3	45[b]
Países desarrollados	79.0	94.5	—	73.6	—
Japón	47.0	77.3	44.3	64.3	—
Alemania Federal	—	—	99.8	—	—

[a] Solamente para el acero.
[b] Brasil.

FUENTE: Las mismas del cuadro III.11

CUADRO III.13
PAÍSES SUBDESARROLLADOS: RESUMEN DE LAS DIFERENTES
MEDICIONES DE LOS SALARIOS NOMINALES Y COSTOS UNITARIOS
DE PRODUCCIÓN POR RAMA DE INDUSTRIA
(Estados Unidos = 100)

	Textil	Hierro y acero	Metales no ferrosos	Metalurgia	Total manufacturas
Parte de los salarios en el valor agregado	59.8	52.7	50.7	60.5	47.3
Salario nominal medio	10.0	9.1	11.2	10.2	8.0
Salario ponderado por la productividad					
Método de deflactor de precios	21.3	9.7	23.0	20.0	17.3
Método de grado de desarrollo	58.8	37.3	34.4	53.9	39.3
Costos salariales por unidad producida	. . .	45[a]	. . .	. . .	. . .

[a] Brasil.

FUENTE: Las mismas del cuadro III.1

Dos hechos confirman esta suposición: por una parte, las empresas transnacionales emplean en los países subdesarrollados tecnología que no está muy atrasada con respecto a la del país desarrollado; por otra parte, esta tecnología suele estar muy normalizada y automatizada, lo que implica que las diferencias de calificación de la mano de obra entre un país y otro no tiene una repercusión significativa sobre la productividad del trabajo.

A continuación citaremos varios estudios sobre casos concretos que confirman esta apreciación general.

La Comisión de Tarifas de los Estados Unidos, en su informe al presidente de septiembre de 1970,[31] señala que la productividad de los obreros que trabajan en las filiales extranjeras de las empresas norteamericanas en el armado o transformación de productos originarios de los Estados Unidos "en general es similar a la de los trabajadores que cumplen las mismas tareas en los Estados Unidos". Donald W. Baerresen, llega a conclusiones similares en su análisis del programa de industrialización fronteriza de México; afirma que, en ciertos casos —la electrónica y el vestuario, por ejemplo—, la productividad de los trabajadores en México es superior a la de los obreros de los Estados Unidos para operaciones similares.[32] Otto Kreye, en su estudio sobre la industrialización de los países subdesarrollados orientada hacia el mercado mundial y las zonas de libre producción,[33] comprueba que la productividad por trabajador en las fábricas textiles, electrónicas y de vestuario en Malasia es análoga a la de los Estados Unidos y la República Federal Alemana. Por su parte, Y. S. Chang señala en su trabajo sobre la industria de los semiconductores,[34] que después de un período de aprendizaje, la productividad en las cadenas de armado y ensamble en Hong-Kong, Taiwán, Corea del Sur y Singapur es superior a la que prevalece en los Estados Unidos. Esto se debe, entre otras razones, al hecho de que en los Estados Unidos la mano de obra que acepta cumplir estas tareas se compone de trabajadores marginales poco preparados y que cambian frecuentemente. Haciendo referencia a otro tipo de industria, Celso Furtado afirma que en la producción de camiones Mercedes Benz

---

[31] Véase U.S. Tariff Commission, *Economic factors affecting the use of items 807.00 and 806.30 of the tariff schedules of the U.S.*, Washington, septiembre de 1970.

[32] Véase Donald W. Baerresen, *The border industrialization program of Mexico*, Lexington Books, Mass., 1971.

[33] Véase Otto Kreye, *World market oriented industrialization of developing countries: free production zones and world market factories*, Max Plank Institute (mimeografiado), República Federal Alemana, 1977.

[34] Véase Y. S. Chang, *The transfer of technology: economics of offshore assembly. The case of semiconductor industry*, UNITAR, informe de investigación núm. 11, Nueva York, 1971.

en el Brasil, la productividad física del trabajo es superior en 10% a la de Alemania.[35]

ii) Otras ventajas

Los bajos salarios en los países subdesarrollados constituyen sólo una de las ventajas que las empresas transnacionales pueden obtener de la relocalización de su producción. Los menores costos de producción debido a la mejor dotación de recursos naturales; el ahorro de energía en los casos de industrias que la consumen en elevada proporción; la ausencia de reglamentación anticontaminante y las ventajas fiscales, constituyen importantes razones suplementarias para instalarse en países subdesarrollados. Además, estas empresas suelen dominar los mercados fácilmente y asegurar la realización de sus negocios en el largo plazo.

La dotación de recursos naturales puede determinar menores costos de producción. Es obvio que será más barata la explotación de una mina "a tajo abierto" que la extracción a profundidad; por ejemplo, en dos casos concretos de explotación de mineral de hierro, el costo por tonelada del mineral entregado en el ferrocarril, sin beneficiar, procedente de una mina subterránea era 3.3 veces superior al de una mina superficial.[36] De modo análogo, la explotación agrícola en una tierra rica, que prescinda de fertilizantes y riego artificial, será significativamente más barata que otra que necesita esos elementos; en el caso de la carne vacuna, los precios al productor en dólares por kilo-vivo eran en 1976, como promedio anual, de 0.34 en Argentina, 0.62 en Australia y 0.75 en los Estados Unidos; y, en el otro extremo de la escala, 1.35 en la República Federal Alemana, 1.49 en Francia y 1.61 en Japón.[37]

La posibilidad de ahorrar energía es otra ventaja que puede impulsar la relocalización de algunas industrias. Después de la crisis del petróleo, los países desarrollados han procurado administrar cuidadosamente sus propios recursos y evitar sobrecargar sus balances de pagos con importaciones de petróleo prescindibles. Por ello, el desplazamiento hacia países subdesarrollados con abundantes recursos energéticos de ciertas industrias muy consumidoras de energía, respondería a este planteo. Así, la producción de gas ligada a la extracción de petróleo podría ser utilizada ventajosamente en instalaciones locales de industrias tales como la metalurgia, la siderurgia y la química que tienen elevados requerimientos energéticos. Acuerdos de esta índole pueden hacerse con

---

[35] Véase Celso Furtado, *Revue Tiers Monde*, París, abril-junio de 1978.

[36] Véase United Nations, *The world market for iron ore*, ST/ECE/Steel/24, pp. 90-91.

[37] Véase UNCTAD, *Consideration of international measures on meat, elements of an international arrangement on beef and veal*, informe de la Secretaría de la UNCTAD (TD/B/IPC/Meat/2), Ginebra, enero de 1978, p. 14.

ventaja para el conjunto de la comunidad internacional: los países desarrollados evitan así aumentar su déficit de balanza de pagos, los países subdesarrollados aprovechan un recurso raro que suele desperdiciarse y las empresas transnacionales aumentan sus beneficios.

La relocalización es mucho menos beneficiosa para los países subdesarrollados cuando el criterio de trasplante es la contaminación. En la mayoría de los países desarrollados, los poderes públicos han establecido reglamentaciones anticontaminantes, que significan para las empresas un aumento de sus costos de producción. La transferencia de industrias contaminantes hacia los países subdesarrollados donde no existen tales reglamentaciones, constituye para las empresas una ventaja sustancial. Entre 2 y 3% de la suma total de venta de los productos no ferrosos, de la industria siderúrgica y de la alimenticia, están destinados a cubrir los costos de la lucha anticontaminante en los países desarrollados. En el período 1973-1979, 6% de las inversiones efectuadas en el sector industrial estaban destinadas a luchar contra la contaminación.[38]

Las empresas que actúan como productoras en los países subdesarrollados, evitan tales gastos al precio de un deterioro del medio ambiente de esos países.

Las ventajas fiscales otorgadas por casi todos los países subdesarrollados constituyen un atractivo mayor para las empresas transnacionales sobre todo en comparación con los altos impuestos que deben pagar en los países desarrollados por esas mismas actividades o por sus ganancias globales.

iii) Algunas conclusiones de política

Del análisis cuantitativo realizado resulta que las grandes diferencias salariales entre países subdesarrollados y desarrollados no corresponden a diferencias análogas de productividad. Cualquiera que sea el método utilizado, los resultados son parecidos: el costo del salario para una empresa transnacional sería entre 60 y 80% menor en el conjunto de la industria manufacturera de los países subdesarrollados considerados que en los Estados Unidos (véanse nuevamente los cuadros III.12 y 13).

El análisis de las causas de este hecho escapa a las posibilidades y a la intención de este trabajo. Sólo haremos una acotación, por su significación en el campo de la política económica.

Cualquiera que sea su explicación —entre otras, la relación entre economías capitalistas y domésticas; el distinto capital disponible por persona activa para el conjunto del país o el poder de negociación de los

---

[38] Este porcentaje era de 22% para los metales no-ferrosos, 17% para los metales primarios, 14% para el acero y 16% para el papel (véase U.S. Department of Commerce, *Survey of current business*, junio de 1978).

obreros—,[39] el problema afecta al conjunto de la economía y no a una rama o actividad individual. En los países subdesarrollados, de salarios bajos, si se introduce una industria con mayor productividad los salarios distribuidos se ajustarán, tal vez con una ligera alza, al promedio nacional y serán menores que el crecimiento de la productividad en esa industria. De tal modo, en distintos países pueden existir importantes diferencias de salarios entre obreros que producen bienes similares e incluso entre quienes participan de la misma cadena de producción. Una de las consecuencias de este hecho parece ser la tendencia a disminuir los salarios más altos de los países desarrollados sin que al mismo tiempo se incrementen los más bajos de los países subdesarrollados. Esto podría suceder porque en los países desarrollados, el acceso de productos más baratos procedentes de países subdesarrollados puede provocar el cierre de industrias que hacen uso intensivo de mano de obra y que no resultan competitivas, con el consiguiente desempleo y debilitamiento del poder de negociación de los trabajadores. Al mismo tiempo, en los países subdesarrollados, los mejores precios de exportación que se obtienen por productos elaborados (o el mayor volumen exportado) no repercuten directamente sobre el nivel general de salarios. Además, en el caso de las empresas transnacionales que producen para la exportación en los países subdesarrollados, no existe correspondencia entre los costos del trabajo y el poder adquisitivo de los consumidores de esa producción, que son extranjeros.[40]

En resumen: creemos haber demostrado que en los casos considerados existe una fuerte diferencial de salarios; consecuentemente, las empresas transnacionales extraen excedentes de los bajos salarios pagados en los países subdesarrollados. La solución al problema no puede ser la simplista de aumentar esos salarios, con desvinculación de los niveles medios nacionales, opción que no sería viable; y aunque lo fuera, no beneficiaría al país subdesarrollado la creación de enclaves de salarios altos. La política aconsejable sería la desviación del excedente a

---

[39] "Es a causa de las relaciones orgánicas que establece entre economías capitalistas y domésticas, que el imperialismo pone en juego los medios de reproducción de una fuerza de trabajo barata en provecho del capital." "El proletario-campesino que sólo recibe del capitalismo los medios para la reconstitución inmediata de su fuerza de trabajo, pero no para su mantenimiento y reproducción, medios que él se procura en el marco de la economía doméstica." (Claude Meillassoux, *Mujeres, graneros y capitales,* México, Siglo XXI, 1978, pp. 137 y 189.) "El valor del trabajo varía de país en país en función de la dotación media del capital por persona ocupada. Como la acumulación de capital realizada en el sistema capitalista se concentró en ciertas áreas (los países centrales), la remuneración real del trabajador varía enormemente, independiente de las características físicas del producto de ese trabajo." (Celso Furtado, *Prefacio a una nueva economía política,* México, Siglo XXI, 1978, 2da. ed., p. 172.)

[40] *Ibid.,* p. 187.

gastos vinculados al desarrollo nacional, mediante la apropiación esta-tal[41] sea por la vía de impuestos a la exportación[42] o por la exporta-ción directa estatal; ello debería hacerse de modo que la ventaja que permite el acceso al mercado internacional no se pierda, pero quede reducida al mínimo; en otras palabras, que los precios sean los más altos que permita la competitividad internacional.

4. ALTERNATIVAS DE POLÍTICA

En las secciones anteriores se consideraron los tipos de industrializa-ción en los países subdesarrollados y la política de redespliegue in-dustrial de los países desarrollados. Cabe ahora analizar las políticas posibles y deseables frente a las necesidades de los países subdesarrolla-dos y a la realidad de la economía internacional. Nos referiremos a la industrialización "abierta" a base de ventajas comparativas o absolutas, que se compatibiliza con la política de los países desarrollados; y la industrialización "autónoma y popular" que creemos adecuada a los requerimientos de los países subdesarrollados. En cada caso, no se trata de modelos excluyentes, sino preponderantes; en el caso de predomi-nio de la industrialización abierta también habrá, complementariamen-te, una cierta industrialización autónoma y popular subordinada, y vice-versa.

a] *Industrialización "abierta" a base de ventajas comparativas*

i) *Características generales*

Últimamente se ha presentado como un modelo deseable para los países subdesarrollados el de la industrialización "abierta", a base de

---

[41] "Lo fundamental estriba en que los reclamos contrapuestos de la fuerza de trabajo y de los propietarios-empresarios deben compatibilizarse con la apro-piación y uso social de una parte de los valores creados, proceso que en los siste-mas capitalistas y socialistas hasta ahora conocidos tiene lugar a través del Estado (tanto más, como es obvio, si se trata de empresas públicas o bajo control esta-tal)." Aníbal Pinto, "La apertura al exterior de América Latina", *Revista de la CEPAL*, núm. 11, Santiago de Chile, agosto de 1980, p. 55.

[42] "Un aumento incluso sustancial en el precio de esta mano de obra (medi-do en términos de lo que produce para el mercado internacional) no impedirá que siga siendo barata para las transnacionales que tienen acceso a los mercados de los países centrales, donde la tasa de salario para un trabajo idéntico es actualmente de cinco a diez veces más alta. Los países de mano de obra de más bajo precio podrán introducir un impuesto a la exportación de manufacturas que busque cu-brir total o parcialmente el diferencial entre su tasa de salario y la de otros países

ventajas comparativas. La premisa es que cada país debe producir los bienes con los que pueda competir internacionalmente, sean éstos mineros, agrícolas o industriales. No se le asigna al sector industrial ningún liderazgo en el desarrollo, sino a las actividades "competitivas" o a las que están fuera del mercado internacional (construcción, comercio, servicios financieros, turismo, etc.). Se privilegia en particular el sector de intermediación financiera, que transfiere recursos entre los sectores productivos y vincula el mercado interno con el internacional.[43] Las ventajas comparativas o absolutas que se tratan de hacer valer son los menores precios de los recursos naturales y de la mano de obra. Es decir, se basan en la explotación de los recursos que, en muchos casos, no son renovables y en el bajo nivel de vida de la población; en otras palabras, son las ventajas que los países desarrollados pueden sacar del subdesarrollo.

En apoyo de este modelo se cita el ejemplo del Japón, que a nuestro juicio sirve precisamente para fundamentar el caso opuesto.

En Japón, la industrialización se basó en sectores que evidentemente no tenían ventajas comparativas. "El Ministerio de Industria y Comercio Internacional (MITI) decidió establecer en Japón industrias que requerían la utilización intensiva de capital y tecnología, industrias que, considerando los costos comparativos de producción, resultarían en extremo inapropiadas para Japón; industrias tales como la de acero, refinación de petróleo, petroquímica, automotriz, aérea, maquinaria industrial de todo tipo, y electrónica, incluyendo computadoras electrónicas. Desde un punto de vista estático y a corto plazo, alentar tales industrias parecería entrar en conflicto con la racionalidad económica. Pero considerando una visión a más largo plazo, son éstas precisamente las industrias donde la elasticidad de demanda del ingreso es mayor, el progreso tecnológico más rápido, y la productividad de mano de obra se eleva más rápidamente. Estaba claro que sin estas industrias sería difícil emplear una población de 100 millones y elevar su nivel de vida para igualar el de Europa y Norteamérica únicamente con industrias ligeras; para bien o para mal, Japón debía tener industria química e industria pesada."[44]

Al mismo tiempo, Japón se cerró al capital extranjero, constituyó un poderoso núcleo empresario ligado al Estado y, sobre la base de su

periféricos que compiten en los mismos mercados. No sería de sorprender que la periferia se encaminase a una política fiscal coordinada con el objeto de retener una parte del excedente que las transnacionales extraen en la explotación de la mano de obra barata." (Celso Furtado, *Creatividad y dependencia*, México, Siglo XXI, 1978, p. 151.)

[43] Véase Fernando Fajnzylber, *Dinámica industrial. . . , op. cit.*, p. 76.

[44] Declaración del viceministro de Industria, Ojimi, citada por Fernando Fajnzylber, *op. cit.*, pp. 54-55.

mercado interno protegido, se lanzó a los mercados internacionales. Constituye éste un ejemplo en lo que se refiere a la protección y a la especialización respecto de las actividades más convenientes para su desarrollo económico y su independencia nacional, de acuerdo con el criterio del grupo político y empresario gobernante.

ii) Los nuevos países industriales

Como ejemplo de la "industrialización abierta" se cita el caso de los nuevos países industriales. Para analizarlo es indispensable distinguir por lo menos dos cuestiones diferentes: la primera es la heterogeneidad de esos países, y la segunda que en algunos de ellos los rasgos esenciales que se le atribuyen a este tipo de industrialización son de importancia secundaria en su proceso global de desarrollo.

En primer término, no existe un tipo único de "nuevo país industrial". Son fundamentales las diferencias, por ejemplo, entre Brasil y México, por una parte, Singapur y Hong-Kong, por otra, y Corea del Sur y Taiwán en tercer término. El cuadro III.14 muestra algunas de esas diferencias, no sólo en cuanto a tamaño —en unos casos se trata de naciones de grandes dimensiones y en otros de ciudades-Estado— sino en lo referente a estructura económica.

Se ha atribuido a este tipo de industrialización dos rasgos característicos: la orientación hacia el exterior de la política de crecimiento y la mayor explotación de las ventajas comparativas o absolutas. Sin embargo, el cumplimiento de estos dos requisitos depende de las circunstancias particulares de cada país, en especial de sus dimensiones, dotación de recursos naturales y existencia de un mercado interno, más que de la aplicación de un determinado modelo teórico; así, se cumplen plenamente en Hong-Kong y Singapur, pero sólo a medias en Corea del Sur y están ausentes en Brasil y México. Es obvio que ciudades-Estado, sin recursos naturales y con un mercado interno muy pequeño, carecen de otra alternativa que el mercado externo, para lo cual necesitan aprovechar las ventajas comparativas o absolutas. En el caso de Singapur una de las ventajas es su localización geográfica, que facilitó la instalación de grandes refinerías de petróleo; y en el de Hong-Kong, la cercanía a China, la mano de obra barata y la red de comunicaciones internacionales.

El caso de Corea está en la línea del ejemplo japonés: un modelo de desarrollo autónomo, con escaso capital extranjero, con especializaciones surgidas de una política estructurada por el gobierno y los empresarios nacionales. Así, en 1975, las exportaciones constituían el 13.5% del producto nacional bruto y el 74.6% de ellas consistían en manufacturas; pero se exportaba sólo el 21.0% de la producción manu-

CUADRO III.14
ALGUNAS CARACTERÍSTICAS ESTRUCTURALES DE CUATRO "NUEVOS PAÍSES INDUSTRIALES"

	Población (mill. habitantes 1976)	PBI por habitante (dólares 1976)	% industria en PBI (1976)	Export. en % del PBI (1977)	% Manufac. en export. totales (1977)	Exportación en % producción manufac. (1974)	% capital extranjero en industria (1970)	Servicio deuda ext. exp. total (1977)
Brasil	110.0	1 140	39	8	23	4.7	49	41.2
México	62.0	1 090	35	9	27	5.0	36	45.5
Corea del Sur	36.0	670	34	13.5*	75*	21.0*	5	8.8
Singapur	2.3	2 700	35	111**	41	77.2	...	2.4

* 1975.
** 1976.

FUENTE: *L'incidence des nouveaux pays industriels sur la production et les échanges des produits manufacturés*, París, 1979; UNCTAD, *Manuel de statistiques du commerce international et du développement*, Nueva York, 1979; y Fernando Fajnzylber, *op. cit.*; The Bank of Korea, *Quarterly Economic Review*, marzo de 1978.

facturera. Ese mismo año, la producción de bienes y servicios fue 1.8 veces mayor que en 1970 y 1.2 veces que en 1973 en precios constantes. "Esta expansión de la producción fue lograda sobre todo por el rápido crecimiento del sector manufacturero, liderado por las industrias pesada y química, que requieren más bienes intermedios que otras industrias."[45]

La situación de Brasil y México es distinta, ya que el coeficiente de exportaciones con respecto al producto es inferior al 9% y se exporta menos del 5% de la producción manufacturera. Se trata de ejemplos típicos de industrialización por sustitución de importaciones que, complementariamente, están exportando una parte menor de su producción industrial. En el caso de México, la actividad fronteriza específicamente dedicada a la subcontratación internacional —la maquila— sólo constituye el 2.3% de la producción industrial nacional.

De estos casos, puede deducirse que la subcontratación internacional basada en la mano de obra barata es sólo un elemento en la actividad industrial de estos "nuevos países industriales" y que sólo en las ciudades-Estado —que carecen de recursos naturales y mercado interno— es el más importante.

iii) Algunos efectos de la prevalencia del modelo "abierto", orientado hacia la exportación.

Una evaluación general podría señalar la conveniencia de este tipo de industrialización sólo en algunos casos muy especiales: países con mercado interno estrecho y escasos recursos naturales, que no tienen alternativas; pero no podrá ser un modelo para países con otras posibilidades, en los que sólo constituirían formas complementarias menores.

En principio, las empresas que lo practican pueden estar más vinculadas a la economía del país desarrollado que al resto de la economía del país subdesarrollado, ya que suelen constituir eslabones de la cadena de producción de empresas transnacionales. En muchos casos, son enclaves, que importan materia prima o partes, le incorporan mano de obra barata y reexportan esos mismos elementos más elaborados, todo bajo el control de la empresa transnacional.

Desde el punto de vista económico se trata de una actividad de gran inestabilidad, ya que implica una inversión muy débil de capital fijo y si se presentaran problemas laborales o fiscales, es fácil y poco costoso llevar dichas actividades a otro país más propicio. Se ha calculado que el promedio de capital fijo necesario por cada unidad de empleo en la

---

[45] Véase Keuch Soo Kim, "Interindustry analysis of the Korean economy in 1975", en The Bank of Korea, *Quarterly Economic Review*, marzo de 1978, p. 23.

zona de elaboración para exportar de Kaohsiung (Taiwán) es de alrededor de 1 500 dólares. En México, en 1974, el promedio por maquiladora era de 840 dólares por trabajador ocupado.[46] Para advertir la insignificancia de esas cifras, basta compararla con los 31 000 dólares que constituye el capital invertido por obrero y empleado en el promedio de la industria manufacturera de los Estados Unidos. Un ejemplo extremo de esta modalidad, que ilustra correctamente su naturaleza, lo da la noticia aparecida en la prensa internacional a principios de 1979, donde se informaba la construcción en el Japón de un barco-fábrica que anclaría donde la mano de obra fuera más barata, con la intención de irse cuando se tuviera conocimiento de otro lugar más favorable.

Otro grave problema que afecta a estas actividades es que dependen por entero del acceso que tengan a los mercados de los países desarrollados. Un recrudecimiento de la política proteccionista, eliminaría este tipo de industria; y ello puede suceder, dada la situación de desempleo en los países desarrollados. Sin embargo, en el citado estudio de la OCDE se considera poco probable esta perspectiva, puesto que provocaría una reducción de las importaciones de los "nuevos países industriales" y además les impediría cumplir con el servicio de su deuda externa, situaciones ambas que perjudicarían a los países desarrollados.[47]

Desde otro punto de vista, no parece correcto considerar al salario ínfimo como una ventaja comparativa que debe aprovecharse y no como una deformación del subdesarrollo que debe eliminarse. Además, llamar país industrializado a aquel en que predomina el tipo de actividad que acabamos de caracterizar y que se asemeja más a la venta de mano de obra barata que a la producción industrial, valdría tanto como calificar de petrolero al país que no tiene petróleo pero lo refina, o marítimo al que carece de flota nacional pero otorga pabellón de conveniencia.

En el plano político, el mantenimiento de salarios bajos y de malas condiciones de trabajo (larga jornada de trabajo, escasa seguridad en materia de accidentes, inexistencia de previsión social, etc.), implica la inexistencia de sindicatos obreros y formas políticas autoritarias o la explotación de emigrantes extranjeros dispuestos a trabajar en las peores condiciones.

[46] Véase Constantine V. Vaitsos, *Employment problems and transnational enterprises in developing countries: distortions and inequality,* OIT, Programa Mundial del Empleo, Ginebra, 1976. Las cifras citadas en el trabajo de Vaitsos tienen a su vez como fuente al Asian Development Bank, *South East Asia's economy in the 1970's,* Longman, 1971, pp. 306 *ss* y se refieren a Taiwán. Para México, véase Víctor Manuel Bernal Sahagún, *El impacto de las empresas multinacionales en el empleo y los ingresos: el caso de México,* OIT, Programa Mundial del Empleo, Ginebra, 1976.

[47] Véase OCDE, *op. cit.,* pp. 18-19.

b] *Industrialización autónoma y popular*

i) *Bienes de capital*

En los países subdesarrollados, el proceso de industrialización es el aspecto fundamental de su desarrollo económico. No puede considerársela como una fuente de recursos externos —generalmente tiene un saldo desfavorable el balance de pagos— sino de la elevación de la capacidad productiva del país, de la creación de economías externas, de la capacitación de la mano de obra y de la aplicación de tecnologías que aumentan la productividad. Es un requisito indispensable para que el país tenga la posibilidad física de ser autónomo. En este tipo de industrialización es esencial la industria de bienes de capital,[48] que está en la base de la estructura industrial, de las condiciones en que se efectúa la acumulación de capital y de la competitividad internacional de los países desarrollados, y que aún es débil en los países subdesarrollados. En particular, constituyen la base de la acumulación de capital y el principal vehículo del progreso técnico, que a su vez incide directamente sobre la productividad de la mano de obra y de la inversión. Paralelamente, sustenta el desarrollo industrial autónomo, ya que genera los equipos necesarios para instalar otras ramas de producción.[49] Además, requiere una intensidad de capital bastante menor a la del promedio de la industria manufacturera. En los casos de la República Federal de Alemania y del Reino Unido —que difieren sustancialmente por la edad del capital— considerando como igual a 100 el promedio de la industria manufacturera, la relación entre el *stock* de capital y el costo del trabajo es de 54, 72 y 77 para productos metálicos y maquinaria no eléctrica y eléctrica en Alemania; y en el Reino Unido esa relación era de 60 para

[48] Se puede desagregar el sector de bienes de producción en tres secciones: "1) la sección de bienes de producción para producir bienes de producción (máquinas-herramientas y automatismos correspondientes) y sistema informático en sentido amplio; 2) la sección de bienes de producción para producir bienes intermedios, mecánica pesada, material pesado eléctrico, automatismos de control y comando, y equipamientos generales diversos (bombas, compresores, grifos), aparatos eléctricos; 3) la sección de bienes de producción para producir bienes de consumo (máquinas textiles, máquinas para la transformación de plásticos, máquinas para las industrias agrícolas y alimenticias, materiales eléctricos diversos)." (Véase Francia, Ministerio de Industria y de Investigación, *La division internationale du travail*, París, La Documentation Française, 1976, vol. 1, p. 105.

[49] El control nacional del desarrollo de las industrias mecánicas —objetivo que constituye una prioridad absoluta, tanto desde el punto de vista del imperativo de la independencia nacional como el del mantenimiento de la sujeción de los países "periféricos" (entendido como perspectiva de los países desarrollados)—, está subordinado al dominio de estas tecnologías y al desarrollo de las innovaciones inducidas. (Véase Francia, Comisariado General del Plan, *La spécialisation internationale des industries à l'horizon 1985*, París, La Documentation Française, 1978, p. 239.)

el equipamiento instrumental, mecánico y eléctrico.[50] Al mismo tiempo, los salarios pagados en estas industrias son superiores al promedio: 106 en maquinaria eléctrica, 121 en equipos de transporte y 115 en maquinaria no eléctrica.[51] La intensidad de investigación en los mismos países y ramas era de 385, 108 y 94. A su vez en 1968-1970 el empleo en esos países llegaba al 38.5% del total de la industria manufacturera.[52]

En el comercio internacional de bienes de capital, en 1977 el 87.5% de las exportaciones mundiales se originaba en los países desarrollados capitalistas, el 10% en los socialistas y solamente el 2.5% en los países subdesarrollados. Si se considera el balance comercial externo, los países capitalistas desarrollados entre 1969 y 1976 pasaron en el total de bienes de su superávit de 1.3 mil de millones de dólares a un déficit de 27.1 miles de millones; pero en el sector de bienes de capital en ese período elevaron su superávit de 16.8 a 77.3 mil de millones. Por ello y con razón ha podido afirmarse que "el sector de bienes de capital constituye el núcleo central de la capacidad de competencia de las economías industriales avanzadas respecto al resto del mundo y esta situación se verifica para Europa, Estados Unidos y Japón.[53]

De las consideraciones anteriores se desprende que los países subdesarrollados deben avanzar en esta rama de industria, como un requerimiento indispensable para elevar el conjunto de su sistema productivo y para afianzar su autonomía nacional. Además, en general sus requerimientos de inversiones no son elevados, la tecnología es conocida y el mercado interno de los países subdesarrollados es potencialmente muy grande. Las importaciones de bienes de capital de los países subdesarrollados, que eventualmente —y si se reuniera un conjunto de condiciones— podrían sustituirse en parte significativa, fueron de 93.2 mil millones de dólares en 1977; el primer impulso debería darlo el cambio de política de estos países, que actualmente estimulan la importación de bienes de capital. Además, pueden establecerse especializaciones y llegarse a un amplio comercio de partes y piezas dentro de estas ramas entre países subdesarrollados.

En los países subdesarrollados, la estructura de la producción industrial pone en evidencia un aumento de la participación de las industrias metálicas de base y mecánicas. Así, en América Latina y en el Ca-

---

[50] Véase Naciones Unidas, Secretaría de la Comisión Económica Europea, *Structure and change in European industry*, Nueva York, 1977, p. 44.

[51] Se trata del promedio ponderado de Bélgica, Finlandia, Francia, la República Federal de Alemania, Italia, Países Bajos, Noruega, Suecia y el Reino Unido, con el total de manufacturas = 100. (Véase *Structure and change, op. cit.*, p. 66.)

[52] *Ibidem*, p. 104.

[53] Véase Fernando Fajnzylber, *Dinámica industrial en las economías avanzadas y en los países semi-industrializados* (mimeografiado), México, junio de 1980.

ribe estas ramas han aumentado su participación de 17% en 1955 a 34% en 1977 y en Asia (Israel y Japón excluidos) de 10% en 1955 a 25% en 1977. En particular, en 1950 y 1976, estos porcentajes eran en Argentina de 13.2 y 26.6, en Brasil de 9.7 y 30.6 y en México de 10.0 y 24.0.

Este aumento fue la culminación de un proceso que comenzó por la fabricación local de estructuras y de máquinas cuyo costo de transporte era muy caro. A continuación, se produjeron materiales a pedido, etapa que fue seguida por la fabricación de máquinas en serie. Paralelamente, se emprendió la fabricación de piezas de repuesto y componentes, destinados a las industrias nacionales; esta producción es muy importante para desligarse de la dependencia de los países desarrollados proveedores.

Actualmente, los países subdesarrollados más industrializados, han comenzado los planes de fabricación de bienes de equipamiento correspondientes a actividades industriales más importantes: pesca, madera y celulosa, minería, petroquímica, agroindustrias, etcétera.

Después de la última guerra, el ejemplo típico de desarrollo industrial y particularmente del sector relativo a los bienes de equipamiento, concierne al Japón. En este país, el capital y la tecnología nacional permitieron, con la importación de materias primas, construir una industria de primera categoría. Se trata pues del desarrollo de un sector que por medios nacionales, consolida la independencia del proceso de industrialización.

En los países subdesarrollados un caso notable pero relativamente reciente es el del Brasil. Este país tuvo un desarrollo sustancial del sector de bienes de equipamiento que condujo a una cierta independencia económica; pero ésta se encuentra debilitada por la existencia en el interior del sector mismo de una fuerte influencia extranjera que, a su vez, es contrabalanceada por las intervenciones del Estado. Hubo primeramente un amplio apoyo del gobierno al proceso de industrialización, sobre todo por intermedio de medidas fiscales y monetarias;[54] además, el nivel de beneficio fue elevado.[55]

Las empresas brasileñas están presentes en las industrias de la construcción naval y ferroviaria y en la producción de máquinas diversas para las industrias de transformación; una empresa pública asegura la

[54] El sistema de subvenciones a la inversión industrial comprende: a) desgravaciones fiscales que pueden representar del 25 al 40% de la inversión proyectada; b) tasas de interés preferenciales sobre los créditos acordados por el sistema bancario y financiero; c) la facultad de realizar amortizaciones aceleradas. (Véase Office de la Recherche Scientifique et Technique Outre-Mer −ORSTOM−, *La production brésillienne de biens d'équipement et le développement industriel du Brésil de 1950 a 1975*, por P. Castella, París 1977, p. 10.

[55] Para las 200 primeras empresas mecánicas brasileñas, la tasa de beneficios

casi totalidad de la construcción aeronáutica. El capital extranjero está presente en ciertos subsectores: construcción naval pesada, equipamientos para la producción de energía hidroeléctrica, equipamientos de telecomunicaciones, locomotoras diesel-eléctricas, etc. A menudo hay asociación entre empresas nacionales y extranjeras (acuerdos de fabricación en común o en subcontratación).

Las mayores debilidades de la rama son la dependencia de la tecnología extranjera y el sistema estatal para la promoción de exportaciones de bienes de equipamiento, que forma parte del sistema de subvenciones a la inversión industrial. En 1974, el Estado creó Mecánica Brasileira, S.A. (EMBRAMEX), como una filial del Banco Nacional de Desarrollo Económico, para estimular la producción de bienes de equipamiento; su acción incluye el financiamiento de inversiones y de la tecnología y la asignación de pedidos del Estado.[56]

Actualmente, la acción del Estado tendiente a la consolidación de la industria de bienes de equipamiento es más importante. Primeramente, hay razones de balanza comercial: antes de la crisis del petróleo los bienes de equipamiento representaban 40% de las importaciones totales. Pero ahora se trata sobre todo de superar el retardo tecnológico y de apoyar el desarrollo industrial del país.

ii) Bienes de consumo popular

El otro sector industrial que debería privilegiarse, paralelamente al de producción de bienes de capital, es el relacionado con el abastecimiento de bienes de consumo popular. El destinatario del proceso de desarrollo es la población; por eso cuando debe optarse por la clase de bienes a producir, aparecen en primer término aquellos que requiere la mayoría, que en los países subdesarrollados tiene ingresos bajos y medios. Una estrategia parecida ha sido preconizada recientemente por algunos organismos internacionales. Así, la estrategia de industrialización "endógena" propuesta por la ONUDI para los países en desarrollo está encaminada a satisfacer las necesidades de la población en general e implica el ajuste de la producción industrial para fabricar los productos necesarios a ese fin. La dinámica de este modelo se generaría en el propio país y su propósito sería satisfacer las necesidades básicas de alimentos, vestuario, vivienda, servicios médicos, educación y transporte.

Sería una industrialización "en tono menor" para cubrir los requerimientos básicos con baja relación capital/mano de obra, con el máxi-

---

netos de amortización antes de impuestos, se sitúa en el rango del 20-30%. El impuesto sobre los beneficios es de 30%. (Véase ORSTOM, op. cit., p. 17.)

[56] Véase ORSTOM, op. cit., pp. 15, 23 y 30.

mo aprovechamiento de los recursos locales y la acción de las pequeñas y medianas empresas.[57]

Esta estrategia ha recibido el apoyo de representantes de países desarrollados, como medio para disminuir aún más la escasa ayuda internacional; pero omiten señalar que este tipo de industrias debe formar parte de un proceso general de industrialización, basado en las industrias de bienes de capital. Es decir, aceptan una industrialización "popular" por sus destinatarios, pero no aquella que sirva de base a la independencia económica nacional.

---

[57] Véase Héctor Soza, "La discusión industrial en América Latina", en *Revista de la CEPAL*, abril de 1981, p. 35.

CAPÍTULO IV

EL CAPITAL EXTRANJERO

En este capítulo nos referiremos a los flujos de capital entre países desarrollados y subdesarrollados. En especial procuraremos determinar qué grupo de países es el financiador y cuál el financiado; y de qué modo el financiamiento internacional es utilizado para influir sobre las decisiones políticas y controlar la actividad económica de países subdesarrollados.

Las transferencias internacionales de capital se hacen bajo tres formas principales: inversiones privadas a cargo de empresas transnacionales, préstamos internacionales públicos y privados y, en mucho menor medida, ayuda al desarrollo. La importancia relativa de estos tres rubros ha variado significativamente durante el decenio de 1970. Así el total de aportes netos de recursos financieros procedentes de los países miembros del CAD,[1] de la OPEP y de los países socialistas se repartía del modo indicado en el cuadro IV.1.

La principal característica del cambio que tuvo lugar durante ese período fue una caída de la participación de la ayuda pública y un sustancial aumento de los préstamos privados en condiciones del mercado, en particular en los provenientes del sector bancario.

1. LAS INVERSIONES DIRECTAS EXTRANJERAS

a] *Condiciones de acceso y actuación de inversiones extranjeras*

Las condiciones en que se efectúan las inversiones extranjeras varían según los casos. No se trata de un "contrato de adhesión" rígido, ante el cual sólo cabe la aceptación o el rechazo. Por el contrario, existen diferencias notorias en las condiciones jurídicas, en el aporte finan-

---

[1] El Comité de Ayuda al Desarrollo (CAD) es un comité especializado de la Organización de Cooperación y Desarrollo Económico (OCDE), establecido para examinar la política de ayuda a los países subdesarrollados. Sus miembros son: la República Federal Alemana, Australia, Bélgica, Canadá, Dinamarca, Estados Unidos, Finlandia, Francia, Italia, Japón, Noruega, Nueva Zelandia, Países Bajos, Reino Unido, Suecia, Suiza y la Comisión de la Comunidad Económica Europea.

CUADRO IV.1
PAÍSES SUBDESARROLLADOS: RECURSOS FINANCIEROS EXTERNOS

	Miles de millones de dólares			% del total		
	1970	1978	1979	1970	1978	1979
1. Inversiones directas	3.69	11.15	13.49	19.3	13.9	16.7
2. Préstamos bancarios	3.00	22.51	16.67	15.7	28.3	20.6
3. Créditos a la exportación	2.71	12.93	10.76	14.2	16.3	13.3
4. Ayuda pública de todas procedencias	8.13	23.44	27.97	42.6	29.5	34.6
4.1 Bilateral de países del CAD	5.67	13.12	15.91	29.7	16.5	19.7
4.2 Bilateral de países de la OPEP	0.35	2.97	4.02	1.8	3.8	5.0
4.3 Multilateral	1.07	5.99	6.10	5.6	7.5	7.5
5. Otros	1.55	9.57	12.09	8.2	12.0	14.8
Total	19.08	79.60	80.98	100.0	100.0	100.0

FUENTE: OCDE, *Coopération pour le développement, Examen 1980,* París, 1980, p. 98.

ciero y técnico y en las utilidades obtenidas por las empresas que realizan inversiones en el extranjero. Estas distintas modalidades se vinculan a la situación y orientación económica y política del país que recibe la inversión y del país sede de la empresa que la realiza, factores que a su vez determinan el poder de negociación de ambos. En general, podrían caracterizarse tres situaciones muy diferentes con respecto a los países que reciben la inversión, según sean desarrollados, subdesarrollados o socialistas.

i) Inversiones en países desarrollados

En 1967, las inversiones directas extranjeras acumuladas efectuadas por los países desarrollados capitalistas totalizaban 105 000 millones de dólares; de ellos el 69% se radicaba en países desarrollados y el 31% en países subdesarrollados. En 1975, el total era de 159 mil millones repartidos 74% en países desarrollados y 26% en los subdesarrollados. Los países con la mayor inversión extranjera acumulada son Canadá (15%), Estados Unidos (11%), el Reino Unido (9%) y la República Federal de Alemania (6%).[2] En el caso de los Estados Unidos, en 1977

[2] Véase United Nations Center on Transnational Corporation, *Transnational corporations in world development: a re-examination,* cuadro III-33 (documento E/C.10/38), Nueva York, 1978.

el 73% de su inversión externa acumulada se localizaba en países desarrollados.[3]

De acuerdo con cifras del Departamento de Comercio de los Estados Unidos, en 1977 las inversiones acumuladas de empresas de los países de Europa occidental en los Estados Unidos fueron de 22 666 millones de dólares (8 405 millones en manufacturas); y ese mismo año las inversiones acumuladas de empresas de los Estados Unidos en Europa occidental fueron de 60 591 millones de dólares (31 390 millones en manufacturas).[4] El hecho de que las empresas estadounidenses ejerzan en Europa una influencia mucho mayor que la de las empresas europeas en Estados Unidos puede deberse, entre otros factores, al grado de control del sistema monetario mundial ejercido por los Estados Unidos y a que el mercado norteamericano ofrece duras condiciones de competencia para las empresas europeas, salvo que éstas introduzcan fuertes innovaciones tecnológicas.[5] Recientemente, la baja del dólar ha provocado un aumento de las inversiones europeas en los Estados Unidos. Es interesante señalar que se trata de las mismas ramas de industria y que el mayor porcentaje de empresas se refiere en ambos casos a la industria química y a la maquinaria eléctrica. Paralelamente, existe una fuerte corriente de inversiones de empresas europeas en otros países también europeos.

Los países europeos tienden a aprovechar economías de escala y a adaptarse al proceso de especialización industrial, con vistas a aumentar su participación en el mercado de los países desarrollados. Y los Estados Unidos parecen procurar incorporarse ventajosamente al mercado europeo.

El estatuto jurídico de las inversiones extranjeras en los países desarrollados es en general amplio, y sólo establece algunas restricciones al acceso a ciertos sectores vinculados a la defensa y, en algunos países, a los servicios públicos y el ahorro nacional; en general, no se limitan las utilidades que pueden remitirse al extranjero, aunque se suele exigir autorización de las autoridades bancarias.[6]

---

[3] Véase U.S. Department of Commerce, *Survey of Current Business*, vol. 58, núm. 3, marzo de 1978.

[4] Véase U.S. Department of Commerce, *Survey of Current Business*, vol. 58, núm. 3, marzo de 1978 y vol. 58, núm. 8, agosto de 1978.

[5] Véase Lawrence G. Franko, *The European multinationals*, Londres, Harper and Row, 1976, pp. 162-163.

[6] En los Estados Unidos se mantiene una política de apertura al capital extranjero, con restricciones en materia de comunicaciones (teléfonos, telégrafos, radio y televisión), transportes (aviación y navegación costera y fluvial), recursos naturales (adquisición de tierra pública, minas en terrenos federales, potencia hidroeléctrica en corrientes navegables), operación de energía atómica, bancos (sin embargo, no existen limitaciones al porcentaje de un banco que puede estar en manos extranjeras) y compras por parte del gobierno. En algunos países europeos,

ii) Inversiones en países subdesarrollados

Las inversiones de los países desarrollados en los países subdesarrollados se han regido, en general, por otras pautas. Ante todo, existe una desigualdad en las dimensiones económicas y el poder de negociación entre los países de origen y destino de las inversiones; y además el comportamiento del capital extranjero suele variar según sea la actividad a la que se dirige. Así, en el caso de la extracción de combustible y minerales, casi siempre se trata de inversiones de magnitud —sobre todo a causa de la construcción de la infraestructura necesaria— y de abastecimientos indispensables. En consecuencia, no sólo la empresa transnacional, sino también el país desarrollado —cuyo aparato industrial necesita esos abastecimientos— están interesados en mantener la continuidad de la explotación. Esa actividad es frecuentemente la principal fuente de ingresos externos de los países subdesarrollados y el aparato estatal de los países petroleros y mineros suele ser fuerte, dado que percibe elevadas regalías.

Por todo lo anterior, en el caso de estos productos han llegado a producirse, en varias ocasiones, negociaciones y confrontaciones de importancia.

En el otro extremo, cuando se trata de aprovechar mano de obra barata de los países subdesarrollados mediante el procedimiento de la subcontratación internacional, el capital comprometido es escaso y su movilidad muy grande; en caso de plantearse conflictos, la empresa transnacional se encuentra en libertad de emigrar fácilmente a otro país más propicio.

iii) Operaciones en países socialistas

En materia de acuerdos con empresas extranjeras, la política de los países socialistas tiene otro carácter. Los propósitos de estos países son, sobre todo, la adquisición de tecnología y el acceso a sistemas de distribución de sus productos en el área de economía de mercado. Para ello, los principales procedimientos utilizados fueron la compra de patentes

la situación es la siguiente: en Bélgica y la República Federal Alemana no existen restricciones. En Dinamarca un extranjero no puede ser dueño del 100% de empresas de navegación y armamentos ni dedicarse al negocio inmobiliario. En Francia, no puede operar en la bolsa de valores, en servicios públicos, transporte carretero, agencias de viajes y seguros de vida; es necesaria aprobación para tener acciones de bancos, fondos mutuos y seguros que no sean de vida; asimismo, existen restricciones en materia de petróleo. En Italia, es necesaria autorización para realizar actividades de seguros, transporte aéreo, barcos, aviones y bancos. En los países Bajos se exige autorización previa para la explotación de petróleo y gas. En el Reino Unido, teóricamente no existen restricciones; sin embargo, existen sectores de propiedad estatal, como los servicios públicos, la minería del carbón, el transporte y el acero. En Suecia, un extranjero no puede ser propietario de bancos y empresas de armamentos, de transporte aéreo interno y recursos naturales suecos.

y la cooperación industrial, que va desde las tareas de investigación y capacitación hasta la compra de plantas industriales y los acuerdos de operaciones conjuntas.

Una de las modalidades de acción es la practicada en Yugoslavia, Rumania y Hungría (desde 1969 en el primero y desde 1971 en los otros), en que se permite la propiedad minoritaria de acciones por parte del capital extranjero. En los demás países de Europa oriental ello no es posible. Estas operaciones conjuntas se realizan sobre todo en la industria de fabricación de vehículos, en la electrónica y en la química. En general, la remuneración del capital proveniente de los países del oeste se paga con la producción de la misma empresa de que se trata.[7]

b] *Financiamiento*

Las inversiones directas extranjeras de empresas de los países desarrollados en países subdesarrollados han sido presentadas como formando parte del proceso de ayuda al desarrollo. En tal sentido, la OCDE las incluye anualmente dentro de los aportes que los países que la integran hacen a los subdesarrollados. En realidd, se trata de operaciones comerciales, que tienen múltiples repercusiones, tanto en los países de origen como de destino; pero, desde el punto de vista financiero, su saldo final una vez madurada la inversión, implica un flujo desde los países subdesarrollados hacia los desarrollados.

Uno de los rasgos característicos de las actuales inversiones directas extranjeras en los países subdesarrollados es que implican una salida mínima de capitales del país de origen de la inversión y consisten en la gestión del financiamiento —a cubrirse con recursos locales del país que recibe la inversión e internacionales— y en venta de tecnología y de formas organizativas más que en una afluencia real de recursos.

Para financiar sus inversiones directas, las empresas transnacionales utilizan fuentes que, para los efectos del análisis, podrían clasificarse en internas y externas a la empresa. Entre estas últimas, pueden distinguirse las provenientes de los países sede de las empresas transnacionales y las provenientes de otros países, incluido el que recibe la inversión. Para dar una idea de la magnitud relativa de esas fuentes, se examinarán, por una parte, un cuadro de fuentes de fondos de filiales de empresas de los Estados Unidos y, por otra, algunos datos sobre la situación en países subdesarrollados.

En un estudio acerca de las fuentes y usos de fondos de las filiales

---

[7] Véase Josef Wilczynski, "Multinationals corporations and east-west economic cooperation", en *Journal of World Trade Law*, vol. 9, núm. 3, mayo-junio de 1975, pp. 278*ss*.

en países subdesarrollados de empresas de los Estados Unidos,[8] se advierte que en el período 1966-1972, de los fondos totales utilizados, el 54.7% correspondía a fuentes internas de la empresa, el 42.1% a fuentes externas a la empresa y el 3.2% a otros factores.

Estas cifras resumen los totales; sin embargo, como se advierte en el cuadro IV.2 la estructura es substancialmente diferente si se trata de petróleo, de industria manufacturera o de "otros" (fundamentalmente comercio, finanzas y seguros). Así, la tasa de depreciación considerada es más elevada en el caso del petróleo, en donde constituye la mitad del total de las fuentes de fondos; en cambio, la tasa de beneficios no distribuidos oscila entre el 14.2% en manufacturas y el 20.8% en "otros". Este porcentaje de financiación con beneficios generados en la empresa corresponde a un coeficiente de beneficios distribuidos sobre ingresos netos relativamente alto: 91% en el caso del petróleo; 55% en el de las manufacturas y 66% en "otros". Como es obvio, estos resultados se refieren a las cifras declaradas por las empresas y no incluyen los fondos que puedan resultar de la sobre o subvaluación de los precios de importaciones y exportaciones.

Con respecto a las fuentes ajenas a la empresa ubicadas fuera de los Estados Unidos, se observa el alto porcentaje de financiamiento con fondos locales o internacionales ajenos a los Estados Unidos, ya que los fondos externos a la empresa constituyen el 42.1% de los fondos totales y de ellos sólo el 8.8% proviene de los Estados Unidos. Sobre esta última cifra se observan significativas diferencias en la estructura de cada sector, pues en petróleo es del 8.6%, en manufacturas del 20.7% y en "otros" de −4.8%. Ello indica un mantenimiento de los porcentajes tradicionales en manufacturas y una transferencia de fondos hacia los Estados Unidos por la vía del sector financiero.

En general, las fuentes de financiamiento originarias en el país que recibe la inversión consisten en la suscripción local de títulos y en créditos bancarios locales. A su vez, las principales fuentes internacionales son los mercados financieros de países exportadores de capital, incluido el de eurodólares, y los organismos internacionales de crédito, como el banco mundial y los bancos regionales. Cabe señalar que en el caso de agentes financieros ligados a la empresa transnacional que recibe el préstamo, la fijación de tasas de interés actúa como instrumento para remitir ganancias encubiertas.

Desde el punto de vista de los países subdesarrollados, en estudios elaborados separadamente y con diferente metodología, se destaca la

[8] Véase Ida May Mantel, "Sources and uses of funds for a sample of majority-owned foreign affiliates of U.S. companies, 1966-1972", en Departamento de Comercio de los Estados Unidos, *Survey of Current Business*, vol. 55, núm. 7, julio de 1975, pp. 29-52.

CUADRO IV.2
FUENTES DE FONDOS DE UNA MUESTRA DE FILIALES DE EMPRESAS DE LOS ESTADOS UNIDOS
EN PAÍSES SUBDESARROLLADOS, 1966-1972[a]
(en millones de dólares y porcentajes)

	Total	Petróleo	Manufac-turas	Otros	Total	Petróleo	Manufac-turas	Otros
Total	*16 221*	*8 339*	*4 277*	*3 605*	*100.0*	*100.0*	*100.0*	*100.0*
Beneficios no distribuidos	2 854	1 498	608	748	17.6	18.0	14.2	20.7
2.1 Ingresos netos	20 569	17 003	1 349	2 217	126.8	203.9	31.5	61.5
2.2 Beneficios distribuidos	17 715	15 505	741	1 469	109.2	188.0	17.3	40.7
Depreciación y cargas similares	6 020	4 060	1 157	803	37.1	48.7	27.1	22.3
Fondos externos a la empresa	6 830	2 512	2 463	1 855	42.1	30.1	57.6	51.5
4.1 Fondos netos en proveniencia de los Estados Unidos	1 422	713	884	−175	8.8	8.6	20.7	−4.8
4.2 Fondos netos externos a los Estados Unidos	5 408	1 799	1 579	2 030	33.3	21.5	36.9	56.3
Otros	517	269	49	199	3.2	3.2	1.1	5.5

[a] Las cifras corresponden a los totales acumulados del período 1966-1972.

FUENTE: Ida May Mantel, "Sources and uses of funds for a sample of majority-owned foreign affiliates of United States companies, 1966-1972", en *op. cit.*, pp. 39-52.

creciente participación de las fuentes del país subdesarrollado en el financiamiento de la inversión directa extranjera. Ello se debe en gran parte a que la mayor solvencia económica de las empresas transnacionales y las medidas de estímulo de los gobiernos de los países subdesarrollados, les permiten un fácil acceso al crédito de bancos locales o al mercado interno de capitales.[9]

El hecho de que sólo el 20% de los fondos invertidos por las filiales manufactureras estadounidenses en los países subdesarrollados proceda de los Estados Unidos, ha sido presentado por algunos autores como una prueba de la acción catalizadora de las inversiones extranjeras, que habrían servido para movilizar el ahorro local. Así, Raymond Vernon ha expresado que "el grado de movilización de los recursos por las subsidiarias de propiedad norteamericana puede deducirse del hecho de que, por cada dólar de capital transferido desde los Estados Unidos a estas subsidiarias en los países subdesarrollados, más de cuatro dólares de capital fueron recogidos por las subsidiarias de otras fuentes, incluyendo fuentes internas a las áreas subdesarrolladas".[10] Para probar esta tesis debería demostrarse que sin la presencia de la inversión extranjera, los recursos nacionales hubieran permanecido ociosos. La rea-

---

[9] Veamos lo ocurrido en México y Argentina, que son los casos en los que las inversiones extranjeras se orientan en su gran mayoría al mercado interno. Con respecto a México, un análisis de las fuentes de financiamiento de los incrementos de activos en las empresas manufactureras indica que en 1965-1966 el 48% correspondía a recursos externos y el 52% a recursos locales; y que en 1969-1970 esa relación era de 39% para los externos y 61% para los locales. De tal modo, ha podido afirmarse que "la expansión de las empresas transnacionales en la industria se apoya en una proporción mayoritaria y creciente en los recursos financieros generados localmente, y esto es válido en particular para el financiamiento de corto plazo. En lo que se refiere a los recursos externos, se intensifican las vinculaciones con los mecanismos financieros internacionales en detrimento de las relaciones con las casas matrices. (Véase Fernando Fajnzylber y Trinidad Martínez Tarragó, *op. cit.*, p. 258.)

En el caso de la Argentina, si se comparan los pasivos de las empresas nacionales y extranjeras con su patrimonio, se observa que en 1968 las empresas extranjeras obtuvieron créditos internos de cerca de 80 centavos por cada peso de capital propio, mientras las empresas nacionales sólo llegaban a 30 centavos. Por ello, se ha sostenido que "dentro de un mercado interno protegido, en el que el crédito bancario se concede por lo general a tasas de interés real negativas, la ausencia de limitaciones en el acceso de las empresas extranjeras al mercado financiero local permite que éstas dado su tamaño, comportamiento económico, garantías e incluso conexiones formales (operan en plaza bancos extranjeros) se constituyan automáticamente en los clientes de primera línea de las instituciones financieras". (Véase Juan V. Sourrouille, *La presencia y el comportamiento de las empresas extranjeras en el sector industrial argentino, op. cit.*, p. 52.)

[10] Véase Raymond Vernon, *Sovereignty at bay*, Londres, Longman, 1971, p. 171 y la refutación de esa tesis en Daniel Chudnovsky, *Empresas multinacionales y ganancias monopólicas en una economía latinoamericana*, México, Siglo XXI, 1978, 3a. ed., p. 198.

lidad no es ésa sino la contraria: los inversores extranjeros compiten con los empresarios nacionales por el crédito local de los países en desarrollo. Veamos el ejemplo de América Latina, región en la que existen altas tasas de inflación: entre fines de 1977 y de 1978, siete países, que totalizan el 82% del producto interno bruto latinoamericano, tuvieron un aumento de precios al consumidor de 30% o más. Ello ha provocado la aplicación de políticas antiinflacionarias, que incluyen restricciones al crédito. Además, esa misma inflación ha determinado que en muchos casos las tasas reales de interés sean muy bajas e, incluso, negativas. De todo ello, resulta una fuerte competencia por el crédito interno, en la cual los inversores extranjeros están en posición ventajosa. Además, en todos los casos, en la etapa siguiente, después de madurada la inversión —que incluye un componente sustancial de crédito interno— se remesan al exterior utilidades por la totalidad, es decir, también por el ahorro local utilizado. Por ello, más que una movilización de recursos internos, esta forma de financiación implica una transferencia de fondos desde los países subdesarrollados hacia los desarrollados (véase cuadro IV.3).

CUADRO IV.3
INVERSIONES DIRECTAS EXTRANJERAS EN PAÍSES
SUBDESARROLLADOS E INGRESOS POR INVERSIONES
DIRECTAS REPATRIADAS A LOS PAÍSES INVERSORES,
MONTOS ACUMULADOS, 1970-1978

	Inversiones directas en los países subdesarrollados	Ingresos por inversiones directas repatriadas a los países inversores[a]
Totales de países subdesarrollados	42 200	100 217
América Latina	21 971	26 612
África	4 662	18 301
Medio Oriente	742	37 878
Asia del sur y del sureste	14 316	16 729
Oceanía	509	697

[a] Incluye los beneficios no distribuidos (reinvertidos) de las inversiones, que aparecen igualmente con signo contrario en la categoría de inversión directa en el país subdesarrollado.

FUENTE: UNCTAD, *Handbook of International Trade and Development Statistics*, Nueva York, 1980, pp. 250 *ss.*

c] *Montos de la inversión directa extranjera en países subdesarrollados*[11]

La inversión directa extranjera acumulada en países subdesarrollados al 31 de diciembre de 1978, por regiones y principales países de destino figura en el cuadro IV.4. Se advierte que el 57% del total se localiza en América Latina, el 13% en África, el 4% en Medio Oriente y el 26% en Asia del sur y sureste. Entre ellos, 12 países concentran el 58% de la inversión (que son, en orden decreciente, Brasil, México, Indonesia, Bermudas, Venezuela, Argentina, Panamá, Malasia, India, Antillas Neerlandesas, Perú y Hong-Kong).

Un enfoque sectorial muestra que en 11 de 13 países seleccionados, predominaba el sector manufacturero (véase cuadro IV.A); estos 13 países totalizaban en 1977 la mitad del total de la inversión directa extranjera en países subdesarrollados. Es importante señalar —como se lo hace en el cuadro IV.B— el elevado porcentaje de participación del capital extranjero en las industrias más dinámicas (química, caucho, acero y mecánicas), en 8 países que totalizan el 35% del total de inversiones en países subdesarrollados. En muchos casos esa participación es mayoritaria; y aun en los casos en que no lo es, le otorga una posición preponderante en el mercado. La proporción en inversiones en sectores extractivos disminuyó sustancialmente, debido sobre todo a la política de nacionalizaciones petroleras y mineras emprendidas por los países subdesarrollados; el total acumulado de inversiones externas de los Estados Unidos en minería, fundición y petróleo descendió del 42.5% en 1967 a 36.4% en 1971 y a 17.9% en 1978. A su vez, las inversiones británicas en estos mismos rubros disminuyeron del 25.7 al 19.6% entre 1970 y 1974.

Si se consideran los países de origen, se advierte que en el período 1961-1977 el 51% del flujo de esas inversiones provenía de los Estados Unidos y si se suman los originados en el Reino Unido, la República Federal de Alemania, Francia y Japón, se llega al 85.5%. (Véase cuadro IV.C).

A partir de 1956 —es decir, después de terminada la recuperación de la posguerra— se intensificó la instalación en el extranjero de subsidiarias de las industrias manufactureras de países desarrollados. En ese período se instalaron las dos terceras partes de las filiales norte-

---

[11] En general, la inversión extranjera es la exportación de capital hacia una región o regiones bajo una autoridad política diferente de la que rige el país en el que reside el propietario del capital (véase M. Palyi, "Foreign investment", en *Encyclopedia on the social sciences*, Nueva York, The MacMillan Co., 1948). En el presente trabajo se consideran como activos correspondientes a inversiones extranjeras el valor contable neto para el inversor directo de las sociedades afiliadas (filiales, sucursales o sociedades ligadas por contratos de asociación) en los países subdesarrollados.

CUADRO IV.4
STOCK DE ACTIVOS NETOS GENERADOS POR LAS INVERSIONES
DIRECTAS EXTRANJERAS[a] DE LOS PAÍSES DEL CAD EN LOS PAÍSES
SUBDESARROLLADOS A FINES DE 1978[b]
(millones de dólares)

Argentina	3 340	Irán	1 000
Brasil	13 520	Turquía	450
Chile	1 440	*Total Medio Oriente*	*2 960*
Colombia	1 510		
México	6 000	Hong Kong	2 100
Panamá[c]	3 140	India	2 500
Perú	2 150	Indonesia	5 760
Venezuela	3 620	Corea	1 500
		Malasia	2 880
Total 19 repúblicas		Filipinas	1 820
latinoamericanas[d]	*37 520*	Singapur	1 700
Trinidad y Tobago	1 300	Taiwán	1 850
Jamaica	900	*Total Asia del sur y*	
Total Caribe[e]	*3 105*	*del sureste*	*23 200*
Bahamas	2 030	*Total países*	
Bermudas	4 300	*subdesarrollados*	*87 800*
Antillas Neerlandesas	2 500		
Total otras regiones			
coloniales[f]	*9 925*		
Total América en			
desarrollo	*50 550*		
Liberia	1 230		
Nigeria	1 130		
Zaire	1 250		
Gabón	780		
Total África	*11 090*		

[a] Las cifras son estimaciones del valor contable de los activos netos. Estos datos
no comprenden los beneficios reinvertidos por Bélgica, Canadá ni Italia, ni las
inversiones petroleras efectuadas por sociedades domiciliadas en el Reino Unido
y en los Países Bajos.
[b] Excluye Gibraltar, Grecia, Israel, Malta, Portugal, España y Yugoslavia.
[c] Centro bancario "off-shore".
[d] Además de los 8 países citados incluye Bolivia, Costa Rica, Ecuador, El Salvador, Guatemala, Haití, Honduras, Nicaragua, Paraguay, República Dominicana y
Uruguay.
[e] Incluye Barbados, Belice, Guyana, Jamaica, Surinam y Trinidad y Tobago.
[f] Incluye posesiones coloniales de los países europeos.

FUENTE: OCDE, *Coopération pour le développement, Examen 1980,* París,
1980.

americanas en el exterior y más de las tres cuartas partes de las filiales alemanas, holandesas, británicas y francesas. Estos datos se refieren a 14 694 filiales de empresas de los Estados Unidos, de Gran Bretaña y de Europa continental.[12] Desde el punto de vista de su localización geográfica y tomando sólo las mayores filiales —en número de 9 589— resulta que el 18% están instaladas en América Latina, igual porcentaje en Asia y el 12% en África. El mayor porcentaje de ellas (el 48%) corresponde a filiales instaladas en los países desarrollados de Europa, Estados Unidos y Canadá, y el resto a los países europeos menos desarrollados.

Desde el punto de vista del mercado, en el caso de las filiales en países subdesarrollados de empresas manufactureras de los Estados Unidos, el 91% de las ventas que realizaron se destinó al mercado interno de los países subdesarrollados (94% en América Latina, 79% en Asia y 79% en África).[13]

Esta localización en el "país-mercado" coloca a las empresas transnacionales en mejores condiciones competitivas, pues se obvian las trabas a las importaciones de productos terminados y se consigue apoyo financiero y político interno. Además, se mantiene un importante flujo de "exportaciones directas" del país de origen de la empresa, no ya en lo que respecta a productos terminados, pero sí en partes, piezas y tecnología.

d] *Tecnología*

La transferencia de tecnología es uno de los mayores aportes que, en principio, deberían hacer las empresas transnacionales. En relación con ella se plantean los problemas del tipo de tecnología que debería adoptarse, y el del costo de la misma.

i) *Tipo de tecnología*

Con respecto al tipo de tecnología se presenta, ante todo, una doble cuestión: la de la tecnología efectivamente demandada por los países subdesarrollados, y la de la capacidad del país desarrollado para proporcionarla.

En primer término, la índole de la tecnología que se demanda depende en gran medida de los hábitos de consumo de los grupos sociales dominantes y de la propaganda masiva que promueve esos consumos. Cabe recordar que este tipo de consumo "de ostentación" es uno de los mayores obstáculos para el proceso de acumulación de capital en los

---

[12] Véase Lawrence Franko, *The European multinationals, op. cit.*, p. 80.
[13] Véase U.S. Department of Commerce, *Survey of Current Business*, vol. 57, núm. 2, febrero de 1977.

países en desarrollo. Como ha señalado el Dr. Raúl Prebisch, la penetra-
ción técnica de los centros, "en virtud del aumento continuo de productividad que trae consigo, ofrece un potencial creciente de acumulación de capital. Pero no se utiliza como se debiera. Lo impide la limitación del consumo de los centros y la extracción por éstos, gracias a
su poder, de cuantiosos ingresos periféricos".[14] Esta demanda de tecnología obedece a la estructura social y económica del país de que se trate, en especial a sus pautas de distribución del ingreso. Es cierto —como
lo afirman los defensores de este tipo de tecnología— que sería peor
que esas demandas se atendieran mediante importación de bienes terminados o mediante el contrabando. Pero el problema no radica en la
consecuencia, sino en la causa, que en este caso consiste en la existencia
misma de la estructura social y económica que demanda esos bienes y
esa tecnología.

En relación a la propaganda masiva que promueve la venta de productos elaborados con esa tecnología ésta también está controlada en su
mayor parte por empresas transnacionales. Así, en 1975, las agencias
de publicidad extranjeras y mixtas realizaban el 69% de la facturación
en Argentina, el 62% en Brasil, el 72% en México y el 72% en la India.
Para advertir la magnitud de estas cifras, recuérdese que en 1970 el gasto en publicidad era de 350 millones de dólares en Brasil, 269 millones
en Argentina, 214 millones en México, 55 millones en Venezuela, 39
millones en Chile, 33 millones en Egipto y 15 millones en Tailandia.
Ello significa porcentajes que van del 1.38 al 4.86% del producto manufacturero.[15] Como consecuencia, el "efecto de demostración" no sólo
alcanza a los grupos de altos ingresos, sino también induce el endeudamiento de los de ingresos medios e incluso influye en las aspiraciones
de los de ingresos bajos.

Tal es la situación de la demanda. Corresponde a continuación examinar si, desde el punto de vista de la oferta, los países desarrollados
pueden o quieren transferir las tecnologías actualmente requeridas o las
que podrían ser necesarias para el desarrollo. Así, el primer tema es el
de las tecnologías que pueden transmitir, las cuales han sido elaboradas
en función de sus propias necesidades. Como es lógico, los países subdesarrollados son considerados como marginales por las empresas que
realizan investigación tecnológica.[16] En estos casos, se trata en general
de tecnologías que ahorran mano de obra, por lo que contribuyen poco
a la solución del problema del empleo en los países subdesarrollados.
Existe además una diferenciación de productos que responde a las pau-

[14] Véase Raúl Prebisch, "Crítica al capitalismo periférico", en *Revista de la
CEPAL*, núm. 1, primer semestre de 1976, p. 9.

[15] Véase UNCTAD, *La función de las marcas en los países en desarrollo*,
Nueva York, 1979, pp. 33-38.

[16] Véase D. Chudnovsky, *op. cit.*, pp. 116 y 117.

tas de consumo de los países desarrollados, lo cual en los países subdesarrollados no satisface las necesidades de la mayoría de la población, sino sólo de los grupos de altos ingresos; de tal modo, no se amplía el número de consumidores, sino que se diversifican los matices de los productos consumidos dentro de un mismo grupo social. Un último aspecto —y tal vez el más importante— es que dicha tecnología pasa por alto problemas fundamentales de los países subdesarrollados si ellos no coinciden con los de los países desarrollados. Por ejemplo, el hecho de que los países más adelantados sean de zona templada ha determinado que no haya tecnología para la agricultura tropical y que falten medicamentos para el tratamiento de ciertas enfermedades tropicales.

Además, se trata en general de una tecnología intensiva en consumo energético, fundamentalmente de petróleo, que no valoriza el uso de los recursos naturales abundantes en los países subdesarrollados; no tiene en cuenta el tipo de calificación de la mano de obra en estos países y está concebida para otra escala de producción. Asimismo, en muchos casos se trata de tecnología contaminante.

Con respecto a la tecnología que los países desarrollados están dispuestos a transferir a los países subdesarrollados, en ciertos casos ésta ha sido la más avanzada. En otras oportunidades, sin embargo, se exportó tecnología ya superada, apta para fabricar productos que son "maduros" en los países desarrollados, pero "nuevos" en los subdesarrollados.[17]

Simplificando: existe una fase de "producto nuevo" con baja demanda; la demanda se acelera durante algún tiempo ("producto en crecimiento"), y luego se estabiliza o decrece cuando el producto se transforma en "maduro".[18] Este esquema se ajusta a la situación de los bienes de consumo inmediato y de consumo duradero, pero es más complejo en el caso de los bienes de inversión.[19] Los países más desarrollados se reservan la exportación de los productos nuevos y, entre ellos, los de más alta intensidad en investigación; en el extranjero se hacen instalaciones para la exportación de manufacturas en el caso de productos ya "maduros" en los países más desarrollados, pero en crecimiento aún en los países en desarrollo.[20] En tales casos, con los

[17] En el caso de Colombia se ha establecido que ciertas tecnologías introducidas por empresas transnacionales tenían un atraso de 10 a 20 años con respecto a su utilización en los países desarrollados. Tal fue el caso de una firma productora de neumáticos; de varias empresas farmacéuticas, que pagaban regalías por patentes que ya habían caducado; y de algunos productos electrónicos (véase Daniel Chudnovsky, *op. cit.*, p. 116 y C. V. Vaitsos, *The process of commercialization of technology in the Andean Pact*, Lima, 1971, p. 39).

[18] Véase Raymond Vernon, "International investment and international trade in the product cycle", en *Quarterly Journal of Economies,* mayo de 1966.

[19] Véase Nicola Cacace, *Innovazione dei prodotti nell'industria italiana,* Milán, Franco Angeli Editora, 1970, pp. 41 *ss.*

[20] *Ibid., op. cit.,* pp. 46 *ss.*

gastos en tecnología, que se amortizan por separado, puede realizarse un "reciclaje" del producto "maduro" aprovechando nuevos mercados y mano de obra barata.

En un informe del Senado de los Estados Unidos ha podido afirmarse que teóricamente, toda la tecnología a disposición de la casa matriz está disponible para sus subsidiarias. En la práctica, esto ocurre raramente. Las subsidiarias extranjeras tienen menos acceso inmediato a la tecnología desarrollada en los Estados Unidos, de manera que si participan en la financiación de los gastos de investigación y desarrollo al igual que las subsidiarias dentro de los Estados Unidos, las extranjeras pagan más de lo que reciben. Esto puede ocurrir por varias razones. Como parte de su estrategia, las grandes empresas con posiciones semimonopólicas en el mercado (lo cual es característico en las empresas transnacionales importantes) introducirán nuevos productos en sus mercados sólo cuando los productos más antiguos hayan cesado de generar réditos aceptables. Si una empresa es tecnológicamente superior a su competidora en el extranjero, puede retener la transferencia de su tecnología de primera línea a sus propias subsidiarias hasta que: a] una tecnología ligeramente anterior cese de proveer un crecimiento de las ventas a una tasa satisfactoria; o b] la competencia de firmas extranjeras obligue a la introducción de la nueva tecnología como medio para proteger su participación en el mercado.[21]

ii) Costo de la tecnología

Otra cuestión importante se refiere al costo de la tecnología. El cuadro IV.5 muestra los pagos por regalías y honorarios efectuados por siete países subdesarrollados en años recientes. En cinco casos, los montos pagados oscilan entre el 1 y el 3% de las exportaciones totales; y en el caso de México, ese porcentaje llega al 11%. En 1978, los pagos por regalías y licencias en manufacturas o empresas de los Estados Unidos por parte de los países subdesarrollados fueron de 255 millones de dólares.[22]

Cabe señalar que en su mayor parte se trata de transferencias entre subsidiarias y casas matrices de la misma empresa (este porcentaje fue del 75% en 1972).[23] Si se distinguen sectores dentro de ese to-

[21] Cf., U.S. Senate, Committee on Finance, Russel B. Long, Chairman, *Implications of multinational firms for world trade and investment and for U.S. Trade and Labour,* Washington, febrero de 1973, p. 593.

[22] Véase U.S. Department of Commerce, *Survey of Current Business,* vol. 60, núm. 1, enero de 1980, pp. 29 ss. Las regalías y pagos por licencias consisten en pagos por la venta o uso de la propiedad intangible, como patentes, procesos, marcas de comercio y derechos de autor.

[23] Véase U.S. Department of Commerce, *Survey of Current Business,* vol. 53, núm. 12, diciembre de 1973, p. 14.

tal de 255 millones de dólares, el 30% corresponde a maquinarias y un porcentaje análogo a productos químicos. Sin embargo, con respecto a estas cifras pueden formularse por lo menos dos observaciones. La primera es que, aun en el caso de que efectivamente dichos pagos correspondan a tecnologías utilizadas, los costos que deben pagar las subsidiarias en el extranjero son mayores que los beneficios que reciben de sus casas matrices. En ese sentido, en el citado estudio del Senado de los Estados Unidos se sostiene que "existe la posibilidad de que las subsidiarias (al menos en algunas industrias) puedan estar contribuyendo más a la investigación y desarrollo en los Estados Unidos de lo que reciben de sus casas matrices, y una virtual certeza de que el aporte neto de tecnología desde los Estados Unidos (si existe) no es tan grande como el monto bruto que ha sido transferido.[24] La segunda es que los pagos que las subsidiarias en el extranjero remiten a las casas matrices, no constituyen en realidad una retribución por el uso de tecnología, sino más bien una forma de remitir utilidades.[25]

d] *Utilidades y comercio intracompañía*

i) *Utilidades*

Cuando se analiza la tasa de utilidades de las empresas transnacionales, debe tenerse presente que se trata de grupos económicos que tienen a su disposición instrumentos cuya naturaleza y extensión difieren de aquellos de la generalidad de las empresas nacionales. Ante todo, se procura llevar al máximo la tasa de ganancias del conjunto de la empresa transnacional, lo cual puede implicar la existencia de menores ganancias o de pérdidas en algunas de las filiales. Como se señala en un trabajo al respecto,[26] para transferir fondos una empresa transnacional puede utilizar cinco rubros: 1) dividendos; 2) intereses, regalías, honorarios técnicos y administrativos, etc.; 3) préstamos e inversiones de capital dentro de la misma firma; 4) precios de transferencias (sobre todo, sobrevaluando o subvaluando los precios de las exportaciones y las importaciones, según que el impuesto o las utilidades sea mayor en el país de la casa matriz o de la filial); 5) otras formas (incluyendo supuestos pagos por tecnología).

En el trabajo citado, se determina la tasa media de ganancia de 53 empresas transnacionales que fueron instaladas en Colombia para el

---

[24] Véase U.S. Senate, Committee on Finance, Russell B. Long, Chairman, *op. cit.*, p. 593.

[25] Véase Daniel Chudnovsky, *op. cit.*, p. 128.

[26] Véase Daniel Chudnovsky, *Empresas multinacionales y ganancias monopólicas en una economía latinoamericana*, Buenos Aires, Siglo XXI Editores, 1974.

CUADRO IV.5
PAÍSES SUBDESARROLLADOS: PAGOS DE REGALÍAS Y HONORARIOS

| | | Pago de regalías y honorarios | |
| | | Millones de dólares | Porcentaje de las exportaciones |
País	Año[a]		
Argentina	1974	101	2.56
Brasil	1976	272	2.68
Colombia	1975	17	1.16
Chile	1972	17	1.98
México	1971	167	11.11
Trinidad y Tobago	1975	18	1.02
India	1973	24	0.81

[a] Los años son los últimos para los que se dispone de datos.

FUENTE: Naciones Unidas, Centre on Transnational Corporations, sobre la base de: Argentina, International Monetary Fund, *Balance of Payments Yearbook*, vol. 27; Brasil, Banco Central do Brasil, *Annual Report 1976*, abril 1977; Colombia, Banco de la República, *Informe anual del gerente a la junta directiva 1975;* Chile, Banco Central de Chile, *Balanza de pagos,* 1972; México, F. Fajnzylber y T. Martínez Tarragó, *Las empresas transnacionales, expansión a nivel mundial y proyección en la industria mexicana,* México, Fondo de Cultura Económica, 1976; Trinidad y Tobago, Central Statistical Office, *The balance of payments of Trinidad and Tobago,* 1975; India, Indian Investment Center, *India: A profile of progress,* 1976.

período 1966-1970, que aumenta del 15.8% al 52% cuando se incluye la sobrevaluación de las importaciones.[27]

En otros estudios sobre Argentina y México (ya citados) se toman en cuenta únicamente las utilidades declaradas, y no se consideran los

[27] Ante todo, se estableció el valor del patrimonio, que en conjunto consistía en fondos en efectivo (55.5%), maquinaria (28.1%) y otros (16.4%, que comprendía, según los casos, patentes, conocimientos técnicos y materias primas). La fijación de los precios de las maquinarias y "otros" tiene un amplio margen de incertidumbre, lo cual puede dar lugar a sobrevaluaciones. A continuación se establece la tasa de ganancias sobre el patrimonio neto (es decir, monto pagado, deducidos los impuestos, por ganancias declaradas, regalías y honorarios técnicos), que para las 53 empresas consideradas dio un promedio del 13.1% anual (con una desviación estándar del 17.4%). Para tomar en cuenta el cuarto elemento citado —los precios de transferencia— debió estimarse en este caso la sobrevaluación de las importaciones (entendida como el valor FOB de las importaciones de una subsidiaria, menos el valor FOB de esas mismas importaciones a precios internacionales). En el estudio referido se consideraron 13 empresas (10 de productos farmacéuticos, 2 de productos eléctricos y 1 de caucho), cuyos precios de importación pudieron ser controlados.

precios de transferencia; sin embargo, se llega a la conclusión de que las empresas extranjeras tienen mayores utilidades, en relación a su patrimonio, que las nacionales de dimensiones análogas.[28]

En el caso de Corea del Sur, en 1974 la suma de las utilidades netas y las provisiones para depreciación llegaban al 46% del valor agregado en las empresas extranjeras y al 40% en las nacionales.[29]

ii) Comercio intracompañía

Los casos en los que una misma empresa realiza operaciones de comercio internacional por intermedio de sus casas matrices y filiales, constituye una parte importante del comercio mundial. Se produce así una situación en la que una operación que es de importación para un país y de exportación para otro, es al mismo tiempo una transacción interna de la empresa transnacional que la efectúa. Ello facilita que en ciertos casos se subvalúen o sobrevalúen las operaciones de comercio exterior, de acuerdo con las condiciones impositivas o del mercado de cambios en los países que realizan el comercio.

En 1977, del total de importaciones de bienes de los Estados Unidos, el 48% fue comercio intracompañía. Este total incluye el 47% de los productos primarios, el 38% de las semimanufacturas y el 54% de las manufacturas. En cuanto a las áreas de procedencia, el 54% del comercio con países desarrollados tiene ese carácter así como el 43% del comercio con países subdesarrollados (véase cuadro IV.6).

La información más detallada sobre los países subdesarrollados muestra que del total de exportaciones a los Estados Unidos, en 1977, era intracompañía la mitad de las originadas en África, el 45% de las de Asia y el 35% de las latinoamericanas. Si se les considera por el grado

---

[28] En la Argentina, si se consideran los 88 establecimientos que en 1963 ocupaban más de 1 000 personas (35 extranjeros y 53 nacionales), se observa que el ingreso empresarial por establecimiento se duplicaba en el caso de los extranjeros. Lo anterior se refleja en las utilidades con respecto al patrimonio: en 1968 eran de 13.4% para las empresas extranjeras y de 9.5% para las nacionales. En México, la rentabilidad (considerada como el valor agregado menos los salarios, sobre el capital invertido neto) de las empresas extranjeras era superior en 31% a la del conjunto de las empresas industriales nacionales. En los casos en que tanto el índice de concentración —entendido como la participación en la producción de las cuatro mayores empresas— como la participación de las empresas transnacionales son ambos superiores al 75%, la tasa de rentabilidad de dichas empresas triplica a la de las empresas nacionales. En ambas comparaciones —como ya se señaló— no se consideran los posibles beneficios adicionales que puedan provenir de los precios de transferencia (véase más adelante el problema del comercio dentro de una misma compañía). (Véase, para Argentina, CEPAL, documento preparado por el consultor Juan V. Sourrouille, *op. cit.*, pp. 54 *ss.*; y para México, Fernando Fajnzylber y Trinidad Martínez Tarragó, *op. cit.*, p. 381.)

[29] Véase OIT, Sung-Hwan Jo, *The impact of multinational firms on employment and incomes: The case study of South Korea*, Ginebra, 1976, p. 59.

CUADRO IV.6
ESTADOS UNIDOS: IMPORTACIONES INTRACOMPAÑÍA, POR REGIÓN DE ORIGEN Y GRADO DE ELABORACIÓN, 1977

Región de origen	Grado de elaboración	Importaciones totales de los Estados Unidos (en millones de dólares)	Porcentaje del comercio intracompañía
PAÍSES DESARROLLADOS	Materias primas	10 781.3	41.3
	Semimanufacturas	19 830.8	43.4
	Manufacturas	45 936.9	61.1
	Total	*76 549.0*	*53.8*
PAÍSES SOCIALISTAS	Materias primas	215.8	2.8
	Semimanufacturas	344.9	8.9
	Manufacturas	871.3	8.1
	Total	*1 432.0*	*7.5*
PAÍSES SUBDESARROLLADOS	Materias primas	42 158.4	49.1
	Semimanufacturas	5 102.8	17.0
	Manufacturas	18 615.1	37.0
	Total	*65 876.3*	*43.2*
TOTAL MUNDIAL	Materias primas	53 155.5	47.8
	Semimanufacturas	25 277.9	37.6
	Manufacturas	65 423.3	53.6
	Total	*143 856.7*	*48.6*

FUENTE: Computación de la UNCTAD, sobre la base de información de G. K. Helleiner y R. Lavergne, preparado con datos del Bureau of Census de los Estados Unidos.

de procesamiento, se advierte que el porcentaje es elevado en petróleo y bajo en otros productos primarios; el de semimanufacturas es elevado en África y bajo en Asia; y el de manufacturas, elevado en América Latina. En cuanto a los países, son intracompañía alrededor de la mitad de las exportaciones a los Estados Unidos procedentes de Argelia, Libia, Ghana, México, Bahamas, Irán, Irak, Qatar e Indonesia. Ese porcentaje es cercano a las tres cuartas partes en Egipto, Jamaica, Trinidad y Tobago y Arabia Saudita (véase cuadro IV. D.)

Si se consideran los productos sujetos a este tipo de comercio, se advierte que el mayor monto corresponde al petróleo, en que 21.7 mil millones de dólares, que representan el 58% de las importaciones de los Estados Unidos de este producto son intracompañía. El otro rubro muy importante es el de maquinaria eléctrica con 2.6 mil millones, que implican el 75% de las importaciones de ese rubro. Otros productos en que se combinan importaciones relevantes con altos porcentajes de comercio intracompañía son las frutas, los minerales metálicos, la maquinaria no eléctrica y los instrumentos profesionales. (Véase cuadro IV. F.)

Una de las consecuencias de este comercio intracompañía es que en muchos casos las empresas fijan los precios del modo más favorable al conjunto empresario. Ello obedece al propósito de que las mayores utilidades empresarias aparezcan generadas donde los impuestos sean menores; de allí que parte de esas exportaciones se dirijan a puertos libres, en donde se vuelven a facturar y se envían a un destino final. Además, se encubre la remesa de beneficios.

En una investigación realizada sobre el comercio intrafirma,[30] se comprobó, sobre la base de datos de la División de Comercio Exterior de la Oficina del Censo de los Estados Unidos, que con respecto a ciertos productos de base, era elevado el porcentaje de desviación entre los valores unitarios del total de las importaciones declaradas de los Estados Unidos y los valores de las importaciones intrafirma. Así, en 1977, expresados como porcentaje del valor unitario intrafirma la desviación era mayor del 40% en los casos del banano en México y Ecuador; de las melazas en Nicaragua y Brasil; y del té en Brasil y Argentina. Esa desviación oscilaba entre el 20% y el 40% en las melazas de Guatemala, el café de la India, Camerún, Sierra Leona, Uganda y Kenya; el té en Indonesia y Kenya; y el mineral de hierro no concentrado en Venezuela.

---

[30] Véase G. K. Helleiner, *Intrafirm trade and the developing countries: patterns, trends and data problems.* Trabajo preparado para el seminario sobre "Transacciones dentro de una misma firma y sus efectos en el comercio y el desarrollo", patrocinado por la UNCTAD y el Institute of Development Studies de Sussex y realizado en noviembre de 1977.

e] *Influencia sobre el balance de pagos*

La influencia de las inversiones directas extranjeras en el balance de
pagos de los países en desarrollo se manifiesta en la cuenta corriente
por sus efectos sobre las importaciones y exportaciones y los saldos de
intereses, utilidades y regalías; y en la cuenta de capital, por las nuevas
inversiones directas y las salidas por amortizaciones del capital acumulado. Además, como acabamos de señalar, ha adquirido gran importancia la modalidad del comercio dentro de una misma compañía.

i) *Importaciones y exportaciones de bienes*
    De acuerdo con datos fragmentarios de un conjunto de países sub-
desarrollados parece confirmarse una hipótesis: para las empresas extranjeras, el coeficiente de importaciones es superior al de las empresas
nacionales, y el de exportaciones es similar; además, el coeficiente de
importaciones de dichas empresas supera al de exportaciones.[31]
    Al analizar las importaciones realizadas por las empresas transnacio-
nales, debe considerarse hasta qué punto responden a los mayores coeficientes de importaciones propios de los sectores en que actúan, y hasta qué punto a la nacionalidad de la empresa. Parece evidente que los
requerimientos de insumos importados serán los mismos en determinados sectores industriales, cualquiera que sea la nacionalidad de la empresa, dado un grado análogo de insuficiencia en el abastecimiento local.
    El hecho de que las relaciones con la casa matriz puedan inducir a
las empresas a aumentar sus importaciones es un elemento significativo,
aunque no parece ser el fundamental. Más bien, la influencia de la empresa transnacional se ejerce en una etapa anterior: en la implantación
misma de una determinada actividad productiva, y en la elección de una
tecnología. Su acción consistiría más bien en instalar una actividad pres-
cindible que genere nuevas y pesadas necesidades de importación.
    En lo que respecta a las exportaciones, en general las empresas ins-
taladas para abastecer el mercado interno de los países en desarrollo no

[31] En Argentina, los requerimientos de importaciones son mayores en los
sectores con predominio de las empresas extranjeras (véase Juan V. Sourrouille,
op. cit., pp. 66-67). En México, las importaciones de las empresas industriales extranjeras llegan a la mitad de las importaciones de bienes de producción del sector
privado, siendo menor su participación en la producción industrial (véase Fernando Fajnzylber y Trinidad Martínez Tarragó, *op. cit.,* pp. 520 y 555). En Brasil, en
1974, 115 empresas transnacionales importaron por valor de 2 990 millones de
dólares, sobre un total de importaciones de 14 100 millones de exportaciones
totales (véase *Business Latin America,* 16 de junio de 1976, p. 186). En Colombia, en 1971 el 93.5% de las importaciones de las empresas industriales correspondían a aquellas en las que el capital extranjero superaba el 49% (véase *Revista del
Banco de la República,* vol. XLVIII, núm. 567, Bogotá, enero de 1975, pp. 11-16).

se dedican como actividad principal a la exportación. Si se estudian 1 664 filiales de empresas manufactureras europeas, canadienses y japonesas, se observa que el 97% en 1971 tenían como principal mercado el interno.[32]

Con respecto a las filiales de las empresas de los Estados Unidos en 1977 vendieron en el mercado local el 73% de su producción total, incluyendo el 44% de la producción petrolera y el 94% de la manufacturera.[33]

El caso de los países con un fuerte proceso de sustitución de importaciones —México y Brasil— ofrece los siguientes resultados: en México en 1973, la tercera parte de la exportación de manufacturas provino de empresas transnacionales; dicho porcentaje es análogo a la participación de estas empresas en la producción industrial.[34] En Brasil, las exportaciones de 115 empresas transnacionales llegaron en 1974 a 837 millones de dólares, cuyas dos terceras partes correspondían a los rubros de alimentos y tabaco y de automotores.[35] Sin embargo, el coeficiente de exportaciones manufactureras con respecto a las exportaciones totales es muy bajo en comparación con el de los países desarrollados.

ii) Pago de servicios

En cuanto al pago de intereses, utilidades y regalías, esa suma ha sido superior al monto de las inversiones directas ingresadas cada año.

Es cierto que tales magnitudes no son comparables; mientras por una parte se considera el pago por las inversiones acumuladas, por el otro se trata de ingresos correspondientes a un solo año. Además, para realizar un cálculo más ajustado debería distinguirse entre la inversión efectivamente aportada desde el país de origen de la empresa y la generada en el país de destino. De cualquier modo, esas cifras son las que influyen anualmente sobre el balance de pagos.

A continuación se examinarán los flujos de ingresos generados por la inversión directa en el conjunto de los países subdesarrollados, en el balance de pagos de los Estados Unidos y en el de 11 empresas transnacionales en Brasil.

Si se comparan las inversiones directas extranjeras que ingresaron en países subdesarrollados en el período 1970-1977 con los ingresos repatriados por ese mismo concepto en ese período, se advierte que en-

---

[32] Véase Lawrence G. Franko, *The European Multinationals, op. cit.*, p. 126.

[33] Véase U.S. Department of Commerce, *Survey of Current Business*, vol. 57, núm. 2.

[34] Véase Fernando Fajnzylber y Trinidad Martínez Tarragó, *op. cit.*, pp. 537 ss.

[35] Véase *Business Latin America*, 16 de junio de 1976, p. 186.

traron en los países subdesarrollados 34 900 millones de dólares y salieron 82 900 millones. El cuadro IV.3 muestra la localización regional de esas diferencias, en las que gravita fuertemente el déficit que se registra en el Medio Oriente, ligado a la inversión petrolera.

En el caso particular de las inversiones de empresas de los Estados Unidos en los países subdesarrollados, el cuadro IV.7 muestra que en el período 1966-1977 existió un saldo negativo para los países subdesarrollados de 34 400 millones de dólares, que resulta de las salidas netas de capital de los Estados Unidos por valor de 8 200 millones y de los ingresos netos en los Estados Unidos de 42 600 millones en concepto de dividendos e intereses netos; la mayor parte de esta diferencia es imputable a las inversiones petroleras.

En el caso de 11 empresas transnacionales del Brasil, en el período 1965-1975 la inversión original de 300 millones de dólares dio origen a reinversiones por cerca de 700 millones y repatriaciones por 770 millones (véase cuadro IV.F).

De la información reseñada surge el hecho —comprobado en muchos otros casos y objeto de múltiples estudios— de que el proceso de inversión directa extranjera supone una transferencia neta de recursos del país subdesarrollado hacia el desarrollado. Ello es perfectamente lógico y obedece a la naturaleza misma del sistema económico capitalista: la empresa que invierte lo hace para extraer, en el menor tiempo posible, beneficios mayores que la inversión original.

CUADRO IV.7
INVERSIONES DIRECTAS DE LOS ESTADOS UNIDOS
EN PAÍSES SUBDESARROLLADOS, 1966-1977
(en miles de millones de dólares)

	Total	Petróleo	Manufac-turas	Otros
Monto acumulado de inversiones directas (1979)	33 706	3 014	12 239	18 453
Salidas netas de capital de los Estados Unidos (1966-1977)	8 158	−3 960	3 648	8 470
Reinversiones (1966-1977)	13 559	2 584	5 651	5 324
Ingresos en el balance de pagos de los Estados Unidos por inversiones directas[a] (1966-1977)	42 600	26 887	3 864	11 849

[a] Incluye los dividendos netos de filiales incorporadas y los intereses netos de la deuda entre compañías, ambos después del pago de impuestos en el extranjero, así como los ingresos de las filiales no incorporadas.

FUENTE: United States Department of Commerce, *Survey of Current Business.*

2. PRÉSTAMOS INTERNACIONALES Y DEUDA EXTERNA

Los préstamos externos y el consiguiente endeudamiento de países subdesarrollados respecto a centros financieros internacionales radicados en países desarrollados, constituye otro método utilizado para transferir ingresos desde los países subdesarrollados y para controlar sus economías. A continuación se examinará rápidamente la situación financiera internacional, el grado de endeudamiento de los países subdesarrollados y lo ocurrido en algunos países en cuanto a control de la economía y utilización de los préstamos.

a] *La situación general*[36]

El sistema monetario internacional que se estableció en Bretton Woods partió del principio de que las fluctuaciones cíclicas se reflejan en desequilibrios, también cíclicos, en los balances de pagos; pero que obedecen a razones coyunturales y se resuelven mediante medidas anticíclicas de corto plazo. En ese momento, Estados Unidos, como gran potencia económica, respaldaba el dólar como divisa internacional. A lo largo de los casi 30 años de auge continuado que siguieron a la segunda guerra mundial, se fueron acumulando presiones; particularmente, el creciente déficit del balance de pagos de los Estados Unidos, que financió creando mayor liquidez internacional. Este déficit obedeció principalmente a los gastos militares (guerra de Corea y Vietnam y función de policía internacional), a la expansión de las empresas transnacionales de los Estados Unidos, que compraron activos en el extranjero (en especial en Europa) y al hecho de que al mismo tiempo se mantuvo un alto nivel de actividad interna. Paralelamente, la recuperación de Europa y Japón y el lento crecimiento de su productividad fue haciéndole perder a los Estados Unidos ventajas comparativas en el comercio internacional. En 1971 se produjo una situación de ruptura con la devaluación del dólar y la terminación de la paridad dólar-oro. Posteriormente, el aumento del precio del petróleo, que modificó uno de los parámetros del modelo de crecimiento industrial capitalista, que consistía en la energía barata. Todo ello generó una situación internacional de inestabilidad, con acumulación de déficit en el balance de pagos de unos países y de superávit en otros. Pero a diferencia de lo ocurrido en el pasado, se trata de una situación persistente, en la que los superávit

---

[36] Véase Benjamín Hopenhayn, *La crisis financiera internacional* (mimeografiado), Ginebra, 1979; y Robert Devlin, *Transnational banks and their penetration of the external finance of the third world: the experience of Peru, 1965-1976*, Santiago de Chile, CEPAL, 1979.

de unos países permiten financiar los déficit de otros; pero como el déficit subsiste, estos últimos aumentan su endeudamiento. Así, crece la deuda de algunos países subdesarrollados que no se reduce a la brecha comercial, sino que también comprende la acumulación de los servicios financieros de la deuda. Se cae así en una espiral del endeudamiento. Esta deuda se contrae sobre todo con los bancos privados y la parte del financiamiento total correspondiente a los créditos oficiales o de ayuda, disminuye drásticamente (véase cuadro IV.1). Se advierte que en 1979 el 21% de los recursos totales recibidos por los países subdesarrollados proceden del sector bancario; y que estos flujos son el 31% de los no concesionales, con un valor absoluto de 16.7 mil millones de dólares. Hasta 1970, los préstamos de los bancos comerciales internacionales a los países subdesarrollados habían sido escasos (ese año habían ascendido a 3 mil millones de dólares); tenían sobre todo un carácter comercial y de corto plazo y eran ocasionales. Pero en esa época se produjo un cambio en la situación, sobre la base de tres factores principales. En primer término, en los países desarrollados existió una menor demanda de crédito, como consecuencia de la recesión de 1970-1971. En segundo lugar, los continuos déficit en el balance de pagos de los Estados Unidos provocaron un crecimiento de los activos oficiales de reserva en Europa occidental; además, los depósitos en moneda extranjera escapaban al control de las autoridades monetarias nacionales. Por último, aparecieron nuevos bancos, que practicaron una política más activa, asumiendo mayores riesgos, y se forman sindicatos de bancos para operar en préstamos internacionales. Cuando en 1973 aumentaron los precios del petróleo, hubo una afluencia masiva hacia el mercado de eurodólares, proveniente de países de la OPEP; y, como contrapartida, un grupo de países subdesarrollados no petroleros accedió a ese mercado en busca de préstamos que les permitieran cubrir sus déficit de balance de pagos sin necesidad de realizar ajustes internos. A medida que se presenta con mayor intensidad el problema del repago, las situaciones se van haciendo más estrictas (mayores intereses y menores plazos) y los controles de política económica se acentúan. Entonces los préstamos se dirigen fundamentalmente a facilitar los servicios de la deuda y evitar la cesación de pagos, con la experiencia de políticas económicas deflacionarias avaladas por el FMI. Los casos más notorios de esa política fueron los de Perú, Jamaica y Zaire, que serán analizados más adelante.

b] *El reciclaje de los fondos de la* OPEP

Los dos principales mecanismos de alimentación del nuevo flujo de fondos externos que se canalizó por el mercado de eurodólares fueron el déficit en el balance de pagos de los Estados Unidos y el reciclaje de los excedentes de los países de la OPEP. El primer tema ha sido muy estudiado y sería redundante repetirlo aquí. En cambio, sintetizaremos alguna información básica sobre el referente a los países de la OPEP.[37]

En el origen de la nueva situación está la negociación de octubre de 1973, en la que los países productores reclaman una duplicación de los precios del petróleo. Las compañías no lo aceptaron por instrucciones de los países consumidores y sólo accedieron en un alza de 8 centavos de dólar. Ello llevó a que las partes productoras aumentaran unilateralmente el precio del barril de bruto de 3.00 dólares a 5.11. El 1 de enero de 1974 se elevó a 11.65 dólares; después aumentó moderadamente hasta 12.37 en enero de 1976 y pasó a 18 en julio de 1979 y a 26 en febrero de 1980.[38]

Los superávit en cuenta corriente de los países de la OPEP fluctuaron fuertemente, tal como se observa en el siguiente cuadro:

CUADRO IV.8
ESTIMACIÓN DE LAS DISPONIBILIDADES DE LA OPEP Y SU DESTINO
(miles de millones de dólares)

	1977	*1978*	*1979*
Superávit en cuenta corriente	29	7	70
Préstamos	11	18	8
Disponibilidad	40	25	78
A países subdesarrollados	6	5	6
A depósitos en bancos	14	6	38
A otros	20	14	34

FUENTE: Morgan Guarantee Trust Company, "World financial markets", diciembre de 1979; "BIS Annual Report", junio de 1979 y "BIS Quarterly Review", junio de 1980; UNCTAD "El desarrollo y los países miembros de la OPEP", TC/B/C.3/145 (4 de octubre de 1978); "The petrodollars and the world economy", Wilfred Sütkenhorst, Horst Minte, *Intereconomics* núm. 2 (marzo-abril) 1979, p. 89 y estimaciones de la CEPAL.

[37] Véase al respecto el excelente libro de Abdelkader Sid-Ahmed, *L'OPEP, passé, présent et perspectives, op. cit.*
[38] Con estos aumentos, cambió la estructura del precio de los productos refinados pagado por el consumidor fiscal en los países desarrollados. Así, en Francia en 1970 sobre un precio de 470 francos/tonelada, 78 francos correspondían a los costos de producción, transporte, refinamiento y distribución; 38 francos a los ingresos del país productor; 265 francos al fisco francés y 89 francos a los beneficios de las empresas. En junio de 1978, con un precio de 1 417 francos/tonelada, 230 francos eran para costo de producción, etc.; 390 francos para el país productor; 658 francos para el fisco francés y 139 francos para beneficios de

Se advierte el alto porcentaje depositado en bancos, que dio origen a la fuerte corriente adicional de eurodólares. El rubro "otros" se concentra en Estados Unidos y el Reino Unido y se refiere sobre todo a inversiones en bonos, obligaciones, capital en acciones y activos reales.

Utilizando otra clasificación, se ha establecido que hasta fines de octubre de 1978, los haberes brutos acumulados de la OPEP ascendían a 185 mil millones de dólares y se repartían en inversiones en los Estados Unidos (24%), inversiones en otros países industrializados (14%), préstamos directos a países industrializados, comprendiendo Estados Unidos (7%), depósitos eurodivisas (38%), facilidades especiales y préstamos e inversiones en países subdesarrollados (12%) y préstamos a instituciones financieras internacionales (5%).[39]

En general, los propósitos perseguidos por estas colocaciones fueron el mantenimiento de la liquidez y la obtención de una alta tasa de rentabilidad; se procura así que cuando en el futuro los países petroleros puedan absorber esos excedentes, no hayan perdido su valor actual.

Asimismo, se produjo un cambio en la actitud y la política de los países productores: antes, la débil participación en el excedente petrolero los inducía a aumentar la producción a fin de poder financiar sus gastos corrientes y de inversión; en la actualidad, el problema no radica en la escasez de capital, sino en la capacidad de absorción y en la necesidad de prolongar la duración de los yacimientos, lo cual lleva a una disminución de la producción.[40]

Por su parte, la actitud de los bancos de los países desarrollados que recibían los depósitos era la de prestarlos para ganar intereses (de otro modo, tendrían una pérdida, al tener que pagar ellos intereses por fondos que no utilizan). Como se trata de sumas adicionales muy grandes que entran al mercado financiero y la demanda en los países industriales es débil debido a la crisis, los bancos prestan a países subdesarrollados asumiendo riesgos mayores que los normales. Además, habría que determinar en qué medida gravita en esta abundante corriente de créditos a los países subdesarrollados el hecho de que gran parte del capital que se presta no se origina en países desarrollados sino en los de la OPEP. La preocupación de los bancos se centra en el pago de intereses, que es su negocio específico; el no pago de la amortización afectaría directa-

---

las empresas. De tal modo, los países productores pudieron pasar del 8% de un precio extremadamente bajo, al 27.5% de otro tres veces mayor; pero ello no impide al fisco francés seguir percibiendo una parte sustancial (46.4%) del precio al consumidor. Por otra parte, los precios *spot* del petróleo bruto sobre los mercados libres de Rotterdam y de Génova fueron de 36 dólares en promedio durante 1979, lo cual benefició a los intermediarios y a las compañías petroleras (véase Abdelkader Sid-Ahmed, *op. cit.*).

[39] Véase O. Aburdene, *Middle east economic survey*, 17 de septiembre de 1978 y *Euro-money*, mayo de 1978, citado por Abdelkader Sid-Ahmed, *op. cit.*

[40] Véase, Abdelkader Sid-Ahmed, *op. cit.*, pp. 186-188.

mente a los dueños del capital, que en su mayoría son los países de la OPEP. Por supuesto, en esa hipótesis se produciría una crisis generalizada del sistema financiero internacional.

En este reciclaje, algunos países petroleros adquirieron activos de empresas industriales de países desarrollados,[41] pero éstas fueron más bien excepciones, ya que los fondos se orientaron sobre todo a los préstamos bancarios (38 mil millones de dólares en 1979), aunque estas políticas varían mucho según los países.

c] *El endeudamiento de los países subdesarrollados*

i) *La situación general*

Uno de los rasgos sobresalientes de la situación económica internacional es la duplicación de la deuda externa de los países subdesarrollados entre 1975 y 1980, año en que llegó a un total acumulado de 403 mil millones de dólares.

En ese lapso, el servicio de la deuda se multiplicó por 2.7 alcanzando los 68 mil millones de dólares. (Véase cuadro IV.9.) Del total de los préstamos, el 38% provenía de mercados financieros y el 26% de créditos a la exportación; sólo el 11% se originaba en la ayuda pública externa.

Esta deuda está concentrada en pocos países subdesarrollados: en 1978 trece de ellos totalizaban el 53% de su monto total y el 45% de los servicios de la deuda. Dos de ellos —Brasil y México— acumulan el 21% de la deuda y el 23% de los servicios (véase cuadro IV.G). Los servicios de la deuda implican para algunos países una pesada carga; así, puede observarse en el cuadro IV.G que en siete países la relación entre el servicio de la deuda y las exportaciones de bienes y servicios es superior al 20%; y que de ellos, en un caso es del 55% y en el otro del 64%.

Junto con el endeudamiento externo creció la tenencia de reservas; ello se explica porque constituyen una garantía para los acreedores (excepto en los países petroleros, en los que la garantía es el petróleo). El cuadro IV.G muestra cómo entre 1975 y 1978 las reservas de los 13 países subdesarrollados más endeudados crecieron de 29.5 mil millones de dólares a 56.6 mil millones; en ese lapso la deuda externa de esos

---

[41] Algunas de las inversiones de los países de la OPEP fueron las que permitieron la entrada de Libia al consejo de administración de FIAT, con dos miembros sobre quince; la toma de participación de Irán del 25% en Deutsche Babcok y del 24% de Krupp; la de Koweit del 14.6% de Daimler-Benz, del 22% del conglomerado Lonhro y del 30% del grupo siderúrgico alemán Korf; la de Arabia Saudita y Koweit del 10% en Montedison de Italia.

CUADRO IV.9
DEUDA EXTERNA Y SU SERVICIO POR GRUPOS
DE PAÍSES SUBDESARROLLADOS
(en miles de millones de dólares)

| | Deuda | | Servicio de la deuda | | | |
| | | | Intereses | | Amortizaciones | |
	1975	*1980*	*1975*	*1980*	*1975*	*1980*
Países importadores de petróleo	130.3	287.5	6.7	18.3	12.7	19.8
Países exportadores de petróleo	40.9	115.3	2.0	8.8	3.6	12.2
Total países sub-desarrollados	*171.2*	*402.8*	*8.7*	*27.1*	*16.3*	*32.0*

FUENTE: Banco Mundial, *World Development Report, 1980,* Washington, 1980,
p. 101.

países creció en 99.6 mil millones. Con ello, la relación entre la deuda externa acumulada y las reservas se mantiene en alrededor del
30%.

Con respecto a las transferencias de fondos que implica, a fines de
1977 casi la mitad de la deuda acumulada correspondía a créditos privados garantizados para la exportación y préstamos bancarios (131 mil
millones de dólares), los cuales devengaron intereses por 9 mil millones
y amortizaciones por 19.5 mil millones, es decir a tasas de 6.9 y 14.9%,
respectivamente.[42] Éste es el impacto financiero primario de las inversiones, ya que las utilidades mayores se devengan en las operaciones
mismas que se financian, ya sea de comercio exterior o de especulación
financiera (como se examinará más adelante).

ii) El caso del Perú[43]

La evolución de los préstamos externos al Perú, calificados de
acuerdo con la entidad que concedió el préstamo, se muestra en el cuadro IV.10. Puede advertirse un aumento sustancial de la de los bancos
comerciales.

[42] Véase OCDE, "Cooperation pour le développement", *Examen 1979,*
París, 1979, p. 281.
[43] La información contenida en este punto ha sido extraída de Robert Devlin, *Los bancos transnacionales y el financiamiento externo de América Latina.
La experiencia del Perú, 1965-1976,* Santiago de Chile, CEPAL, Naciones Unidas,
1980.

CUADRO IV.10
PERÚ Y AMÉRICA LATINA: DISTRIBUCIÓN DE LA DEUDA
PÚBLICA EXTERNA SEGÚN FUENTES DE FINANCIAMIENTO,
1965-1966 Y 1975-1976[a]
(porcentajes)

		Privada			*Oficial*		
	Bonos	*Provee- dores*	*Bancos*	*Otros*	*Multi- lateral*	*Bi- lateral*	*Total*
		1965-1966					
Perú	5	40	8	3	23	21	100
América Latina	8	20	9	3	23	37	100
		1975-1976					
Perú	—	11	45	3	11	30	100
América Latina	4	9	39	5	21	22	100

[a] Deuda con maduración de más de un año.

FUENTE: Banco Interamericano de Desarrollo, *External public debt of the Latin American countries*, Washington, D.C., 1978, citado por Robert Devlin, *op. cit.*

Hasta 1972, los bancos privados comerciales condicionaron sus préstamos a la concertación de acuerdos con el FMI y al cumplimiento de las políticas restrictivas, de acuerdo con la evaluación del 'mismo Fondo. Durante el período 1972-1975 desapareció la condicionalidad, tanto comercial como de política económica. En ese momento y sobre todo por la acción de los nuevos bancos, existió un importante flujo de préstamos (véase nuevamente el cuadro IV.10). Pero en 1976, debido a problemas de repago de algunos países subdesarrollados y a que los bancos tradicionales retornaron al liderazgo, la política crediticia se hizo restrictiva; a ello se sumó el debilitamiento de la economía peruana y la disminución de sus expectativas petroleras. En ese momento, el gobierno no llegó a un acuerdo con el FMI e informó a los banqueros que sin un nuevo crédito de 350 a 400 millones de dólares, no podría cumplir con el servicio de la deuda anterior. Al mismo tiempo, comenzó a aplicar un programa de estabilización. Se llegó a un acuerdo, en condiciones muy duras: interés de 2.25% sobre Libor, honorarios de 1.5%, un período de 5 años con dos de gracia y se otorgaría en dos cuotas iguales (la primera inmediatamente y la segunda después de la evaluación del cumplimiento del plan de estabilización, que formularían los bancos). Además, se reclamaba la solución de conflictos con dos empresas transnacionales vinculadas a los bancos (Marcona Mines y Southern Peru Copper Corporation) y se imponían otras cláusulas, tales como la renuncia a la inmunidad de Estado soberano. Sin embargo, el programa de estabilización no pudo ser cumplido y a principios de 1977 el gobierno fue forzado a negociar con el FMI, pero no se llegó a un acuerdo; en tales condiciones, los bancos se negaron a refinanciar y el gobierno recurrió a *swaps* de bancos centrales de otros países y de firmas extranjeras radicadas en el Perú. La situación era insostenible y a fines de 1977 se firmó un acuerdo con el FMI, en el que se establece un programa económico muy severo, con un alto costo social. A principios de 1978 una misión del FMI dictaminó que el Perú no había cumplido con su programa y no se efectuó el desembolso de la segunda cuota; al mismo tiempo, los bancos abandonaron las negociaciones para el otorgamiento de nuevos créditos. El gobierno volvió a obtener *swaps* y préstamos de gobiernos amigos y la negociación con los bancos resultó en un *roll-over* de 45 a 90 días. Mientras tanto, el FMI flexibilizó su actitud y se llegó a un acuerdo. El gobierno llamó a una reunión del Club de París para renegociar la deuda oficial y obtuvo un refinanciamiento del 90% de los pagos debidos para 1979 y 1980, a 7 y 6 años, con un interés de 1.875% sobre Libor; con los bancos privados se convinieron operaciones anuales.

De acuerdo con lo datos oficiales, la mayor parte de los créditos recibidos se dirigió, en una primera etapa, a financiar proyectos concretos de desarrollo; después, debió dedicarse una gran parte al pago de los servicios de la deuda contraída en virtud de los mismos préstamos.

Posteriormente, se produjo un sustancial aumento del precio de las exportaciones peruanas, que colocó al Perú en una posición de balance de pagos relativamente cómoda.

En síntesis: en este caso se advierte cómo una política desarrollista-nacionalista fue viable en una primera etapa y cómo logró gran parte de sus objetivos mediante el crédito externo de bancos privados; pero en una segunda etapa, cuando comenzó el período del repago coincidiendo con una situación depresiva del sector externo nacional y de la coyuntura internacional, el país debió condicionar su política económica a los dictados de los bancos acreedores y del FMI. Los resultados fueron una fuerte recesión, con graves consecuencias sociales, que constituía la negación de los propósitos perseguidos por el gobierno en la fase inicial.

iii) El caso de Jamaica

Un ejemplo típico de cómo el otorgamiento de créditos externos ha sido utilizado para pretender dictar la política interna de un país subdesarrollado, lo constituye el caso de las relaciones entre el Fondo Monetario Internacional (FMI) y Jamaica.

En octubre de 1977, después de haber cumplido con el prerrequisito de devaluar su moneda, Jamaica firmó un acuerdo *stand-by* con el FMI,[44] que finalizó a principios de 1978, debido a que la expansión del crédito interno excedió a la prevista. En junio de 1978 se concertó un acuerdo de *extended fund facility*,[45] que proveería un crédito de 80 millones de dólares anuales durante tres años. Como condición para recibir ese crédito, Jamaica debía reducir el déficit de balance de pagos y aplicar una política basada en: 1) la unificación del tipo de cambio y minidevaluaciones periódicas; 2) una serie de restricciones fiscales, tales como reducción de los gastos del gobierno y de los impuestos a los ingresos del capital y la eliminación de los subsidios al consumo; 3) una política de ingresos que suprimió los controles de precios y redujo fuertemente el salario real. La ejecución de estas medidas sería vigilada por el FMI y el otorgamiento anual de la cuota convenida dependería de su cumplimiento. De tal modo, 80 millones de dólares daban la facultad de influir decisivamente en la política económica de un país; el otro aporte implícito del FMI —la "luz verde" a la banca internacional— no se cumplió. Así, en septiembre de 1979, un consorcio de bancos se negó a otorgar un crédito de 200 millones de dólares solicitado por Jamaica y a discutir una posible renegociación de la deuda. A estas circunstancias se unieron la demora en el desembolso de un crédito de 30 millones de dólares otorgado por el Banco Mundial, las pérdidas provocadas por las inundaciones, la huelga de los ferrocarriles y el aumento de los precios del petróleo. Ello determinó que a fines de 1979 las reservas internacionales netas cayeran por debajo del límite permitido en el programa de estabilización y entonces el FMI no otorgó la cuota de 80 millones de dólares correspondiente a ese año. La mayoría de las otras condiciones habían sido cumplidas y el salario real descendió en 38% entre 1977 y 1979; la desocupación aumentó de 20.5 a 24.5% entre 1975 y 1978; y el producto bruto interno por habitante se redujo de 1 084 dólares en 1975 a 927 dólares en 1978.[46]

iv) El caso del Zaire

En octubre de 1978 el Club de los doce acreedores del Zaire[47] resolvió poner bajo tutela a su política económica. Uno de los instru-

[44] Una forma de crédito de estabilización.
[45] Una forma de préstamo compensatorio.
[46] La información expuesta en este punto ha sido extraída de U.S. Foreign Service, U.S. Department of State, *Foreign economic trends and their implications for the United States: Jamaica,* preparado por la embajada de los Estados Unidos en Kingston, Washington, febrero de 1980; y CEPAL, *Estudio Económico Anual, 1979,* versión preliminar, Santiago de Chile, 1980.
[47] Bélgica, Canadá, Estados Unidos, Francia, Irán, Italia, Japón, Gran Bretaña, Países Bajos, FMI, CEE y el Banco Mundial.

mentos para ello fue la instalación en los Consejos Ejecutivos del Banco Central del Zaire de cinco expertos procedentes de países de Europa occidental y a los que se les otorgó facultades ejecutivas; así, uno de ellos, banquero de la República Federal de Alemania, desempeña las funciones ejecutivas del Banco Central, asistido por dos consejeros belgas, un francés y un británico. "En estas condiciones, el Sr. Blumenthal —el banquero de Alemania occidental— y sus colaboradores tuvieron el control de varios sectores clave de la economía del Zaire: moneda, crédito, comercio exterior."[48] Este hecho fue reconocido por el presidente del Zaire Mobutu Sese Seko, quien declaró al diario *Le Monde* de París que "deseo precisar que el Zaire no es el primer país en el que trabajan los funcionarios del Fondo Monetario Internacional. Ellos están aún en los países industrializados y existen numerosos países subequipados en donde asumen a veces las más altas funciones de responsabilidad y en donde son aun gobernadores de los bancos centrales".[49]

Por su parte, el FMI ha reconocido su actuación no sólo en la elaboración de una política antiinflacionaria, sino también en su ejecución. En el *Informe Anual* del FMI para 1978 se expresa que una de las formas de asistencia técnica que se dio a algunos bancos centrales fue la asignación de "expertos bajo misiones de largo plazo (seis meses o más), directamente responsables ante las autoridades del país que los recibe o la institución internacional, que sirvieron en 90 cargos ejecutivos o de asesoramiento en 38 países y 4 instituciones multinacionales. . . El rango de los puestos ejercidos por los expertos incluían la dirección al más alto nivel y una variedad de posiciones especializadas".[50]

De tal modo, los acreedores de los países desarrollados están ejerciendo directamente el gobierno de la política económica del país subdesarrollado.

Estos hechos nos retrotraen a situaciones que se creían superadas, tales como la cesión de las aduanas de los países subdesarrollados a los acreedores para que percibieran los derechos de importación en pago de la deuda.

d] *La utilización de los préstamos*

Para tener un panorama más exacto del significado del endeudamiento externo de los países subdesarrollados sería necesario determinar a qué actividades económicas se dirigieron internamente. Por supuesto existen

---

[48] Véase *Le Monde*, 25-26 de febrero de 1979, p. 5.
[49] *Ibid.*, p. 5.
[50] Véase International Monetary Fund, *Annual report of the executive board for the year ended april 30, 1978,* Washington, D.C., 1978.

notables diferencias por países; y también varios tipos de préstamos tienen un destino predeterminado, tales como los créditos a la exportación. En este punto nos referiremos a los créditos provenientes del sector bancario, que en 1978 llegaron a los 22.2 mil millones de dólares. Cuatro de sus principales utilizaciones fueron el equilibrio del balance de pagos, el repago de los créditos anteriores, la especulación y compra de empresas y, en menor medida, los proyectos de desarrollo.

Los desequilibrios en el balance de pagos de muchos países subdesarrollados provienen sobre todo del aumento de precios del petróleo y de los productos manufacturados.[51] Un grupo de ellos recurrió a las facilidades compensatorias y al servicio de petróleo del FMI; pero otros países lo financiaron por otros medios, en especial mediante créditos de la banca privada internacional. En el primer caso, el FMI había otorgado al 30 de abril de 1980 alrededor de 3.7 mil millones de dólares en servicios compensatorios y 2.7 mil millones en el servicio de petróleo; pero otros países lo financiaron sin recurrir al FMI, como es el caso del Brasil, que aumentó sus exportaciones de 8.7 mil millones de dólares en 1975 a 15.2 mil millones en 1979 y cuya liquidez internacional mostraba en 1979 un pasivo de 8.1 mil millones de dólares con bancos comerciales.[52]

En general los créditos del sector bancario internacional a los países subdesarrollados han aumentado sustancialmente; pero al mismo tiempo también se ha incrementado en una proporción levemente mayor, el servicio de la deuda que esos países pagan al mercado financiero internacional.

Se advierte claramente que en el conjunto se trata de financiamien-

---

[51] En general, para explicar los déficit del balance de pagos de muchos países en el último quinquenio, se hace referencia sólo al incremento del precio del petróleo. Esto es cierto para los países desarrollados; pero en los subdesarrollados fue de tanta o mayor importancia el alza del precio de los productos manufacturados importados desde los países de la OCDE. En este sentido, la Secretaría de la UNCTAD ha calculado que el aumento de los precios del petróleo significó una elevación del déficit de la cuenta corriente del conjunto de países subdesarrollados de 18.5 mil millones de dólares en 1974 y de 1.9 mil millones en 1975; al mismo tiempo, los mayores precios de las manufacturas provenientes de los países de la OCDE implicaron aumentos del citado déficit de 12.6 mil millones en 1974 y de 11.8 mil millones en 1975 (véase Abdelkader Sid-Ahmed, *op. cit.*, pp. 368-369). Sobre la base de otras cifras se llega a la misma conclusión. Según el *Boletín Mensual de Estadísticas* de las Naciones Unidas, entre 1971 y 1978, la "factura petrolera" de los países subdesarrollados, —es decir los pagos adicionales debido a los mayores precios unitarios de los combustibles— llegó a los 152 800 millones de dólares; paralelamente en el mismo período, la "factura manufacturera —de los mismos países subdesarrollados—, o sea, el aumento imputable a los mayores precios unitarios de maquinarias y material de transporte— fue de 242 300 millones de dólares.

[52] Véase FMI, *International Finance Statistics*, junio de 1980.

CUADRO IV.11
CRÉDITOS DEL SECTOR BANCARIO INTERNACIONAL A LOS PAÍSES SUBDESARROLLADOS Y SERVICIO
DE LA DEUDA PAGADA POR LOS PAÍSES SUBDESARROLLADOS AL MERCADO FINANCIERO INTERNACIONAL

	1970	1971	1972	1973	1974	1975	1976	1977	1978
Créditos bancarios internacionales	3.0	3.3	4.8	9.7	10.0	12.0	15.0	15.5	22.2
Servicio de la deuda al merc. financiero	2.0	2.7	3.6	5.6	8.0	9.6	12.4	16.5	21.9

FUENTE: OCDE, "Coopération pour le développement", *Examen 1979*, pp. 76 y 283.

tos de repago de deudas anteriores. Por supuesto, ello no implica que los préstamos entrados hayan sido destinados directamente al pago de deudas; pero en el saldo se equilibran con las salidas imputadas al pago de la deuda.

En otros casos, el crédito externo fue utilizado con fines especulativos y para la compra de empresas. Ello ocurrió sobre todo en países en donde el dólar está sobrevaluado como consecuencia de políticas económicas internas. Un ejemplo típico de esta política lo constituye el caso de Chile en el último quinquenio. A continuación examinaremos rápidamente este caso.[53] Entre 1973 y 1978 la deuda externa de Chile se elevó de 4.0 mil millones de dólares a 6.9 mil millones y paralelamente las reservas brutas pasan de 0.4 a 1.6 mil millones de dólares. En particular, entre fines de 1974 y fines de 1978 la deuda privada aumentó en 1 449 millones de dólares; pero dentro del sector privado existieron limitaciones "de hecho" para la contratación de créditos externos, tales como plazos mínimos de repatriación, restricciones al endeudamiento y otorgamiento de avales. Como consecuencia, sólo unos pocos grupos económicos chilenos que además tenían vinculaciones externas, pudieron utilizar este tipo de créditos. Este crédito externo fue otorgado en condiciones preferenciales, ya que la tasa de interés interno es fuertemente superior al costo total del crédito externo (las tasas Libor para 1976, 1977 y 1978 fueron 6.1, 6.4 y 9.4%, respectivamente, mientras las tasas internas de interés para los mismos años fueron de 118.5, 58.4 y 51.1%). De tal modo, la simple especulación financiera con las diferenciales de tasas de interés permitió realizar enormes utilidades. Así, se ha estimado que si se toman en cuenta los capitales autónomos de uso privado ingresados según el balance de pagos en el período 1976-primer semestre de 1979, la utilidad obtenida por la diferencial de tasas de interés habría sido de 0.8 mil millones; si, en cambio, para el mismo período se considera el *stock* de la deuda externa, las utilidades habrían sido de 1.5 mil millones de dólares.[54] (Véase cuadro IV. 12.)

Otra de las aplicaciones de este crédito externo fue la compra de empresas del Estado. Tradicionalmente, Chile había tenido un fuerte sector público, que durante el período de noviembre de 1970 a septiembre de 1973 incorporó un gran número de empresas industriales, comerciales y financieras; producido el golpe de Estado, entre 1974 y 1978, se traspasaron al sector privado alrededor de 130 empresas. El valor de estas ventas alcanzó a 558 millones de dólares (290 millones correspon-

[53] La información sobre este tema ha sido extraída de Roberto Zahler, "Repercusiones monetarias y reales de la apertura financiera al exterior. El caso chileno: 1975-1978", en *Revista de la CEPAL*, Santiago de Chile, abril de 1980.

[54] Véase Roberto Zahler, *op. cit.*, p. 160.

CUADRO IV.12
CHILE: BENEFICIOS FINANCIEROS DE EMPRESAS PRIVADAS
QUE TUVIERON ACCESO AL CRÉDITO EXTERNO

| | | | | Stock deuda externa (millones de dólares) | |
| | Tasas de interés (porcentaje anual en dólares) | | | | |
Año	Libor	Chile	Diferencia[a]	Sector privado[b]	Beneficios
1976	6.12	118.53	1.0629	641	681
1977	6.42	58.38	0.4554	772	351
1978	9.35	51.10	0.3240	980	318
1979 (1er. semestre)	11.21	42.10	0.1968	1 569	155
Total					1 505

[a] Se calculó como la diferencia entre la tasa de interés bancaria de colocaciones en Chile, expresada en dólares, y el doble de la tasa Libor.
[b] Se supuso que el total del *stock* adeudado por el sector privado al exterior a fines del año anterior permanece sólo un año en el mercado. No incluye la deuda privada tradicional ni la a corto plazo.

FUENTE: Roberto Zahler, "Repercusiones monetarias y reales de la apertura financiera al exterior. El caso chileno: 1975-1978", en *Revista de la CEPAL*, núm. 10, abril de 1980, p. 160, sobre la base de datos del Banco Central de Chile.

den a 118 empresas industriales, 192 millones a 18 paquetes de acciones bancarias y 76 millones a activos agroindustriales). Estas empresas fueron adquiridas en un 85% por un pequeño número de grupos económicos chilenos y en un 12% por empresas transnacionales; el precio pagado parece ser inferior al valor en libros, el cual a su vez es menor al valor económico.[55] Cabe señalar que los grupos que adquirieron estas empresas son, en general, los mismos que tienen acceso al crédito externo. En consecuencia, por la vía de este doble mecanismo, se acentuó muy fuertemente el proceso de concentración de la economía chilena.

En otros casos, el endeudamiento externo privado fue utilizado para financiar importantes proyectos de desarrollo, no obstante que este tipo de préstamo no es el adecuado para estos financiamientos. Ante todo, existe una falta de correspondencia entre el largo plazo requerido por los proyectos de desarrollo y el corto plazo de los créditos

[55] Véase Eugenio Lahera, *Economic policies in Chile since 1973. International Foundation for an Alternative Development* (mimeografiado), 1979; Juan Eduardo Herrera y Juan Morales, *Financiamiento externo*, Estudios CIEPLAN, núm. 1, julio de 1979.

comerciales privados (que a su vez obedece a que los depósitos que está colocando son a la vista o a corto plazo); además, los riesgos que supone una amortización de largo plazo en países subdesarrollados excede en mucho a los que normalmente asumen los bancos comerciales. En esos casos suelen ejercer una vigilancia sobre la política económica del país deudor y presiona por la adopción de determinadas medidas.[56] Sin embargo, en varios países estos créditos fueron utilizados para financiar proyectos de desarrollo. Por ejemplo, en el Perú, en el período 1971-1976, el 15% de los créditos de la banca privada fueron destinados a proyectos (dentro de ellos, el 45% fue a energía, el 18% a agricultura y el 16% a manufacturas).[57] En Jamaica, del total de préstamos de bancos comerciales en 1977-1978, el 18% correspondía a industrias, el 17% a construcción y el 12% a agricultura.[58]

3. LA AYUDA OFICIAL PARA EL DESARROLLO

a] *Los países del CAD*[59]

El cuadro iv.12 muestra cómo entre 1970, 1978 y 1979 la proporción de la ayuda oficial al desarrollo ha disminuido del 44 al 30 y al 35% en el total del flujo de recursos netos que van de los países desarrollados a los subdesarrollados; consecuentemente, el 65% del total de recursos corresponde a aportes realizados en condiciones del mercado (dentro de estos préstamos sobresalen las inversiones directas y los préstamos de bancos comerciales, a los que nos referimos en los puntos anteriores).

[56] Véase Robert Devlin, "Los bancos comerciales y el desarrollo de la periferia: consecuencia y conflicto", en *Revista de la CEPAL*, Santiago de Chile, diciembre 1979, pp. 71 ss. Dice Devlin que "un país que depende en gran medida del financiamiento bancario comercial comprobará, sin duda, que se ejerce presión en favor de una política conservadora que concede prioridad a una balanza de pagos sólida y a la acumulación de reservas, sacrificando a menudo los más amplios objetivos del desarrollo" (p. 79).

[57] Véase Robert Devlin, *Transnational banks. . .*, *op. cit.* Concretamente se financiaron trece proyectos importantes: planta de oxígeno, planta de tratamiento de barras y planchas de acero, planta de ánodos, refinería de cobre, planta de álcalis, sistemas de conmutador telefónico, expansión y rehabilitación de ferrocarriles, oleoducto transandino, expansión de planta de cemento, planta de motores diesel, explotación de minas de cobre, refinería de La Pampilla, planta hidroeléctrica Mantaro y planta de papel.

[58] Véase CEPAL, *Estudio económico de América Latina, 1979* (versión preliminar), Santiago de Chile, 1980.

[59] Véase la nota 1 de este capítulo.

Como parte importante del programa mundial de ayuda, la Asamblea General de las Naciones Unidas fijó en 1970 el 0.7% del producto nacional bruto de los países desarrollados como meta para la ayuda oficial al desarrollo por parte de los países industrializados. El objetivo era relativamente modesto, en comparación con la magnitud de las necesidades y con las sumas dedicadas por los países desarrollados a otros fines (tales como armamentos). Sin embargo, este propósito no se ha cumplido; por el contrario, el porcentaje concesional destinado a estos fines por el conjunto de los países de la OCDE se ha ido reduciendo paulatinamente desde el 0.51% registrado en 1960 hasta 0.34 en 1970 y 0.35% en 1978 y 1979 (totalizando 22.4 mil millones de dólares en 1979).[60] Las mayores declinaciones fueron las de los Estados Unidos (del 0.53 al 0.27 y 0.20% en ese período), y de Francia (del 1.38 al 0.57 y 0.59%). Entre los países cuyas contribuciones son inferiores a la media de 0.35%, figuran en orden decreciente, Nueva Zelandia, Japón, Finlandia, Suiza, Estados Unidos, Austria e Italia. Los porcentajes mayores –superiores a 0.75%– fueron en orden creciente, los de Dinamarca, Países Bajos, Noruega y Suecia.[61]

En la distribución geográfica de esta "ayuda oficial al desarrollo" se advierte que en general las antiguas metrópolis la encaminan hacia las que fueron sus colonias y el Japón lo hace en países del sudeste asiático. En el caso particular de Francia, se computan como ayuda internacional los créditos que van a sus actuales departamentos de ultramar. Así, los flujos netos de "ayuda oficial al desarrollo" dirigidos a Guadalupe, Martinica, la Polinesia francesa y la Reunión totalizan casi el 40% del total que Francia compromete en ese concepto.

Las donaciones oficiales y los créditos concesionales sólo tuvieron importancia en los 37 países de menores ingresos, en los que totalizaron algo más de los dos tercios de los desembolsos totales de mediano y largo plazo, provenientes de los países del CAD; pero este grupo de países sólo recibió el 16% de los desembolsos. En cambio, en los 55 países subdesarrollados de ingresos medios, las cuatro quintas partes se otorgaron en términos del mercado.

Dentro de la ayuda pública al desarrollo en 1979, el 71% correspondía a la ayuda bilateral (en la que sobresalen la cooperación técnica y los préstamos al desarrollo); el tercio restante consiste en contribuciones a organismos multilaterales, en especial los de las Naciones Unidas y la AID.

[60] En 1978, los gastos militares de los países de la OCDE fueron el 9.9% de su producto nacional bruto (véase Stockholm International Peace Research Institute, SIPRI, *World armaments and disarmament*, Yearbook 1980, Taylor and Francis Ltd., Londres, 1980.

[61] Véase OCDE, "Coopération pour le développement", *Examen 1980, op. cit.*, p. 113.

Con respecto a la utilización de la ayuda pública, existen dos grandes rubros: el de la "ayuda-proyecto" y el de la "ayuda fuera del proyecto". En 1978, la primera cubrió los dos tercios de la ayuda bilateral y se refirió sobre todo a proyectos de desarrollo agrícola y rural y a la cooperación financiera y técnica en educación y salud, así como a proyectos de infraestructura. La "ayuda fuera del proyecto" sirvió para financiar importaciones corrientes (50%), ayuda alimentaria, pago de la deuda y ayuda presupuestaria y de balance de pagos.[62]

b] Países de la OPEP

Los aportes netos de carácter concesional que efectúan los países de la OPEP a los países subdesarrollados han sido tradicionalmente elevados, como se advierte en el siguiente cuadro:

CUADRO IV.13
AYUDA CONCESIONAL DE LOS PAÍSES MIEMBROS DE LA OPEP
A LOS PAÍSES SUBDESARROLLADOS

	1973	1974	1975	1976	1977	1978	1979
Miles de millones de dólares	1.3	3.4	5.5	5.6	5.9	4.3	5.2
Porcentaje del PNB	1.4	1.9	2.7	2.3	2.0	1.4	1.4

FUENTE: OCDE, "Coopération pour le développement", *Examen 1979*, p. 293; y *Examen 1980*, p. 248.

La disminución registrada en 1978 aparece como la consecuencia del menor superávit en cuenta corriente de los países de la OPEP, que cayeron de 29 mil millones de dólares en 1977 a sólo mil millones en 1978. En 1979 se produjo un aumento, no obstante la supresión de la ayuda árabe a Egipto.

Los países que realizaron proporcionalmente los mayores aportes, superiores al 5% de su PNB, fueron Qatar, los Emiratos Árabes Unidos y Koweit.

Estos fondos se canalizaron por intermedio de múltiples mecanismos e instituciones.[63] Entre éstos, la transformación en diciembre de

62 Para la información acerca de los aportes de recursos hacia los países subdesarrollados, véase OCDE, "Coopération pour le développement", *op. cit.*

63 Entre ellas sobresalen el Fondo Koweitien pur le Développement Économique Arabe (FKDEA), el Fondo Arabe de Développement Économique et Social (FADES), el Fondo d'Abu-Dhabi pur le Développement Économique Arabe (FADPDEA), el Fondo Spécial Arabe d'aide a l'Afrique (FASAA), el Banque Islamique de Développement (BID), el Fonds Saoudien de Développement (SD), el Fonds Irakien pour le Développement Externe (FIDE), el Banque Arabe pur le

1979 del Fonds Spécial de l'OPEP en Agence de Développement et
de Coopération du Tiers Monde constituye un hecho importantísimo,
ya que los países subdesarrollados podrán disponer de una institución
financiera de tanto capital como el Banco Mundial, que sirva a sus necesidades.

Asimismo, la ayuda se canalizó por medio de programas bilaterales
de cooperación, entre los que sobresalen los realizados con la India,
Corea del Sur, Taiwán, Singapur, Pakistán y Brasil, así como la cooperación interárabe (en el Cuadro de la OPAEP y de la Liga Árabe).[64]

Développement Économique en Afrique (BADEA), el Organismo Árabe pour
le Développement de l'Investissement Agricole (OADIA), el Fonds Spécial de
l'OPEP, el Fonds Mónetaire Arabe (FMA) y el Fondo de Inversiones de Venezuela. (Véase Abdelkader Sid-Ahmed, op. cit., p. 366.)

[64] Un detalle de los proyectos multilaterales y bilaterales figura en Abdelkader Sid-Ahmed, op. cit., pp. 370-421.

CAPÍTULO V

LAS POLÍTICAS ECONÓMICAS: INTERDEPENDENCIA O AUTONOMÍA

En los capítulos precedentes se analizó la naturaleza de la crisis económica internacional y los diferentes métodos utilizados por los países desarrollados para explotar a los países subdesarrollados y controlar sus principales factores de producción: los recursos naturales, la mano de obra y el capital. La consecuencia de esta explotación es una desigualdad notoria y persistente que se agrava con los años. Entre 1950 y 1977, por ejemplo, el producto interno bruto por habitante aumentó en 2 576 dólares en los Estados Unidos y 126 dólares en el conjunto de los países en desarrollo con un ritmo de crecimento igual en ambos casos (véase cuadro v.1). Esta situación está en la base de los antagonismos entre las dos categorías de países, que se manifiesta en luchas que van desde las guerras de liberación nacional hasta las negociaciones políticas y económicas en los foros internacionales. En este capítulo, examinaremos primeramente la naturaleza de esas luchas, los escenarios en los cuales tienen lugar, los actores y los valores en juego; en seguida analizaremos la noción de interdependencia preconizada por los países desarrollados y el punto de vista de los países subdesarrollados. En resumen: intentaremos ver si una política de autonomía constituye para los países subdesarrollados una "utopía realista".

1. EL ESCENARIO Y LOS VALORES EN JUEGO

Como resultado de múltiples factores, entre los que figuran la formación histórica, así como las relaciones de poder político, militar y económico, se hizo posible la explotación de los países subdesarrollados por los industrializados. Estos factores son complejos y han entrañado una diferencia enorme entre los niveles de vida de dos grupos de países (véase cuadro v.2).

Esta situación de desigualdad extrema se repite en todos los órdenes, ya que obedece a diferentes estructuras económicas. Ante todo, en los países de ingresos bajos, la esperanza de vida al nacer es 24 años menor que en los países desarrollados; ello plantea el problema de la cantidad de vida, antes que el de la calidad de vida, que tanto preocupa

CUADRO V.1
POBLACIÓN Y PRODUCTO INTERNO BRUTO POR HABITANTE, POR REGIONES, 1950 Y 1970

	Población millones de habit.		Producto interno bruto por habitante		Incremento (dólares de 1970)
	1950	1977	1950	1977	1950-77
Países capitalistas desarrollados	559	758	1 538	3 499	1 961
Estados Unidos	152	217	3 073	5 649	2 576
CEE	216	259	1 163	2 934	1 771
Japón	83	114	346	2 509	2 163
Países socialistas desarrollados	286	391	451	2 151	1 700
Países subdesarrollados	1 084	2 185	150	276	126
África	210	381	115	215	100
Asia	658	1 341	89	140	51
Medio Oriente	59	123	182	609	427
América Latina	151	321	398	798	400

FUENTE: CEPAL, *América Latina en el umbral de los años 80*, Santiago de Chile, 1979, p. 6.

CUADRO V.2
NIVELES DE VIDA EN PAÍSES DESARROLLADOS Y SUBDESARROLLADOS

	Población total 1978 (millones)	Esperanza de vida al nacer, 1978 (años)	Ingresos, 1980 PNB por persona (dólares 1980)	Adultos alfabetizados, 1975 (porcentajes)
Países capitalistas desarrollados	668	74	10 673	99
Países de ingresos medios[1]	924	61	1 673	71
Países de ingresos bajos[2]	1 294	50	270	38

[1] Con PNB de más de 360 dólares por habitante.
[2] Con PNB de 360 dólares o menos.
FUENTE: World Bank, *World development report, 1980*, Washington, D.C., 1980.

en los países desarrollados. En el comercio internacional, en 1978 los países subdesarrollados totalizaron el 48% de las exportaciones de materias primas (incluido el petróleo) y sólo el 8% de las manufacturas;[1] consumieron el 10% de la energía comercial mundial y produjeron el 15% del total de manufacturas. En cuanto a ingresos, según estimaciones del Banco Mundial, actualmente 800 millones de personas, o sea 1 de cada 5 personas, vive en situación de pobreza absoluta, es decir que está bloqueada "en el umbral mismo de la supervivencia".[2] La acción para superar el subdesarrollo tiene dos ámbitos: el de la política internacional y el de la interna. El primero fue —y continúa siendo— una lucha contra las potencias coloniales para obtener la independencia política primero y la económica después. Se trata de una lucha nacional, en la que clases y grupos sociales con ideologías diferentes —y a veces hasta opuestas— combaten unidos contra la potencia imperialista.[3]

En ciertos casos en el plano interno, grupos nacionales, después

[1] Véase GATT, *International trade, 1978/79*, Ginebra, 1979.
[2] Véase Banco Mundial, discurso pronunciado por Robert S. McNamara ante el Consejo de Gobernadores del Banco Mundial, Belgrado, Yugoslavia, 2 de octubre de 1979; y Banco Mundial, *World development report, 1979*, Washington, D.C., agosto de 1979.
[3] Dice el presidente Julius Nyerere: "durante el movimiento nacionalista teníamos que estar todos juntos en las primeras fases. El objetivo era la independencia y sabíamos que debíamos contar con todos. Cuando decíamos que queríamos que se fueran los británicos, los capitalistas estaban de acuerdo, los fascistas estaban de acuerdo, los marxistas estaban de acuerdo. Todos estaban de acuerdo". (Véase "Third world negotiating strategy"), en *Third world quarterly*, Londres, abril de 1979.

de una independencia negociada, aseguraron la continuidad de la dominación, lo que permitió a la antigua potencia colonial proseguir la
explotación económica del país subdesarrollado y mantener su presencia militar y su hegemonía política. Esta distinción entre lucha interna
y externa no debe hacer olvidar que a menudo los gobiernos de esos
países tienen más afinidad con los grupos dirigentes de los países desarrollados que con sus propios pueblos y con los otros países subdesarrollados.

Después de obtenida la independencia, los países subdesarrollados
se agruparon en el "sindicato de los países pobres", que en el plano político es el Movimiento de los países no alineados y en el de la negociación económica es el Grupo de los 77. Se creó así un instrumento político que dio fuerza en el ámbito internacional a las posiciones de los
países subdesarrollados. Se trata de un grupo heterogéneo de países,
con muy diferentes grados de desarrollo y con los más diversos regímenes políticos internos, unidos en el plano internacional por la necesidad
de afianzar su independencia y de defenderse contra la explotación de
los países desarrollados.[4] Los propósitos fundamentales son el fortaleci-
miento de la capacidad de acción unilateral y del poder de negociación
de los países subdesarrollados y los valores en juego son la redistribu-

---

[4] El origen, composición y objetivos del Grupo de los 77 fueron sintetizados
por el presidente Julius K. Nyerere: "El motivo inmediato por el que cada nación
ingresó en el Grupo de los 77 dependía del grado en que había experimentado las
frustraciones económicas que le hacía sufrir un poderío externo a ella [. . .] Fue
la experiencia práctica del hecho de que la independencia jurídica no equivalía
a la libertad económica lo que nos llevó a la mayoría de nosotros a pensar en cooperar con quienes se hallaban en situación parecida [. . .] Fue nuestro nacionalis-
mo lo que nos obligó a unirnos [. . .] El Grupo de los 77 no comparte una ideología. Algunos nos declaramos socialistas científicos, otros sencillamente socialistas, algunos capitalistas, otros teocráticos y hasta los hay fascistas. No somos
necesariamente amigos y algunos países del Grupo están actualmente en guerra
entre sí. Nuestro ingreso nacional per cápita va desde unos 100 dólares al año a
2 000 dólares anuales. Algunos de nosotros tienen minerales y otros no; algunos
no tienen litoral y otros se hallan aislados en medio de inmensos océanos. No se
puede definir al Grupo de los 77 por ninguna de estas categorías ni por ninguna
otra, económica, social o ideológica; nuestros miembros pertenecen a todas ellas
[. . .] Pero nuestra diversidad existe en el contexto de una experiencia común y
suprema. Lo que tenemos en común es que todos nosotros somos naciones dependientes —no interdependientes— respecto del mundo desarrollado [. . .] Cada
una de nuestras economías se ha ido formando como producto secundario y como
sucursal del desarrollo en el norte industrializado y está orientada hacia el exterior
[. . .] Económicamente somos dependencias —en el mejor de los casos semicolo-
nias— y no Estados soberanos [. . .] El objetivo es terminar de liberar a los países
del Tercer Mundo de la dominación extranjera. Éste es el significado fundamental del Nuevo Orden Económico Internacional y la unidad es nuestro instrumento,
nuestro único instrumento de liberación" (del discurso pronunciado por el presidente de la República Unida de Tanzania, Julius K. Nyerere, en la Cuarta Reunión
Ministerial del Grupo de los 77, en Arusha, Tanzania, en febrero de 1979).

ción del poder económico mundial y la distribución del excedente económico internacional. La independencia en la adopción de decisiones a la que se aspira, se vincula, entre otros factores, a la potestad para determinar el estilo de desarrollo que adoptará, a la capacidad para captar el excedente económico que genera y a las posibilidades reales de aplicar la política económica que decida.

En la política interna de los países subdesarrollados, la lucha por la distribución del poder político y del excedente económico tiene lugar entre clases y grupos sociales y partidos políticos. Muchas veces, las luchas nacionales e internacionales se mezclan, ya sea por la intervención de las potencias colonialistas y de las empresas transnacionales en la política interna de los países subdesarrollados o por la vocación e intereses coloniales de las clases privilegiadas de los países pobres.[5]

2. LOS ACTORES

La lucha para salir del subdesarrollo pone en la escena a cuatro grandes grupos socioeconómicos: los estados nacionales, las empresas transnacionales, los empresarios nacionales y los trabajadores.

a] *Estado y empresas transnacionales en los países desarrollados*

La internacionalización de la producción requiere en las economías capitalistas una acción estatal intensa, no sólo en sus aspectos internos tradicionales (moneda, crédito, gasto público, etc.), sino también en el plano internacional. En este último ámbito, los estados nacionales han ejecutado procesos fundamentales de integración y de coordinación de políticas económicas; han aprobado o vetado fusiones y compras de empresas transnacionales; han realizado negociaciones conjuntas sobre precios de combustibles y materias primas; han dado sostén financiero y político a empresas en el exterior, etc. Un ejemplo típico de esta situación lo constituyen los rubros arancelarios 806-30 y 807-00 de los Estados Unidos, que fijan como base para el pago del aforo el valor agregado en el extranjero y no el valor total de la importación; de esta manera, se hizo posible la "subcontratación" en el extranjero, es decir el desplazamiento de actividades parciales de algunos procesos productivos para aprovechar mano de obra barata en el extranjero.

Por lo general, las empresas transnacionales cuentan con el amplio

---

[5] "En todos nuestros países hay grupos que se identifican con los poderosos y los privilegiados del mundo y cuyo único fin es unirse a ellos, olvidándose de los pobres de su propia nación y de las demás naciones." (Julius K. Nyerere, *ibid.*)

apoyo del país de origen, y éste no sólo se manifiesta en el financiamiento y en los seguros contra riesgos; ante dificultades concretas, es común que se plantee el problema en el plano diplomático ante el gobierno del país receptor. Por ejemplo, es de rutina que cuando un país subdesarrollado renegocia las condiciones de su deuda pública externa en el Club de París,[6] los países desarrollados planteen como condición previa la solución de todo conflicto que pueda existir con empresas de su nacionalidad.

En un plano general se ha discutido si las empresas transnacionales ejercen en los hechos un poder superestatal o si, por el contrario, están subordinadas a los estados nacionales y constituyen un instrumento de ejecución de su política económica.[7] Tal vez este problema no pueda resolverse en el plano meramente institucional y formal, haciendo abstracción de la composición social de los cuerpos directivos estatales y empresariales de los países desarrollados. En este aspecto, la realidad muestra que, o ambos pertenecen al mismo grupo social y, en general, aceptan el mismo pensamiento económico (a tal punto que en muchos casos las mismas personas suelen ocupar alternativamente los cargos directivos de la economía nacional y de las empresas transnacionales); o bien que, sin pertenecer al mismo grupo, los directivos estatales reconocen que esas empresas actúan como agentes del interés nacional del país desarrollado (en un marco capitalista) y, en consecuencia, le otorgan su apoyo.

En los hechos, pues, existe una interpenetración entre Estado y negocios, que resulta o bien de una coincidencia ideológica o de una identidad de intereses.

b] *Estado y empresas transnacionales en los países subdesarrollados*

i) *La inserción social y política*

En varios países subdesarrollados que se industrializaron de esta manera, en especial los latinoamericanos, después de la etapa de "sustitución fácil" de importaciones —que consistía sobre todo en la producción de alimentos manufacturados, textiles y productos simples de la industria mecánica— se manifestó y afianzó el modelo de "sustitución

---

[6] Foro en el cual los países desarrollados acreedores renegocian con los países deudores el pago de su deuda externa.

[7] Véase Albert Meister, *L'inflation créatrice*, París, Presses Universitaires de France, 1975. Señala Meister que en lo que respecta a política fiscal, autonomía bancaria, autonomía del circuito del ahorro, control de la demanda e iniciativa en materia de investigación y desarrollo, los estados nacionales ya no controlan los comportamientos de las grandes empresas y del sistema del que forman parte (p. 65).

difícil", caracterizado por la instalación de industrias básicas, la fabricación de bienes de capital, automotores y artículos de consumo duradero para el hogar.[8] Estos últimos bienes son producidos por empresas de mayores dimensiones, que suelen utilizar tecnologías complejas y necesitan cuantiosas inversiones, todo lo cual escapa a las posibilidades del empresario nacional aislado y requiere una intervención preponderante del Estado y del capital extranjero. Al mismo tiempo, los consumidores de estos productos ya no son amplios sectores que comen, se visten y utilizan manufacturas simples, sino el Estado, las empresas o los grupos —minoritarios en los países subdesarrollados— que ya poseen el nivel de ingresos indispensable para ese tipo de consumo. En estas circunstancias, el dinamismo del sistema se basa en la satisfacción de las demandas cada vez más diversificadas de los grupos de altos ingresos o de grupos medios que comparten algunas de sus pautas de consumo a costa de un fuerte y creciente endeudamiento personal. Por otra parte, si se considera el problema desde el punto de vista de los productores, la expansión del sistema exige que las fuerzas económicas dominantes controlen los mecanismos económicos del Estado, o influyan fuertemente sobre ellos, en especial para facilitar la orientación de una parte sustancial del ahorro privado nacional hacia la producción y compra de estos productos y para "disciplinar" la lucha redistributiva.

Es en este marco que el capital extranjero intensificó su actuación y en ciertos casos pasó a ser hegemónico, como organizador de actividades económicas, proveedor de tecnología y estructurador del financiamiento (con muy escaso aporte propio). Asimismo, influyó decisivamente en las modalidades del estilo de desarrollo adoptado y fue el modelo que procuraron imitar las empresas nacionales.[9] De tal modo, gravitó en la configuración económica general, incluso en actividades en las que no participaba directamente.

ii) Algunas modalidades de la acción de las empresas transnacionales

El modo de acción de las empresas transnacionales en los países subdesarrollados varía de la "franca cooperación" entre economistas de la misma ideología,[10] a la intimidación y a la corrupción.[11]

[8] Para un análisis de las características e implicaciones de esta etapa o nuevo modelo de desarrollo, véase Aníbal Pinto, *Algunas reflexiones para el "debate latinoamericano"*, FLACSO, Santiago de Chile, agosto de 1969.

[9] Véase Guillermo O'Donnell, *Notas para el estudio de la burguesía local, con especial referencia a sus vinculaciones con el capital transnacional y el aparato estatal*, Buenos Aires, Centro de Estudios de Estado y Sociedad, julio de 1978.

[10] En este sentido, ha sido notable en América Latina en años recientes el papel que desempeñan los economistas formados en la ortodoxia neoclásica de algunas universidades de los Estados Unidos, particularmente de Chicago.

[11] Varias comisiones parlamentarias de los Estados Unidos han investigado

Por ello, ha podido afirmarse que "su poder y expansión les permiten influir, directa o indirectamente en las políticas y la acción de los gobiernos, tanto de su país de origen como del país anfitrión, y a veces contribuir a colocar a los países en posición de interdependencia o dependencia.[12]

En fases posteriores, cuando se está frente a una decisión política firme o a un proceso económico irreversible, las empresas transnacionales han dado muestras de gran flexibilidad para elaborar y aplicar respuestas adecuadas, desde su punto de vista, a las restricciones que puedan imponérseles. Un ejemplo típico y de fundamental importancia en la historia económica de muchos países subdesarrollados, y en especial de los latinoamericanos, es la política de protección del mercado interno seguida desde la última posguerra, que generó el proceso de sustitución de importaciones. Ante esa realidad de política económica, las empresas transnacionales respondieron con un proceso paralelo de "sustitución de exportaciones", que en lo esencial consistía en la instalación de filiales en los países subdesarrollados para abastecer el mer-

casos concretos de cohecho y soborno en el plano internacional. Así el presidente del Subcomité de Política Económica Internacional de la Cámara de Representantes, Robert Nix, en una enumeración de hechos en países extranjeros comprobados por agencias del gobierno de los Estados Unidos puntualizó: a) que el presidente de una compañía petrolera reconoció el gasto de 5 millones de dólares en contribuciones ilegales para financiar campañas políticas y sobornos a funcionarios; b) una empresa bananera admitió haber pagado 1.25 millones de dólares a un jefe de Estado, el que fue depuesto al hacerse público este hecho; c) la Comisión de Valores acusó también a esa compañía de pagos extraoficiales a funcionarios públicos de otro gobierno; d) otra compañía petrolera reconoció haber realizado pagos secretos en el extranjero por 4 millones de dólares; e) el Comité de Aeronáutica Civil acusó a una línea aérea internacional de emitir pasajes no registrados; f) el secretario del Tesoro, Simon, testimonió que una compañía de construcción de aviones pagó 22 millones de dólares en sobornos desde 1970, fuera de pagos de comisiones por 147 millones de dólares; g) el Departamento de Defensa desaprobó un contrato que incluía 59 millones de dólares en comisiones, contratado por otra compañía de construcción de aviones, para el mantenimiento de contratos por un billón de dólares en un país extranjero (véase la información completa en *The activities of American multinational corporations abroad,* Hearings before the Subcommittee on International Economic Policy of the Committee on International Relations, House of Representatives, Ninety-fourth Congress, First Session, junio 5, julio 17, 24, 29, septiembre 11, 18 y 30, 1975, U.S. Government Printing Office, Washington, 1975, pp. 2 y 127).

Estos hechos han pasado a ser a tal punto habituales, que el presidente de una de las más importantes empresas automovilísticas mundiales declaró públicamente que en 1976 su compañía hizo pagos no justificados por 4 millones de dólares, pero señaló que esta corrupción jugaba de ambos lados. "Para impedirlo, los que reciben pagos deberían también ser responsables por sus acciones." Además, "la cifra de 4 millones de dólares debe ser considerada en el contexto de ventas por 9 mil millones de dólares en ese mismo año" (véase *Financial Times,* Londres, 21 de mayo de 1977, p. 1).

[12] Véase United Nations, Department of Economic and Social Affairs, *Mul-*

cado interno de éstos. Otro ejemplo posterior es el que se presentó cuando varios gobiernos presionaron fuertemente para aumentar su participación en las regalías por la explotación de recursos naturales, en particular del petróleo; entonces se pasó a la fijación de precios de referencia por parte del gobierno, y al aumento sustancial de los porcentajes percibidos. Y cuando en varios países se comenzó a aplicar una política de estatización de recursos naturales y de servicios públicos, las empresas transnacionales se especializaron en operaciones de comercialización externa, de asistencia técnica y de provisión de insumos, equipos y repuestos. En los casos de negociaciones con países socialistas, se realizaron acuerdos de mercados, de ventas de patentes y de plantas industriales, de asistencia técnica y de operaciones conjuntas, mediante los cuales se intercambian tecnología y mercados sin incidir sobre la propiedad. Es lógico que así suceda, ya que el cálculo empresarial tiende a optimizar las ganancias, tomando en cuenta las restricciones existentes. La tasa de beneficios en los países subdesarrollados parece ser todavía, en general, superior a las que se registran en los países desarrollados; además, parte importante de los riesgos se cubre con seguros oficiales en los países de origen.

c] *Empresas privadas nacionales*

La función que cumplen los empresarios privados nacionales de los países subdesarrollados en la economía nacional varía según la dimensión que requiere cada tipo de empresa, su ubicación en la cadena productiva y el destino de la producción (si es para el mercado interno o para la exportación). En tal sentido, su importancia es mayor cuando se

---

tinational corporations in world development, publicación de las Naciones Unidas, núm. de venta E.73.II.A.11, Nueva York, 1973, p. 71. En otro informe de un grupo de expertos reunidos por las Naciones Unidas para estudiar el problema de las empresas transnacionales, se afirma que las formas de actuación de estas empresas en el plano político pueden revestir diversas formas: "en los países de origen, pueden hacer lo posible por influir en la política exterior e interior recurriendo a su gran poder financiero y a sus relaciones frecuentemente estrechas con los altos funcionarios de gobierno. Pueden ejercer presión en favor o en contra de los gobiernos de los países huéspedes, según reciban o no un trato especialmente favorable. En los países huéspedes, las filiales de empresas multinacionales pueden tratar de influir sobre la política del gobierno de manera inconveniente. Por estar estrechamente relacionadas con los grupos internos que son partidarios de la inversión extranjera pueden utilizar sus propios recursos o los de su matriz para apoyar determinados partidos políticos de su elección y pueden unirse en contra de los grupos que abogan por introducir reformas sociales." (Naciones Unidas, Departamento de Asuntos Económicos y Sociales, *Efectos de las empresas multinacionales en el desarrollo y en las relaciones internacionales,* publicación de las Naciones Unidas, núm. de venta S.74.II.A.5, Nueva York, 1974.)

trata de empresas medianas y pequeñas que cuando la escala productiva es grande. Además, la posibilidad de acción de los empresarios nacionales depende de su articulación con el Estado y con las empresas transnacionales.

En lo que respecta a la ubicación en la cadena productiva, cuando las primeras etapas consisten en el cultivo o la extracción de materias primas y en procesos simples de industrialización, sin mayores requerimientos de capital y tecnología, es mayor la posibilidad de entrada de los empresarios nacionales. Esta participación se hace más dificultosa a medida que se amplía la magnitud de la empresa y aumentan las exigencias de capital y tecnología. En cuanto al destino de la producción, los empresarios nacionales en general tienen pleno acceso al mercado interno; pero cuando se trata de la exportación, a los empresarios nacionales suele faltarles el *know-how* y la red de vinculaciones necesarios. Además las barreras tarifarias que obstaculizan la entrada a los países desarrollados impiden políticas más audaces. Aun en el mercado interno, la protección y el estímulo estatales fueron indispensables para el desarrollo industrial. Este proteccionismo está cuestionado por las tendencias aperturistas, que preconizan la entrada de productos extranjeros y que implicarían la desaparición de numerosas empresas nacionales en beneficio de un crecimiento económico orientado hacia la exportación por parte de los sectores en los que existan "ventajas comparativas". La alternativa consiste en continuar protegiendo una pequeña y mediana industria de la que depende una gran parte de la población y participar sólo de modo secundario en el mercado internacional. Esta segunda política es la que sabiamente eligió el gobierno mexicano cuando resolvió no adherir al GATT.

d] *Los trabajadores*

Los trabajadores de los países desarrollados son los principales afectados por la crisis económica de esos países —tal como se reseñó en el capitítulo I— y los de los países subdesarrollados son los que sufren directamente las consecuencias de la enorme desigualdad de salarios entre países desarrollados y subdesarrollados. En el capítulo III se analizó la diferencia sustancial de salarios relativos que existe entre países desarrollados y subdesarrollados, mientras que las diferencias entre ramas de industria, dentro de un mismo país son mucho menores.

Estos hechos constituyen una internacionalización del "ejército de reserva" de los trabajadores. Podrían provocar una doble reacción en el campo laboral: de solidaridad entre trabajadores en cuanto los de los países desarrollados pueden advertir que a ellos también los afectan los bajos salarios pagados en los países subdesarrollados; o de antagonismo, ya que la protección –con barreras tarifarias o no tarifarias– sería la respuesta más rápida para defender a las empresas no competitivas de los países desarrollados y evitar el desempleo de sus trabajadores.

Un importante problema político y económico que podría llegar a plantearse sería el de las empresas transnacionales de países europeos en los que gobernara una coalición de izquierda. En el plano de la política interna, probablemente las más importantes de esas empresas serían nacionalizadas. Como el sector público del cual dependerían sería manejado por otra clase social, sería de esperar un cambio sustancial en sus pautas de política interna. Pero no está claro si ello implicaría también un cambio de política de sus filiales en los países en desarrollo; en otras palabras, hasta qué punto la clase obrera de los países capitalistas desarrollados está comprometida en la acción de empresas que derivan ingresos de países en desarrollo hacia su propio país desarrollado.

3. LAS NEGOCIACIONES ENTRE PAÍSES DESARROLLADOS Y SUBDESARROLLADOS

Las negociaciones entre países desarrollados y subdesarrollados, que se habían arrastrado lentamente en muy diversos ámbitos y referido a múltiples asuntos, tomaron un nuevo ritmo en el decenio de 1970; sin embargo, los resultados obtenidos no son alentadores.

En el plano global, la Asamblea General de las Naciones Unidas aprobó tres estrategias internacionales para el desarrollo –la última para el decenio de 1980, en septiembre de 1980– sin que los principios teóricos allí establecidos se reflejaran en la política de los países. Como ejemplo, basta recordar que el pequeño porcentaje fijado para la ayuda internacional nunca se cumplió y cada año disminuye. En lo sectorial, los principales temas que se discuten son los relacionados con comercio, tecnología y fondos marinos; y los dos más importantes –energía y finanzas– están fuera de la consideración internacional.

Las más importantes negociaciones multilaterales sobre comercio son las que se desarrollan en la UNCTAD vinculadas al Programa integrado sobre productos básicos y en el GATT sobre política tarifaria.

Los instrumentos de ejecución del Programa integrado de productos básicos adoptados por la Conferencia de la UNCTAD de mayo de 1976, consisten en la concertación de acuerdos internacionales sobre productos y en la creación de un fondo común para estabilizar los precios de los productos de base. Desde entonces, las negociaciones realizadas han sido lentas y sólo se realizó un acuerdo –en caucho natural– que se agrega a los ya existentes sobre azúcar, café, estaño, cacao y aceite de oliva. Con respecto al fondo común, en junio de 1980 se aprobó su constitución, aunque con un capital muy inferior al que habían propuesto inicialmente los países subdesarrollados.[13] No obstante, podrá constituir un instrumento importante, sobre todo para el financiamiento de medidas vinculadas con la investigación y desarrollo, el aumento de la productividad, la comercialización y la diversificación de las actividades económicas. En cambio, la reticencia de los países desarrollados para llegar a medidas de estabilización de precios mediante constitución de stocks, podría impedir que el fondo común –ligado a los acuerdos entre países productores y consumidores– desempeñe la función principal para la cual fue creado.

En el GATT, las negociaciones comerciales multilaterales (Ronda Tokio) que se extendieron de 1973 a 1979 tuvieron por objeto reducir los niveles arancelarios y ordenar la trama de las barreras no arancelarias. Los resultados fueron beneficiosos para el comercio entre países desarrollados; pero con respecto a los subdesarrollados, se mantuvo el escalonamiento tarifario, con tasas que gravan más fuertemente a los bienes intermedios y finales que a las materias primas (esto es importante sobre todo en las líneas de producción basadas en minerales, cueros y fibras textiles). Además, quedó prácticamente intacta la red de barreras no arancelarias que traban las exportaciones de los países subdesarrollados a los desarrollados. Asimismo, los sistemas generales de preferencias deterioraron su margen preferencial y el incremento teórico del comercio no da mayores beneficios a los países subdesarrollados.[14]

En otro tema fundamental, la discusión en la UNCTAD acerca del código de transferencia de tecnología no ha finalizado y las perspectivas son de la sanción de una serie de normas convenientes a los países subdesarrollados, pero que serían simplemente indicativas y no obligatorias para los desarrollados.

En la Conferencia sobre derecho del mar tampoco se ha llegado a

[13] La Conferencia de negociación de las Naciones Unidas sobre el establecimiento de un fondo común dentro del Programa integrado sobre productos básicos aprobó en la UNCTAD, en Ginebra, en junio de 1980, el acuerdo de creación del fondo. Se propone financiar *stocks* internacionales de estabilización (primera cuenta integrada por contribuciones directas de los gobiernos de 400 millones de dólares) y "otras medidas" (segunda cuenta de 350 millones de dólares). La segunda cuenta incluye 280 millones de dólares en contribuciones voluntarias de los gobiernos y alrededor de 70 millones derivados de las contribuciones de los gobiernos. Además, cuando un acuerdo de productos se asocie al fondo deberá depositar un tercio de sus necesidades financieras máximas y dar garantías por los dos tercios restantes. Los votos se distribuyen el 47% para el Grupo de los 77, 42% para el Grupo B (países desarrollados capitalistas), 8% para el Grupo D (países socialistas) y 3% para China, estableciéndose mayorías calificadas de dos tercios y tres cuartos para determinados asuntos.

[14] Véase CEPAL, *Evaluación de los resultados alcanzados en las negociaciones comerciales multilaterales (Ronda Tokio)*, estudio preparado por el consultor Pedro I. Mendive, Santiago de Chile, 1980.

un acuerdo. Pero mientras se discute acerca de la constitución de un organismo intergubernamental que recibirá el derecho exclusivo de explotar los fondos marinos (directamente o mediante concesiones a las empresas mineras transnacionales), los Estados Unidos aprueban una legislación que les permite realizar unilateralmente esa explotación, para la cual dispone de la tecnología.

En cuanto al tema de la energía, los países desarrollados presionan fuertemente para que se lo negocie por separado, sin vincularlos a los problemas de comercio, que en su opinión deberían seguir discutiéndose en la UNCTAD y el GATT, y los financieros en el FMI. Por su parte, los países subdesarrollados, que se expresan a través del Grupo de los 77, solicitan que se lo considere junto con los demás temas de comercio, financieros, etc., y que comprenda la transición hacia nuevas formas de energía renovables; la adopción de medidas efectivas de conservación; y el mejoramiento y protección del poder adquisitivo del valor unitario de las exportaciones de energía.

En lo que respecta al sistema monetario, cada vez más escapa a la posiblidad de negociación internacional. Por una parte, el FMI, bajo el control de los países desarrollados —en particular los Estados Unidos— realiza una política monetaria ortodoxa, en cuya elaboración no participan los países subdesarrollados y cuyas consecuencias contrarían sus intereses; y por la otra, los bancos privados internacionales y el mercado de eurodólares han adquirido una extraordinaria importancia y escapan al control de los gobiernos.

Frente al estancamiento de las negociaciones internacionales, que en muchos casos sólo llegan a consolidar los poderes establecidos, la única reacción eficaz es el refuerzo de las organizaciones de los países subdesarrollados, la coordinación de sus acciones.

Uno de los principales instrumentos para la ejecución de políticas unilaterales por parte de los países subdesarrollados son las asociaciones de países exportadores de productos básicos. Se trata de organismos intergubernamentales de carácter consultivo, cuyo objetivo es intervenir en el mercado internacional, por lo general dominado por los monopolios, oligopolios y monopsonios organizados por países desarrollados en su beneficio. Estas asociaciones luchan para lograr precios justos, estables y remunerativos por sus exportaciones, coordinando la solidaridad y ayuda mutua entre los países en caso de represalias y procurando hacer llegar el mayor ingreso posible a los productores iniciales; y además, promover la mayor cooperación económica entre los países miembros.[15]

---

[15] Véase Gonzalo Martner, *Producers-exporters associations of developing countries, an instrument for the establishment of a new international economic order*, Ginebra, 1979.

4. EL PUNTO DE VISTA DE LOS PAÍSES DESARROLLADOS: LA INTERDEPENDENCIA

Los países industrializados están en crisis, pero —como lo hemos visto en los capítulos anteriores— esta crisis no les impide explotar a los países subdesarrollados. Sin embargo, diversas comisiones y otras personas de buena voluntad anuncian periódicamente que todo esto debe y va a cambiar. En el contexto internacional actual, las virtudes mágicas de las palabras parecen sustituirse a los hechos; los discursos parecen bastar para cambiar un mundo caótico. Pero, desgraciadamente, esos discursos no tienen en general sino muy poco que ver con la realidad de las relaciones internacionales. En la abstracción definida por los tecnócratas todo parece posible: "Sería suficiente tomar un medio por ciento en tal región para que los problemas de tal otra fueran resueltos"; pero para negociar ese medio por ciento bajo la forma de transferencia de unos 10 mil millones de dólares, nadie está de acuerdo en pagar la cuenta, aun si se prueba que esta operación será en el largo plazo benéfica para todos. No se trata, pues, de definir una cooperación internacional idílica, sino más bien de intentar evaluar el margen de manio-

En 1978 existían 18 asociaciones establecidas y 5 en formación, a las que pertenecían 70 países. Los nombres y año de creación de estas asociaciones son los siguientes: Organización de países exportadores de petróleo (1960), Organización interafricana del café (1960), Organización africana y de Madagascar del café (1960), Alianza de productores de cacao (1962), Consejo africano del maní (1964), Consejo intergubernamental de países exportadores de cobre (1967), Comunidad asiática y del Pacífico del coco (1969), Asociación de países productores de caucho natural (1972), Comunidad de la pimienta (1972), Café mundial (1973), Asociación internacional de la bauxita (1974), Asociación de países del sudeste asiático productores de madera (1974), Unión de países exportadores de banana (1975), Grupo económico de países latinoamericanos y del Caribe exportadores de azúcar (1975), Asociación del tungsteno primario (1975), Asociación internacional de países exportadores de mineral de hierro (1975), Organización africana de la madera (1975) y Asociación internacional de países productores de mercurio (1975). Estaban en etapa de organización la Organización de productores africanos de semillas oleaginosas, Yute internacional, Asociación de países exportadores de fosfatos, Bonote internacional y Comunidad asiática y del Pacífico de la madera. Existen varios casos de intervención directa sobre los mercados, la principal de las cuales es la fijación de precios del petróleo por parte de la OPEP; además CIPEC ha fijado límites de producción y exportaciones a fin de evitar la caída del precio del cobre en el mercado internacional. El Consejo africano del maní utilizó un sistema de contratos de venta conjuntos; la Asociación de países productores de caucho natural formó una reserva reguladora; y el Grupo económico de países latinoamericanos y del Caribe exportadores de azúcar propuso un sistema de reservas de azúcar. Actualmente, está en proceso de creación el Consejo de asociaciones de productores, cuya instalación podrá ser un instrumento fundamental para la política económica internacional de los países subdesarrollados. Sus estatutos fueron ratificados por la Conferencia de plenipotenciarios de países no alineados reunida en Ginebra en abril de 1978.

bra de los países subdesarrollados, sin que tengan necesidad de pedir una cooperación ayuda-caridad improbable.

Hace algunos años, la palabra de orden de las conferencias internacionales estaba ligada al "nuevo orden económico internacional". Gracias a esta fórmula mágica los problemas del Sur iban a ser resueltos, en beneficio mutuo de todos, incluido el Norte. En el momento actual, parece que este nuevo orden se ha frustrado. Ha dejado el lugar a un *slogan*, "la interdependencia": "La tendencia a la interdependencia a escala mundial que aparece, fundada sobre el interés económico de todas las partes, es un fenómeno positivo."[16]

Desde un punto de vista estrictamente semántico, el discurso parece marcar un retroceso en la perspectiva del desarrollo económico del Sur. En la primera palabra de orden, había un aspecto dinámico: el objetivo era pasar de un viejo orden, en el cual solamente los países del Norte se habían industrializado, hacia un orden de tipo nuevo en el cual ciertos países del Sur también lo estarían. La industrialización era en esta perspectiva sinónimo de desarrollo y de redistribución de la riqueza. La interdependencia, en cambio, supone, un cierto número de lazos que deben asegurar el progreso y el bienestar de la humanidad. La dinámica inherente al primer discurso ha desaparecido, los lazos que determinan este orden existen, y es necesario y suficiente que cada uno los tenga en cuenta.

Si vamos más allá de este aspecto secundario, pero sin embargo significativo, lo que sorprende es la aparente novedad de esta "tendencia" que aparece: "Hasta estos últimos años, la interdependencia Norte-Sur no era más que muy vagamente percibida por los países desarrollados"; no fue sino desde "los acontecimientos de los años setenta que la estrechez de los lazos entre estos países fue revelada."[17]

Estas dependencias, evasivamente llamadas lazos, existen desde hace mucho tiempo; pero para que haya noción de dependencia, es necesaria una relación de dominación entre el que posee y el que depende. Fue en ocasión del embargo de 1973 sobre el petróleo, decidido por países considerados hasta entonces como marginales y de la publicación del informe del Club de Roma,[18] que los países productores de materias primas tomaron conciencia de su poder potencial. Por supuesto, todas las materias primas no tienen la importancia estratégica del petróleo, pero esta toma de conciencia de los países subdesarrollados obligó a los países industrializados a plantearse cuestiones.

[16] Organización de las Naciones Unidas para el Desarrollo Industrial, *La industria en el mundo desde 1960; progreso y perspectivas*, Nueva York, 1979, p. 1.

[17] Véase Yves Berthelot, *The economic interest of the industrialized west in relation with the developing countries*, Dubvronik, Yugoslavia, mayo de 1980.

[18] Véase Donnella M. y Dennis L. Meadows, Jorgen Randers y William W. Behrens III, *The limits to growth*, Nueva York, New York University Books, 1972.

Así, desde el 18 de diciembre de 1973, una comisión temporaria presidida por Jacques Rueff fue encargada por el Consejo Económico y Social francés, de la preparación de un informe sobre los recursos mundiales y la economía francesa. Las conclusiones de esta comisión son interesantes desde varios puntos de vista: "Cártel de productores, cártel de consumidores . . . Esta posibilidad debe evitarse en la medida en que los países productores hagan prueba de realismo: las relaciones comerciales durables no pueden estar basadas sobre relaciones de fuerza." Parece que siempre es mucho más fácil apelar al "realismo" de los otros. Durante mucho tiempo, los países desarrollados mantuvieron en su provecho, "relaciones de fuerza" que estuvieron en la base de sus "relaciones comerciales durables". En cambio, los antiguos colonizados debían hacer prueba de realismo, que parece haberles faltado durante largo tiempo a los países colonizadores. Este realismo se vuelve para algunos un deber: "Los países exportadores de materias primas tienen la obligación moral hacia la humanidad de abastecerla de materias primas."[19]

Por otra parte, como concluye la Comisión temporaria: "Productores y consumidores se necesitan demasiado los unos y los otros" para que pueda haber confrontación. Las bases de la interdependencia se plantean así. Esta interdependencia está lejos que ser igualitaria: algunas regiones son "más interdependientes que otras", por no decir totalmente dependientes.

La Organización de Cooperación y de Desarrollo Económico da una lista de 6 áreas en las cuales se manifiesta la interdependencia económica internacional:[20] la energía, los productos de base, la agricultura, la industria, la ciencia y la tecnología y las transferencias financieras, poniendo el acento únicamente sobre la interdependencia Norte y Sur. Ahora bien, si se trata de las líneas de dependencia entre las diversas regiones, están lejos de ser biunívocas, homogéneas y de igual importancia.

i) La primera de estas dependencias y de lejos la más importante a los ojos de los países industrializados, es la energía. Se traduce, por una parte, por una transferencia de riqueza, y por otra parte por una transferencia de poder. En menos de 10 años, la factura petrolera de los Estados Unidos fue multiplicada por veinte. Si las importaciones energéticas de ese país continuaran creciendo al ritmo actual, esta factura llegará a los 10 millones de dólares por hora en 1985.[21]

En 1979, los países europeos consagraban 189 dólares por habitante y por año a importar el petróleo necesario para sus economías; se-

[19] *Triangular paper,* Comisión trilateral.
[20] OCDE, *Interfutures, op. cit.,* p. 252.
[21] *Newsweek Special Report,* "The energy crisis", Nueva York, 16 de julio de 1975, p. 11.

gún las predicciones de consumo,[22] esta suma llegará a los 230 dólares en 1990, siempre que los precios del petróleo evolucionen paralelamente a los de las exportaciones europeas. Si, en cambio, los precios del petróleo aumentaran a un ritmo de 5% superior al de los precios de las exportaciones, lo que no constituye un escenario imposible, es cerca del 5% del producto nacional bruto por habitante que sería transferido hacia el exterior, contra 2.5% en el caso precedente.[23] Lo que constituye para algunos "un pesado impuesto sobre el poder de compra de las familias",[24] para otros, "una explotación de los pobres de los países ricos por los ricos de los países pobres",[25] y para otros todavía "un precio justo y remunerador por un bien escaso".

Para los países desarrollados, el problema no se sitúa únicamente al nivel de los precios, sino sobre todo con respecto al poder. Es intolerable, para el presidente de los Estados Unidos que su país dependa de fuentes inseguras de abastecimiento y de "una fina línea de petroleros que se extiende entre Nueva York, Houston y el Golfo Pérsico"... "Esta dependencia del petróleo extranjero hace a los Estados Unidos vulnerable a la extorsión política."[26]

Para luchar contra esta dependencia, que por otra parte permite hacer aceptar a los habitantes de los países industrializados cambios estructurales costosos que a largo término son ineludibles por la disminución de los recursos petroleros, los países industrializados han utilizado varias tácticas. La primera fue la amenaza: "Las materias primas podrían ser la fuente de un tercer conflicto mundial."[27] Adelantándose a los consejos del Instituto de Estudios Estratégicos de Londres, que reprochaba a los países desarrollados[28] el hecho de haber distribuido de un modo irreflexivo un gran número de armas a regímenes calificados de poco fiables, los Estados Unidos decidieron —y otros países al mismo tiempo que ellos— dotarse de una fuerza de disuasión que podría intervenir rápidamente en regiones desérticas fuera de los países de la OTAN.[29] La operación espectacularmente lamentable que tuvo lugar en el desierto iranio ha entorpecido esta estrategia ofensiva.

La segunda táctica empleada por los países del Norte es la economía de energía. Es necesario señalar que no todos los países del Norte están sometidos a una dependencia de igual importancia. Los Estados

---

[22] Cálculos efectuados sobre la base de proyecciones de consumo petrolero publicadas por la Comisión de las Comunidades Europeas, diciembre de 1979.

[23] Suponiendo un crecimiento del producto nacional bruto del 3%.

[24] *Newsweek*, "The energy crisis", *op. cit.*

[25] *Triangular paper*, Comisión bilateral.

[26] *Newsweek*, "The energy crisis", *op. cit.*

[27] Harold Brown, secretario norteamericano de Defensa, citado por Claude Julien, *Le Monde Diplomatique*, París, febrero de 1979.

[28] *Le Monde*, 17 de mayo de 1979.

[29] *Le Monde*, 6 de enero de 1979.

Unidos tienen gran ventaja sobre los otros países, pues pagan sus importaciones de petróleo en moneda nacional (véase el capítulo I), lo que explica en parte el hecho de que su dependencia física con respecto al exterior se haya acrecentado pasando de 23% en 1974 a 39% en 1978. Sin embargo, los Estados Unidos continúan siendo los menos dependientes entre los países de la OCDE. Europa a pesar de un aumento de 350% de su producción entre 1974 y 1978 y una disminución de 3.5% de su consumo, depende en 86.5% de sus importaciones de petróleo, y el Japón lo es por un 100%. Solamente los Estados Unidos pudieron permitirse el lujo de aumentar cerca de 20% su consumo de petróleo entre 1974 y 1978.[30]

La tercera táctica fue aislar a la OPEP y señalar a estos países al repudio público: "El alza brutal y arbitraria de los precios del petróleo fue una de las principales causas que llevaron la tasa de inflación y desocupación a niveles sin precedentes desde los años 1930" y los países del Tercer Mundo no productores de petróleo son "los más vulnerables y los más tocados por la crisis".[31]

En fin, la última táctica utilizada por los países desarrollados para disminuir su dependencia energética es la de "recuperar" a los países productores de petróleo. En la reunión cumbre de Venecia en junio de 1980, se propuso que los países de la OPEP se unieran a los países de la OCDE para ayudar al Tercer Mundo,[32] lo que constituye una manera de separar a estos países de los otros subdesarrollados; paralelamente, la interpenetración de los intereses financieros no hace más que acrecentar esta integración. Una vez efectuada, la relación de dependencia es remplazada por relaciones comerciales cuyas reglas son familiares y aceptadas.

ii) En el dominio de las materias primas no energéticas, hemos visto antes (capítulo II) que el reparto de reservas conocidas parece a priori bastante equilibrado: 44% en los países industrializados, 33% en los países subdesarrollados y 23% en los países del Este. Sin embargo, en el interior de cada grupo existen fuertes concentraciones: 90% de las reservas de los países industrializados se encuentran en Estados Unidos, Canadá, Australia y Sudáfrica; la Unión Soviética tiene el 82% de las reservas de los países del Este y 77% de las reservas de los países subdesarrollados están situadas en 7 países: Brasil, Chile, Nueva Caledonia, Indonesia, Zaire, Guinea e India. En este reparto, Europa y Japón son los más desfavorecidos en el seno de los países desarrollados. La expre-

---

[30] Estadísticas publicadas en Agencia Internacional de la Energía, *Balances energéticos de los países de la OCDE,* París, 1980.

[31] Declaraciones de Henry Kissinger en la apertura de la Conferencia Norte-Sur, París, 1976.

[32] Proposición del presidente Valery Giscard d'Estaing.

sión de esta debilidad es el "triálogo" preconizado por Francia,[33] que debería ligar la suerte de Europa a la de África y el mundo árabe, es decir a una región de reserva que le proporcionaría materias primas y petróleo.

Esta dependencia del Norte frente al Sur, o más bien de algunos países del Norte frente a algunos países del Sur, es en general eclipsada por su consecuencia: "el rol esencial jugado por las materias primas en las exportaciones del Tercer Mundo".[34] "La mayor parte de los ingresos de exportación de los países del Tercer Mundo proviene de las materias primas: 57% en 1978 u 81% si se incluye el petróleo. Estas materias primas constituyen entre 50 y 70% del producto nacional bruto de ciertos países."[35]

Según la mayor parte de los informes internacionales, parece que uno de los obstáculos mayores al desarrollo de los países pobres sea su obligación "de adaptar sus políticas de inversiones al valor de sus exportaciones".[36] El problema se resumiría a una cuestión de estabilidad de los precios. En estos textos no se hace jamás mención de la posibilidad que tienen los países subdesarrollados exportadores de materias primas de adaptar su producción y sus exportaciones de minerales a las necesidades de una cierta política de inversiones. Lo que tendría por efecto invertir la relación de dependencia.

En 1979, el precio medio del cobre negociado en Londres era de 2 260 dólares la tonelada. Un país africano que tuviera una producción anual de 1 millón de toneladas podría esperar tener un ingreso de exportación mínimo de 1 000 millones y medio de dólares en 1980[37] y establecer a partir de ese ingreso mínimo probable una política de inversiones. Si en el curso del año los precios aumentan, ese país tiene la posibilidad de aumentar sus inversiones en cerca de 760 millones de dólares o de disminuir su producción en 33%. Esta política tendría esta vez repercusiones negativas sobre el consumidor pero no sobre el productor. No es más el productor el que no podrá planificar sus inversiones, sino el consumidor, que sería obligado a organizar su producción industrial en función de sus posibilidades de importación.

iii) El tercer lazo internacional, que se refiere al dominio de las sobrevivencias físicas de miles de millones de hombres, es la agricultura. En los años 1930-1938, todas las regiones del mundo eran exportado-

---

[33] Neologismo utilizado por el presidente Giscard d'Estaing en la Conferencia francoafricana que tuvo lugar en mayo de 1980 en Niza.

[34] OCDE, *Interfuturos, op. cit.*

[35] Véase *Norte-Sur: un programa para la supervivencia*, Informe de la Comisión Independiente sobre Problemas del Desarrollo presidida por Willy Brandt, Bogotá, Ed. Pluma, 1980, p. 213.

[36] OCDE, *Interfuturos, op. cit.*

[37] Tomando como precio de referencia el precio medio de los últimos 4 años: 1 514 dólares la tonelada.

ras netas de granos y solamente Europa importaba. Veinte años más tarde, Asia se reúne a Europa en el rango de los importadores y América del Norte toma la cabeza de las regiones exportadoras. En nuestros días, son los europeos los más dependientes: ellos solos importan cerca de 47% de las exportaciones mundiales de productos agrícolas. En los hechos, esta cifra no refleja más que una ambigüedad estadística, pues una gran parte de los países subdesarrollados con necesidades alimenticias importantes, están excluidos de este sistema comercial, porque no son solventes. Los Estados Unidos han comprendido la ventaja que pueden sacar de su lugar preponderante sobre el mercado agroalimentario; y la administración americana ha utilizado el arma alimentaria para dirimir algunos conflictos internacionales (véase el capítulo II).

iv) La interdependencia industrial, se sitúa esencialmente entre los países del Norte (véanse los capítulos I y III). Los países subdesarrollados, incluidos los nuevos países industriales, no juegan más que un papel marginal en el comercio internacional de los productos manufacturados. Por otra parte, es muy poco probable que los países industriales estén dispuestos a dejar irse una parte sustancial de su producción industrial hacia el Sur, a menos que restricciones, al nivel de los factores de producción —falta de mano de obra— no los obliguen.

v) En el dominio de la ciencia y de la tecnología, los lazos de dependencia son prácticamente unipolares. Los Estados Unidos proveen directamente o indirectamente, por la compra de patentes, la mayor parte de la innovación técnica mundial, aun si esta innovación ha tenido en los Estados Unidos un crecimiento más lento en estos últimos años.[38]

Así, el Airbus, considerado como uno de los grandes éxitos de la industria europea, incluye numerosos elementos fabricados bajo licencia norteamericana. Para los países subdesarrollados, el acceso a algunas de esas tecnologías no hace más que acrecentar su dependencia frente al Norte industrializado.

vi) El último punto en el orden pero no en importancia, de la lista de la OCDE, que está lejos de ser exhaustiva, de las interdependencias internacionales, se refiere a las transferencias financieras. No son en los hechos más que la resultante de las relaciones de fuerza enunciadas antes. La primera observación que puede hacerse es que estas transferencias, y más generalmente el sistema monetario en su conjunto, en estos últimos años se han vuelto caóticas, a la imagen de las relaciones de fuerza que existen en el mundo. El dólar que era la moneda de reserva internacional por excelencia hasta el principio de los años setenta, está amenazado por las monedas europeas y el yen japonés.[39] La creación

---

[38] *Economic report of the president transmitted to the Congress,* enero de 1979, Washington, D.C., p. 70.
[39] Véase el capítulo I.

de monedas de cuenta artificiales tales como los derechos especiales de giro y el escudo europeo no parecen ser más que una solución temporaria y peligrosa en el largo plazo.

Debe señalarse, y es un signo de las relaciones de fuerza Norte-Sur que la proposición hecha por Pierre Mendes France,[40] de una moneda internacional basada sobre un stock internacional de materias primas, no haya sido retenida para remplazar el sistema de Bretton Woods caído en desuso. Un sistema tal reconocería implícitamente un cierto poder a los países subdesarrollados productores de materias primas, que los países industriales no quieren concederle.

Por el instante, en un sistema monetario de fluctuaciones erráticas, los países industrializados continúan intercambiando volúmenes de capital muy importantes, mientras que el Sur —a la excepción de algunos países— no puede llegar más que a "servir" su deuda. Aquí también la línea de dependencia va del Sur hacia el Norte.

El análisis cuantitativo en términos monetarios no da más que una vista parcial de las relaciones de fuerza. En esta óptica, el Norte industrial con el Sur petrolero parecen ser los ganadores. Los países desarrollados aseguran por otra parte su ventaja por medio de la tecnología y de las fuerzas armadas. La sola oportunidad de los países subdesarrollados es la unidad en torno a los países que poseen una riqueza natural, que es lo que el Norte quiere evitar. Según los expertos de la OCDE, el mundo futuro de los países subdesarrollados estará dividido en dos grupos, los países con ingreso medio que llegarán a desarrollarse de una u otra manera, y los países de ingreso débil que vivirán de la caridad internacional.[41]

La Comisión Brandt,[42] llena de buena voluntad, propone un plan Marshall para el Tercer Mundo: una transferencia masiva de fondos hacia el Sur, parecida a aquella efectuada por los norteamericanos al terminar la última guerra mundial, hacia Europa en ruinas, y que permitió a los Estados Unidos tanto como a Europa lograr el desarrollo espectacular de este último cuarto de siglo. Pero las condiciones históricas y políticas son diferentes. En los años cincuenta, estaban de un lado los Estados Unidos con un aparato productivo subempleado; y por el otro Europa en ruinas, pero en la cual subsistía una estructura coherente. Los norteamericanos aplicaron entonces la fórmula keynesiana que les había funcionado también con el New Deal del presidente Roosevelt: inyección de una fuerte cantidad de fondos que va a generar una importante demanda. Esta técnica tuvo éxito de nuevo después de la última guerra y el Plan Marshall fue el punto de partida del desarrollo

[40] Pierre Mendes France, *Choisir*, París, 1974, p. 198.
[41] OCDE, *Interfutures, op. cit.*, conclusiones.
[42] Comisión Brandt, *op. cit.*, p. 242.

excepcional que las economías europeas, norteamericana y japonesa tuvieron desde entonces. La situación en 1980 es muy diferente. Los Estados Unidos eran en 1948 la única potencia mundial capaz de responder a las demandas europeas. Si actualmente los países desarrollados en número de una veintena vinieran a ceder los 30 mil millones de dólares por año,[43] reclamados por la Comisión Brandt, todos no podrían tener la seguridad de recuperar una ventaja proporcional a las sumas dadas. Hay fuertes posibilidades para que Europa y el Japón, proveedores de bienes de capital, salgan ganando en esta redistribución en perjuicio de los Estados Unidos, más especializado en las industrias de avanzada. No hay ninguna razón para que estos últimos estén dispuestos a subvencionar a la industria europea de bienes de capital. Para los países subdesarrollados, esta suma constituye el precio de su especialización en industrias que requieren poco capital y productoras de bienes destinados a la exportación.[44] La cuestión que puede plantearse después de esta enumeración de lazos internacionales y de proposiciones para la acción, es de saber si la suma de las dependencias crea la interdependencia internacional.

Más allá de esta cuestión de lógica cartesiana, es necesario rendirse a la evidencia que, en el contexto actual de crisis económica generalizada, cada país y cada región tiene un enfoque muy individualista. Las relaciones Norte-Sur, por ejemplo, sólo interesan a los países industrializados en la medida en que las soluciones a los diversos problemas del Norte parecen deber venir del Sur. Si ciertos gobiernos encaran de modo favorable las propuestas de la Comisión Brandt en cuanto a la transferencia eventual de capitales hacia el hemisferio sur, es únicamente porque ese flujo de capitales podría dar nuevas salidas a las industrias desfallecientes situadas en los países desarrollados. Los países subdesarrollados deben comprender que su desarrollo vendrá más de un impulso interno o de una cooperación Sur-Sur que de una política de interdependencia desigual con los países del Norte.

5. ELEMENTOS DE UNA ESTRATEGIA ALTERNATIVA

Como lo precisamos desde el principio de este libro, nuestro propósito no es el de proponer una panacea universal, que por un golpe de magia transformaría los países más pobres en países industrialmente avanzados. Este tipo de recetas no existe y es ilusorio esperar que una

[43] Comisión Brandt, *op. cit.,* p. 242. Esta cesión representaría una transferencia anual hacia los países subdesarrollados de 14 dólares por habitante.
[44] Véase Francisca Vergara, "El lenguaje de la generosidad no basta", en *Le Monde,* 17 de junio de 1980.

simple transferencia de fondos, por más importante que sea, pueda solucionar un problema tan amplio y tan complejo. Desde nuestro punto de vista, la elección, cuando existe debe ser la resultante de las fuerzas políticas internas y no la impuesta desde el exterior.

En este capítulo nos proponemos enumerar, sin análisis previo, lo que podría y debería hacerse para llegar a una forma de desarrollo específico. Limitaremos nuestra enumeración teniendo solamente en cuenta, por una parte dos tipos de desarrollo muy esquemáticos y por la otra considerando sólo tres criterios físicos distintivos.

Las formas de desarrollo consideradas son: a) un desarrollo de tipo imitativo que supone que un crecimiento en beneficio de una clase minoritaria privilegiada permitirá en una segunda etapa, por un efecto de ósmosis, elevar el nivel de vida del conjunto de la población; y b) un desarrollo orientado hacia la satisfacción inmediata de las necesidades del conjunto de la población.

Los criterios físicos considerados tienen en cuenta: a) la importancia de la población, b) la existencia de recursos naturales y c) el nivel general de desarrollo del país en términos de educación y de infraestructura.

Sería lógico tomar en consideración factores sociopolíticos tales como el tipo de gobierno existente en el país, el poder de negociación internacional, la adscripción a ciertas zonas de influencia, pero ello multiplicaría enormemente el número de posibilidades y sobrepasaría las intenciones del presente trabajo.

Se trata, pues, de definir en una primera etapa y de un modo muy general, las grandes líneas políticas y económicas para, si no lograrlo, al menos ir en la dirección del tipo de desarrollo elegido. Después, en una segunda etapa, este enfoque general será corregido para tener en cuenta las variables físicas mencionadas en el párrafo anterior.

a] *Líneas políticas generales*

Si la voluntad de un país de adoptar un desarrollo basado esencialmente sobre la satisfacción de las necesidades de una clase minoritaria privilegiada va en el "sentido de la historia" tal como es concebida por las potencias dominantes, una forma diferente de desarrollo como la que se base sobre la satisfacción prioritaria de las necesidades de la mayoría de la población corre el riesgo de encontrar fuertes resistencias, tanto en el ámbito nacional como en el internacional. A cada uno de estos dos estilos de desarrollo corresponde un cierto número de decisiones políticas y económicas indispensables.

i) *Los valores internos en juego*
En el primer caso, que constituye una forma de desarrollo por imi-

tación de los criterios adoptados en sociedades de consumo en el sistema económico mundial actual, el país subdesarrollado debería especializarse en un cierto número de actividades en las cuales cuenta con ventajas comparativas sustanciales. Esta especialización se efectúa teniendo sólo en cuenta el criterio de rentabilidad en el sentido monetario del término: lo que es bueno para la economía es bueno para el país. Para maximizar los ingresos, el país subdesarrollado debe integrarse al sistema económico mundial y facilitar tanto como sea posible el flujo de capitales extranjeros sobre su territorio. Un grupo social privilegiado, estrechamente ligado al medio internacional, servirá en una primera etapa de motor al desarrollo del conjunto del país. Uno de los corolarios de esta forma de desarrollo es la existencia de un régimen político "fuerte", de modo que se mantenga el statu quo social hasta que el efecto de ósmosis esperado se realice.

El segundo tipo de desarrollo orientado hacia la satisfacción prioritaria de las necesidades del conjunto de la población está por definición basado sobre una distribución más igualitaria del ingreso nacional.

CUADRO V.3
DESARROLLO ORIENTADO HACIA LA SATISFACCIÓN DE NECESIDADES:

	De una clase (motriz) minoritaria privilegiada	De la mayoría de la población
Política económica interna	Fuerte concentración de la propiedad. Distribución desigual de los ingresos. Un grupo social privilegiado actúa como motor del desarrollo. El Estado juega un papel importante, controlado por la burguesía industrial o comercial-financiera. A menudo es represiva en política y liberal en economía.	Distribución más igualitaria de la propiedad y los ingresos. Reforma agraria. El Estado controlado por mayoría popular actúa como motor del desarrollo. Papel preponderante de la industria pesada y de ciertas tecnologías de avanzada (a escala de uno o varios países). Agricultura y parte de industria orientadas al mercado interno. Explotación moderada de los recursos naturales.
Política económica internacional	Gran impulso a las exportaciones. Apertura al capital extranjero y en ciertos casos a las importaciones.	Freno a las importaciones y al capital extranjero.
Gobierno	Gobierno autoritario. Inexistencia o represión de sindicatos obreros.	Gobierno democrático. Fuertes sindicatos obreros

En la mayor parte de los países demandará ante todo una redistribución de las tierras cultivables, que permita satisfacer las necesidades alimenticias de base de la población. Asimismo, la industria deberá desarrollarse en una primera etapa en función de esas necesidades. Como el objetivo es ante todo satisfacer las necesidades inmediatas y esenciales de la población en su conjunto, el comercio exterior no jugará más que un papel marginal, destinado a cubrir la importación de los productos de primera necesidad.

ii) Los valores externos en juego

Las opciones internas de política no son suficientes en el cuadro internacional actual para determinar un tipo de desarrollo. Cada país debe practicar una política exterior que esté de acuerdo con sus objetivo nacionales. Esta lógica es tanto más difícil de poner en práctica, ya que la elección del tipo de desarrollo no entra en la "norma" internacional. Aun si el país en cuestión no tiene sino una importancia menor sobre la escena internacional, el hecho de que pueda servir de ejemplo a experiencias más amplias y más significativas estratégicamente, impulsa a los países dominantes a no tolerar ese género de "desviación". Los ejemplos son numerosos en este dominio y suficientemente conocidos para que sea necesario recordarlos.

De un modo esquemático parece políticamente lógico, para un país que procura practicar una forma de desarrollo significativamente diferente del modo capitalista dominante, intentar aislarse del contexto internacional y no depender más que de sus fuerzas internas propias o seleccionando cuidadosamente sus líneas de ruptura y sus dependencias frente al sistema internacional.

A veces esta selección se efectuará automáticamente, porque un cierto número de países romperá sistemáticamente sus lazos con ese país "renegado". Por ello, parece indispensable que el exterior no juegue más que un rol muy marginal en la política económica de ese país. Esto presupone evidentemente que los ajustes internos correspondientes a esta forma de desarrollo hayan sido hechos y aceptados con un largo consenso social. La autonomía interna puede ser flexibilizada por un sistema de acuerdos selectivos con países con los cuales existe comunidad de interés muy poderosa y sobre todo con los cuales el diálogo reviste un carácter igualitario, cualquiera que sea el nivel en el que se efectúe.

Los problemas son mucho menos agudos cuando el país subdesarrollado ha elegido una forma de desarrollo de tipo consumista, que privilegie a una clase dominante y que tenga como objetivo de largo plazo llegar, por un fenómeno de ósmosis, a elevar el nivel de vida global de la población. En efecto, la Comunidad internacional en su conjunto está dispuesta a ayudar a tales experiencias, en la medida en que la clase "motriz" respete ciertas reglas del juego, tales como son dictadas por los centros de decisión de los países industrializados. Hemos señalado que desde un punto de vista nacional un régimen político "fuerte" permitirá contener el descontento social nacido de las desigualdades engendradas de un modo más o menos temporario por este tipo de desarrollo. Pero en muchos casos, un régimen de esta índole no podrá subsistir sino en la medida en que mantenga con el exterior un cierto número de lazos de soberanía, más o menos libremente consentidos. Cualquiera sea el principio de este desarrollo, está ante todo basado sobre una integración de la economía al mercado internacional; en ciertos casos, raros, como lo veremos en seguida, se ha creado una forma de capitalismo periférico.

En sus relaciones económicas internacionales, los países subdesarrollados están enfrentados —entre otras opciones fundamentales— a una alternativa global: integrarse, del modo más ventajoso posible, al sistema capitalista mundial; o procurar una mayor autonomía como país y también un mayor vigor en la acción conjunta de los países subdesarrollados.

Para plantear de modo realista este problema, es necesario referirse a situaciones concretas y tratar de determinar entre quiénes se establece la vinculación, en qué y para qué.

iii) Naturaleza de las vinculaciones

Actualmente, los países subdesarrollados están más vinculados a los desarrollados que entre ellos. Este hecho data de la época colonial, en que se produce la desarticulación de las economías precapitalistas de los países subdesarrollados y se establecen sólidos lazos de subordinación entre metrópolis y colonias.[45] Algunas de las características de

---

[45] "Las vinculaciones tecnológicas y comerciales en el Sur comenzaron a romperse después de la apertura de la ruta del Cabo a la India en 1497. Las vinculaciones Sur-Sur fueron destruidas no por el sistema productivo del Norte o por empresas comerciales, sino por su superioridad en las técnicas militares. El proceso de ruptura de los antiguos vínculos de comercio y transporte tomó formas variadas en las diferentes partes del mundo. En América Latina la destrucción de la estructura tradicional fue completa. En África, la destrucción de los puertos orientales arruinó el imperio Zimbabwe; en el Golfo Pérsico, la captura de Ormuz arruinó a los mercaderes árabes así como a las caravanas terrestres. La posición de comercio de los árabes fue completamente destruida dentro de los 15 años de la llegada de los portugueses a la región. La caída de Malaca en 1511 fue desastrosa para la economía de Indonesia y las Filipinas, que eran importantes en el tránsito entre China e India y en el comercio de especias de la región. La llegada de barcos armados a lo largo de la costa occidental de África en busca de oro y esclavos afectó adversamente las rutas comerciales que atravesaban el Sahara y causó la declinación política y económica del norte de África. Algunas áreas del Sur del Sahara fueron arrastradas al tráfico de esclavos con la correspondiente declina-

esta situación se han mantenido a través del tiempo, tales como las principales direcciones del comercio, la localización de los mercados de consumo y de las fuentes de financiamiento y el itinerario de las líneas de transporte. Así, en 1977 el 72% de las exportaciones y el 67% de las importaciones de los países subdesarrollados se dirigían hacia los desarrollados. No obstante, en este momento se presentan otras posibilidades de vinculación: la de los países subdesarrollados entre sí y con los países socialistas.

Esta diversificación de las vinculaciones abre nuevas perspectivas. El aislamiento ya no es la única vía hacia la independencia. El aumento de las relaciones entre países subdesarrollados y la posibilidad de obtener en ciertas circunstancias en el área socialista los recursos que puedan negarse en la capitalista, dan una libertad internacional de maniobra desconocida en el pasado; además fortalecen sustancialmente el poder de negociación frente a los países desarrollados; por otra parte, el área capitalista no es más un bloque homogéneo, sometido a un comando único, como durante los años de la hegemonía de los Estados Unidos. No sólo existen diferencias entre países (por lo pronto Estados Unidos, la CEE y el Japón no tienen siempre las mismas posiciones), sino que existe un amplio sector que escapa al control gubernamental del cual son ejemplo las empresas transnacionales y la masa de eurodólares que ha inundado el mercado financiero mundial. En consecuencia, ahora es teóricamente posible practicar una política económica internacional relativamente independiente, sin cerrar las fronteras. Todo ello, por supuesto, si en el país subdesarrollado existiera la voluntad política de hacerlo, lo cual no siempre es evidente.

El modelo dependiente es rechazado, al menos en el plano teórico, por los países subdesarrollados; precisamente la lucha anticolonialista ha marcado la trayectoria de muchos de ellos en la última posguerra y constituye una reivindicación indeclinable. En el otro extremo, no parece que un corte drástico de relaciones con el exterior sea adoptado por

ción de sus sistemas productivos. La disputa por colonias en África en el siglo XIX destruyó cualquier remanente del sistema autónomo de vinculaciones del continente. Hacia 1760, había un reconocible sistema mundial de comercio 'colonial'. Por él, los productos primarios eran llevados hacia Europa desde cualquier puerto del mundo tropical, y las poblaciones se movían desde una parte hacia otra del mundo para emplearse en plantaciones. La utilización de la tierra comenzó a cambiar en muchas partes del mundo para satisfacer los requerimientos del comercio europeo. África, la mayor parte de Sudamérica y gran parte de Asia se convirtieron en extensiones de los poderes marítimos-industriales del Norte, como fuentes de materias primas y alimentos. El sistema de transportes coloniales fue construido principalmente para servir los intereses coloniales militares, políticos y económicos." (United Nations, technical co-operation among developing countries, *Report on the state of transport and communications among developing countries* [TCDC/5, vol. I], Nueva York, 13 de marzo de 1980, p. 5).

otros países subdesarrollados; lo que puede ocurrir, sobre todo por razones políticas, es un cambio de la principal área con la que se mantienen relaciones económicas (caso típico fue el de Cuba en el decenio de 1960). En estos casos, no existiría "desvinculación" sino "cambio de vinculación". Por ello, la alternativa probable es una desvinculación —o vinculación— selectiva, basada en una política independiente. Este tema es uno de los más discutidos en la actualidad, pero en general se lo considera en el plano de los principios y de los planteos abstractos, lo cual hace difícil precisar en qué puede consistir, concretamente, la selectividad de la vinculación.

El problema para los países subdesarrollados no es tanto ser o no autárquico sino establecer aquellos lazos selectivos que ayuden a realizar el tipo de sociedad —y particularmente de economía— que cada país desea y suprimir aquellos que lo dificulten.

Supongamos que un país subdesarrollado procura implantar una economía nacional con capacidad para adoptar sus propias decisiones y para realizar un proceso autónomo de acumulación de capital, satisfaciendo además las necesidades del conjunto de la población, lo cual implica la posibilidad de articular bajo el control nacional un conjunto coherente de sectores productivos. En este caso, ¿qué lazos con el resto del mundo, incluyendo los demás países subdesarrollados, los capitalistas desarrollados y los socialistas, habría que establecer y cuáles habría que impedir?

En las páginas siguientes —y a la luz de la información examinada en los capítulos anteriores— trataremos de establecer el significado de la vinculación o desvinculación en casos concretos.

iv) Objetivo de las vinculaciones.

El cuadro que sigue resume las posibles acciones de los gobiernos de los países subdesarrollados y desarrollados, de empresas transnacionales y de organismos internacionales, tendientes a afianzar la autonomía o la integración al mercado mundial de los países subdesarrollados. Se consideran cuatro grandes áreas de política económica (la general, el comercio internacional, las finanzas internacionales y el proceso de industrialización). Puede así establecerse qué relaciones habría que mantener o incrementar y cuáles habría que disminuir o eliminar para afirmar la autonomía del país subdesarrollado, en la esfera de qué agente político o económico se plantea y con respecto a qué área concreta de política económica.

Por supuesto, sólo se presentan ejemplos de medidas generales y en modo alguno se ha pretendido formular una clasificación exhaustiva de decisiones de gobierno.

CUADRO V.4
ACCIONES DE LOS PRINCIPALES AGENTES ECONÓMICOS PARA
FAVORECER LA AUTONOMÍA O REFORZAR LA INTEGRACIÓN
AL MERCADO MUNDIAL DE LOS PAÍSES SUBDESARROLLADOS

1. *De política económica general*

Tendencia hacia: *Acción de:*	*Autonomía del país subdesarrollado*	*Integración al mercado mundial del país subdesarrollado*
Gobiernos de países subdesarrollados	Unificación de las posibles negociaciones a través del Grupo de los no alineados y de los 77. Constitución de asociaciones de países productores. Cooperación regional entre países subdesarrollados.	Relaciones bilaterales con los países desarrollados.
Gobiernos de países desarrollados	Cierto tipo de ayuda no condicionada que otorgan algunos países (en especial los nórdicos).	Exclusión de los países subdesarrollados de las discusiones sobre los temas importantes de la política económica internacional. Políticas comerciales proteccionistas.
Empresas transnacionales	Ciertos acuerdos de venta de tecnología y de acceso a mercados de países desarrollados.	Transferencias de ingresos a los países desarrollados. Influencia negativa en el balance de pagos. Condicionamiento de la oferta y demanda locales a los consumos de grupos de altos ingresos. Implantación de tecnologías no adecuadas. Fomento de estilos de desarrollo imitativo de los países desarrollados.
Organismos internacionales	Proporcionar mayor información y ayuda para elaborar políticas y programas de gobierno.	En organismos controlados por países desarrollados, presiones para influir en políticas económicas internas.

2. *Comercio internacional*

Tendencia hacia: Acción de:	Autonomía del país subdesarrollado	Integración al mercado mundial del país subdesarrollado
Gobiernos de países subdesarrollados	Creación de asociaciones de países productores para establecer precios y cuotas de exportación. Solidaridad en foros internacionales: acción de los países no alineados y del Grupo de los 77.	Competencia excesiva para aumentar los ingresos de exportación.
Gobiernos de los países desarrollados	Acuerdos de comercio exterior de largo plazo. Acuerdos internacionales sobre productos. Establecimiento de un fondo común para estabilizar precios de productos de base. Acuerdos sobre estabilización de ingresos de exportaciónes.	Políticas de barreras a la importación de semimanufacturas y manufacturas.
Empresas transnacionales	Participación en el mercado de los países desarrollados.	Exportación a países subdesarrollados de bienes prescindibles. Utilización de precios de transferencia para transferir utilidades y evadir impuestos. Subvaluación y sobrevaluación de importaciones y exportaciones. Absorción de la mayor parte del precio de venta de los productos de base en los países desarrollados. Control de los mercados de las cotizaciones internacionales. Control de la distribución y comercialización de los productos de base.
Organismos internacionales	Facilitación de la negociación con los países desarrollados y de la unificación de las posiciones de los subdesarrollados.	Debilitamiento de las posibilidades de emprender acciones unilaterales por parte de los subdesarrollados.

3. *Finanzas internacionales*

Tendencia hacia: Acción de:	Autonomía del país subdesarrollado	Integración al mercado mundial del país subdesarrollado
Gobiernos de países subdesarrollados	Solidaridad política para participar en las decisiones financieras y monetarias internacionales. Flujos financieros Sur-Sur.	Reciclar excedentes financieros en países desarrollados.
Gobiernos de países desarrollados	Donaciones o préstamos no ligados a los países menos desarrollados.	Decisiones sobre materias financieras y monetarias internacionales sin consultar con los países subdesarrollados. Incumplimiento de las metas de ayuda fijadas por la Asamblea General de las Naciones Unidas. Presiones sobre países subdesarrollados para forzar decisiones de política económica interna.
Transnacionales financieras	Abundancia de créditos.	Condiciones más duras en materia de plazos e intereses. Crecimiento descontrolado de la oferta de créditos. Alto coeficiente de endeudamiento de un grupo de países subdesarrollados.
Organismos financieros internacionales	Otorgamiento de diversas facilidades para saldar déficit en balances de pagos.	Condicionamiento del otorgamiento de créditos a la ejecución de políticas económicas internas. Control de esos organismos por parte de países desarrollados.

4. *Industrialización*

Tendencia hacia: Acción de:	Autonomía del país subdesarrollado	Integración al mercado mundial del país subdesarrollado
Gobiernos de países subdesarrollados	Procesos de cooperación económica entre países subdesarrollados. Acuerdos sobre problemas específicos (empresas multinacionales estatales, de complementación industrial, etc.).	Desvinculación y falta de unidad de acción, entre países subdesarrollados. Industrialización orientada a la satisfacción de las necesidades del Norte.
Gobiernos de países desarrollados	Programas de cooperación técnica de pequeña escala de algunos gobiernos.	Barreras arancelarias y no arancelarias a la entrada de manufacturas y semimanufacturas y apertura sólo a productos primarios. Afirmación de la teoría de las ventajas comparativas. Política de elevación de precios de las manufacturas.
Empresas transnacionales	Aportes de tecnología cuando es adecuada y no supone control de la empresa. Acceso a mercados de países desarrollados si no implica el control de la empresa.	Producción destinada al consumo de grupos de altos ingresos y propaganda para el incremento de esos consumos. Concentración oligopólica de la producción industrial. Inversiones directas cuyo aporte de recursos es mínimo y provoca pesadas remesas de utilidades e intereses. Tecnología orientada a ahorrar mano de obra y diversificar productos. Subcontratación internacional en enclaves para aprovechar mano de obra barata.
Organismos internacionales	Programas internacionales de desarrollo industrial. Financiamiento no condicionado a industrias nacionales o para la infraestructura de energía, comunicaciones y transporte.	Subordinación implícita en ciertos programas internacionales de subcontratación o redespliegue. Programas de estabilización basados en la contratación de la demanda y/o políticas de desmantelamiento industrial.

b] *Especificidad de los procesos de desarrollo*

Es posible completar la lista de medidas generales con un cierto número de opciones políticas adaptadas a las condiciones físicas de los países que desean adoptar una u otra de las formas de desarrollo.

Como lo señalamos anteriormente, nos limitaremos en este primer enfoque a diferenciar los países por tres criterios físicos y sociales: la existencia de recursos naturales, la importancia de la población y el nivel de desarrollo del país, determinado este último por la existencia de una infraestructura industrial, medios de transporte y también y sobre todo de una mano de obra calificada o fácilmente adiestrable. Hemos señalado ya la precariedad de tal simplificación, pero la multiplicación de los criterios constituye por sí misma un tema de estudio, que trasciende los objetivos de este libro (véase cuadro v.5).

Hemos visto que el tipo de desarrollo imitativo de los comportamientos de los países desarrollados presupone una integración al mercado mundial; sin embargo, ciertos matices deben ser integrados a tales políticas, en función de los criterios enunciados. Así, esta integración parece obvia cuando el país no posee ningún recurso natural, pero tiene una ventaja comparativa en el volumen y la calificación de la mano de obra; en cambio, esta integración debe ser más matizada cuando el país

CUADRO V.5
TIPOS DE DESARROLLO SEGÚN CARACTERÍSTICAS
DE DIFERENTES PAÍSES SUBDESARROLLADOS

	Desarrollo en beneficio de una clase social privilegiada minoritaria	*Desarrollo en beneficio de la mayoría de la población*
Recursos naturales $^+$ Población $^+$ Nivel de desarrollo $^+$	Integración al sistema mundial con posibilidad de capitalismo periférico semiindependiente.	Autonomía con posibilidad de integración regional. Explotación de las riquezas naturales en una perspectiva de desarrollo nacional limitado.
Recursos naturales $^+$ Población $^+$ Nivel de desarrollo $^-$	Integración con posibilidad de capitalismo periférico. Creación de una infraestructura.	Autonomía con posibilidad de integración regional. Explotación de las riquezas naturales en una perspectiva de desarrollo nacional. Comienzo de industrialización. Política de educación y de formación profesional y creación de infraestructura.

	Desarrollo en beneficio de una clase social privilegiada minoritaria	Desarrollo en beneficio de la mayoría de la población
Recursos naturales [+] Población [−] Nivel de desarrollo [−]	Mantener el equilibrio político con los países industrializados por un sistema de alianzas. Integración al sistema financiero internacional para preservar los ingresos.	Preservación del capital nacional en el largo plazo por una política de limitación de la explotación de las riquezas naturales y por un sistema de colocaciones seguro e indexado. Cooperación con otros países subdesarrollados. Política de educación.
Recursos naturales [+] Población [−] Nivel de desarrollo [+]	Integración con alianza política con los países industrializados, para mantener el *statu quo* sociopolítico.	Autonomía con cooperación regional.
Recursos naturales [−] Población [−] Nivel de desarrollo [+]	Integración.	Integración con política de distribución de ingresos.
Recursos naturales [−] Población [+] Nivel de desarrollo [−]	Integración con explotación de la ventaja que constituye una mano de obra barata y abundante.	Autonomía con cooperación regional, con desarrollo de tecnologías adecuadas en la industria y la agricultura. Política de educación y de formación.
Recursos naturales [−] Población [−] Nivel de desarrollo [−]	Recurso masivo a la ayuda internacional.	Autonomía con posibilidad de cooperación regional. Desarrollo de una agricultura de subsistencia. Política de educación y de integración empírica de tecnología simples y adecuadas.

Nota. [+] igual a abundante o elevado; − igual a escaso o bajo.

subdesarrollado posee, bajo la forma de materias primas, una ventaja comparativa sustancial en su "diálogo" con los países industrializados. En efecto, cuando coexisten en el país subdesarrollado riquezas naturales y una fuerte población, es decir un mercado interno potencialmente importante, este país puede esperar el desarrollo de una forma de capitalismo periférico a nivel regional, con el acuerdo de los países desarrollados. Tal posibilidad es menos evidente cuando el mercado interno potencial es inexistente. El objetivo es entonces el de acentuar el poder del país y de la clase dominante por un sistema de alianzas externas y sobre todo por una interpenetración de los intereses del país con el resto de las economías industrializadas, esto por un sistema de inversiones y de financiamiento destinado a mantener en el largo plazo el poder financiero del país y de su clase dirigente. Si como es el caso en ciertos países más pobres, no existe ninguna riqueza natural, hay poca población y un nivel de desarrollo muy bajo, en la perspectiva de un desarrollo por imitación el país no dispone más que de una solución: recurrir masivamente a la ayuda internacional.

Un desarrollo orientado hacia la satisfacción de las necesidades del conjunto de la población supone también un cierto número de opciones de acuerdo con las condiciones de infraestructura y física del país. Si la autonomía es un criterio generalizable a todas las situaciones, con las posibilidades de cooperación entre los países subdesarrollados, existen sin embargo algunas excepciones; por ejemplo, en el caso en que el país no disponga de ninguna materia prima, tenga poca población pero un nivel de desarrollo (en el sentido definido anteriormente) relativamente elevado, parecería entonces que la única posibilidad sería la de integrarse en el mercado mundial teniendo como norma una política de distribución de los ingresos. Para los países que tengan importantes recursos naturales, poca población y un nivel de desarrollo muy bajo, la solución es similar a la mencionada en el caso de desarrollo precedente, con la particularidad que estos países pueden y deben jugar un rol en el desarrollo de los otros países subdesarrollados. No se trata de recomendar una nueva forma de imperialismo financiero Sur-Sur, sino de promover una relación de tipo igualitario en la que el interés de corto plazo de unos, corresponda al interés de largo plazo del conjunto. En otros términos, los flujos financieros que los países que disponen de un excedente de capital versen hacia otros países subdesarrollados podría favorecer a este último grupo de países sin aportar ventajas recíprocas. Pero lo que puede parecer verosímil en el corto plazo, puede no serlo en el largo plazo. Los flujos financieros de este tipo van a favorecer la cooperación en el largo plazo en el seno de los países del Sur, permitiendo la interpenetración de los intereses y la salvaguarda de los capitales de los países excedentarios, lo que el mercado financiero internacional está lejos de asegurar (véase el capítulo IV).

El objetivo de los otros tipos de países subdesarrollados será ante todo el desarrollo de una infraestructura, la formación profesional cuando no exista, todo ello en una perspectiva de desarrollo autónomo y de salvaguardia del patrimonio nacional, en la medida en que las necesidades primarias del conjunto de la población pueden ser satisfechas.

CAPÍTULO VI

ALGUNAS CONCLUSIONES

La explotación de los países del Sur por los países del Norte reposa sobre un conjunto de factores que las antiguas potencias coloniales pudieron mantener por intermedio de su poder económico-militar, las empresas transnacionales, ciertas clases dirigentes de los países subdesarrollados y, en fin, gracias a una retórica económica cuyo cientificismo aparente da a afirmaciones ideológicas un carácter ineluctable. En los hechos, las estrategias de los países industrializados se expresan en muy pocas palabras y fue enunciada por Maquiavelo a fin del siglo XV: *Divide ut regnes* (divide para reinar). Pero para aplicar tal principio, es necesario ante todo ocultar sus propias divisiones internas.

Ahora bien, los países industrializados atraviesan actualmente una crisis, crisis económica —de crecimiento o de senectud— pero también y sobre todo crisis de poder. La hegemonía de los Estados Unidos, que caracterizó los años de la posguerra está cuestionada por Europa y Japón. Esta lucha interna provoca desequilibrios tanto a nivel nacional como internacional, que debilitan a las potencias industriales. Para ocultar el desorden evidente que existe en la estructura de las relaciones entre países industrializados, estos últimos han encontrado como "chivo expiatorio" a los países exportadores de petróleo: "Si las economías occidentales van tan mal, si la inflación es tan fuerte, si la desocupación es tan importante, la culpa es de los países exportadores de petróleo." No insistiremos aquí acerca de este enfoque partidario, pero señalaremos sin embargo que es desde 1970 que la inflación comenzó a desarrollarse, es decir tres años antes de "la crisis del petróleo"; que entre 1966 y 1970, la desocupación aumentó en los Estados Unidos en 44%, para alcanzar a cerca de 5 000 000 de personas en 1971. Sin embargo, en esta época el petróleo costaba en términos reales, 15% menos que diez años antes. A fin de disimular los problemas fundamentales que afrontan, los países desarrollados van intentar desviar la atención internacional sobre los países exportadores de petróleo, aislarlos y dar al poder inherente a ese producto un carácter excepcional. Sin embargo, el arma petrolera está lejos de ser la única de la que disponen los países subdesarrollados en su lucha hacia la independencia económica. Los factores mismos de su explotación constituyen por sí solos "armas de doble filo" que podrían ser utilizadas.

Así, las materias primas —a excepción del petróleo— parecen una desventaja para el desarrollo económico de los países subdesarrollados productores. Si es cierto que algunos de esos países "no pueden planificar sus inversiones a causa de las fluctuaciones erráticas de los precios sobre los mercados internacionales", es más innegable aún que sin esas materias primas, las industrias europeas y japonesas no podrían funcionar. El lazo de dependencia parece ir de modo evidente del Norte hacia el Sur y no a la inversa, como los expertos quieren que se crea. El principal problema de los países subdesarrollados en este dominio es la unión.

No se trata de recomendar el embargo sobre los abastecimientos de materias primas del Sur hacia el Norte o de limitar sistemáticamente la producción, sino de planificarla en función de criterios de desarrollo económico en una visión de largo plazo. A partir de ese momento, los mercados internacionales de materias primas, hasta el presente fuertemente gobernados por la demanda, podrían serlo por la oferta, restableciendo así el orden de los factores.

La mano de obra después de las materias primas, constituye el segundo elemento de la explotación de factores de la producción de los países subdesarrollados. Como en el caso precedente, los enfoques difieren sustancialmente. Si, a los ojos de los malthusianistas de los países industrializados, la ola demográfica de los países del Sur es la causa principal de su subdesarrollo, para algunos de estos países una población numerosa y joven debería permitir un desarrollo económico dinámico y una redistribución de los poderes al nivel mundial. El hecho es que la población de los países industrializados envejece, que países como Alemania Federal se despueblan lentamente y que después de 1985 la mayor parte de esos países registrará una disminución de su población activa, que los obligará a relocalizar una parte de su producción en los países subdesarrollados. Como en el caso del petróleo, la relocalización de la producción, a la que se acusa erróneamente de ser la causa de la desocupación elevada de los países industrializados (véase el capítulo III), ha sido "personalizada": son los nuevos países industriales. Se trata de nuevo de dividir a los países subdesarrollados aun si, en esta nomenclatura, están incluidos países tales como Brasil y México, cuya actividad de subcontratación es secundaria en su contexto económico global. En el futuro, esta subcontratación sistemática podría constituir una contradicción en el seno del capitalismo del centro, creando así otro lazo de dependencia del Norte frente al Sur.

El capital, que constituye el último elemento y no el menor de la explotación de los países subdesarrollados, es en estos países un factor raro, en consecuencia caro, pero también indispensable para el desarrollo industrial de tipo "imitativo". Para llegar a este grado de desarrollo, algunos países tuvieron que endeudarse al punto que sus ingresos de exportación apenas alcanzan para pagar los intereses de sus deudas. Por medio de estos créditos, los países del Norte han adquirido un derecho de vigilancia que va hasta la intervención física sobre los países deudores. Este instrumento de dominación que constituye la deuda de los países subdesarrollados, podría volverse contra los países acreedores, si por una acción concertada varios países subdesarrollados decidieran no pagar más su deuda. Y en este caso, la alternativa sería una intervención de tipo colonial o la bancarrota de numerosos bancos occidentales demasiado "dinámicos", que han prestado a tasas muy elevadas a ciertos países subdesarrollados "financieramente poco seguros". La primera alternativa parece poco probable si el movimiento es suficientemente importante; en cuanto a la segunda ella desencadenaría una crisis financiera y económica grave, comparable por su amplitud a la de 1929.

La verdadera "dependencia" no reside tal vez exactamente donde podría creerse y los países subdesarrollados no tienen aún más que una débil conciencia de la fuerza que representaría su unión. En esta óptica las líneas de acción que podrían desprenderse son:

i) el estímulo por los gobiernos de los países subdesarrollados de un desarrollo industrial y agrícola, no para un mercado exterior hipotético, sino para reforzar la autonomía nacional y satisfacer las necesidades de la mayoría de la población. Para hacerlo, el capital extranjero no debería constituir más que un aporte marginal al desarrollo del sistema productivo;

ii) la segunda prioridad, ligada a la precedente, es la cooperación entre países subdesarrollados para alcanzar escalas de producción y de comercialización suficientes. La adopción de líneas políticas comunes es también una condición *sine qua non* del refuerzo del poder de decisión de los países subdesarrollados.

iii) en fin, la cooperación entre países subdesarrollados y países desarrollados debe estar fundada sobre un conjunto de vinculación y de rupturas selectivas. Para que se trate efectivamente de cooperación y no de una suma de dependencias, los países subdesarrollados deben ser capaces de adoptar y de ejecutar decisiones unilaterales. Para hacerlo, es indispensable que estén sólidamente unidos en su acción y hagan valer efectivamente el control que tienen sobre sus recursos naturales.

La experiencia nos enseña que los países capitalistas dominantes no han hecho jamás concesiones importantes a los países subdesarrollados y que toda conquista es el fruto de una lucha.

Para que el monólogo Norte-Sur sea remplazado por un diálogo, el Sur debe tener un real poder de negociación y para que esto sea posible, los países subdesarrollados deben actuar unidos y reforzar su autonomía nacional y regional; esta autonomía no puede ser sino la consecuencia de un desarrollo interno propio —no imitativo— y de su voluntad política de independencia.

APÉNDICE ESTADÍSTICO

CUADRO I.A
PORCENTAJE DE MANO DE OBRA EXTRANJERA EN LA
POBLACIÓN ACTIVA TOTAL
1960-1970

	1960	*1970*	*1976*
Alemania Federal	1.7	6.5	7.4
Bélgica	4.8	7.1	7.9
Francia	6.3	7.2	7.1
Países Bajos	1.1	2.8	3.7
Reino Unido	5.1	7.3	3.3
Suecia	2.9	5.2	5.7
Suiza	15.9	22.0	17.6

FUENTE: Para 1960 y 1970, Secretaría de la Comisión Económica para Europa, *L'offre et les migrations de main d'oeuvre en Europe: dimension demographique (1950-1975) et perspectives,* Nueva York, 1980; para 1976: OCDE, *The migratory chain,* París, 1978; y *Labour Force Statistics,* 1967-1978, París, 1980.

CUADRO I.B
DISTRIBUCIÓN DEL COMERCIO MUNDIAL, 1955 Y 1979

1. Destino de las exportaciones

		Europa	Japón	Estados Unidos	Países desarrollados	Países subdesarrollados	De los cuales OPEP	Países del Este	Total
Europa	1955	57	—	6	71	26	—	3	100.0
	1979	68	1	6	78	16	7	5	100.0
Japón	1955	64	—	16	84	10	—	6	100.0
	1979	16	—	26	48	45	13	7	100.0
Estados Unidos	1955	33	—	—	67	33	—	—	100.0
	1979	30	10	—	62	34	8	4	100.0
Países desarrollados	1955	47	2	10	70	28	—	2	100.0
	1979	53	3	10	73	22	7	5	100.0
Países subdesarrollados	1955	42	4	25	71	25	—	4	100.0
	1979	31	14	23	71	25	4	4	100.0
De los cuales OPEP	1955	—	—	—	—	—	—	—	—
	1979	35	16	21	75	23	1	2	100.0
Países del Este	1955	17	—	—	17	6	—	74	100.0
	1979	25	3	1	30	18	4	51	100.0

2. Origen de las exportaciones

		Europa	Japón	Estados Unidos	Países desarrollados	Países subdesarrollados	De los cuales OPEP	Países del Este	Total
Europa	1955	51	—	18	41	30	—	14	
	1979	65	3	20	49	32	48	24	

Japón	1955	4	—	4	3	—	—	—
	1979	6	—	13	4	13	14	5
Estados Unidos	1955	13	—	—	16	26	—	—
	1979	7	18	—	10	17	15	5
Países desarrollados	1955	70	50	46	70	72	—	14
	1979	78	38	57	70	65	79	36
Países subdesarrollados	1955	26	50	54	28	26	—	—
	1979	17	57	54	26	27	15	10
De los cuales OPEP	1955	—	—	—	—	—	—	—
	1979	10	34	21	12	13	3	3
Países del Este	1955	4	—	—	2	2	—	86
	1979	5	5	1	4	7	6	53
Total	1955	100	100	100	100	100	100	100
	1979	100	100	100	100	100	100	100

FUENTE: CNUCED, *Manuel de statistiques du commerce international et du développement, supplement, 1980.*

CUADRO I.C
PRECIOS CORRIENTES Y REALES DEL PETRÓLEO BRUTO
(en dólares/barril)

	1953	1960	1970	1972	1973	1974	1975	1976	1977	1978	1979
Precio del petróleo[a]	1.93	1.858	1.80	2.463	3.293	11.584	10.72	11.51	12.40	12.70	16.97
Precio real del petróleo[b]	2.24	2.13	1.80	2.16	2.42	6.81	5.61	5.97	5.96	5.36	5.63

[a] Petróleo de Arabia Saudita.
[b] Precios corrientes del petróleo en dólares por barril deflactados por el índice de precios a la exportación de los países industrializados (base 1970).

FUENTE: Fondo Monetario Internacional, International financial statistics.

CUADRO I.D
ÍNDICE DE PRECIOS A LA EXPORTACIÓN EN 1978
(1970 = 100)

Países exporta-dores de petróleo	Otros países subde-sarro-llados	Conjun-to de países subde-sarro-llados	Estados Unidos	Europa	Japón	Conjunto de países industria-lizados
787	227	389	202	248	243	235

FUENTE: UNCTAD, *Handbook. . .*, *op. cit.*

CUADRO I.E
PRODUCTO NACIONAL BRUTO POR PERSONA EMPLEADA
EN EL SECTOR NO-RESIDENCIAL: TASA DE CRECIMIENTO
Y FUENTE DE ESE CRECIMIENTO EN ESTADOS UNIDOS
1948-1973 y 1973-1976

	1948-1973	*1973-1976*	*Cambio*
Tasa de crecimiento	2.43	−0.54	−2.97
Contribuciones a la tasa de crecimiento en puntos porcentuales; Total de factores en el insumo; Cambios en las horas y atributos de los trabajadores:			
Horas −	.24	− .54	− .30
Composición por edad y sexo −	.17	− .25	− .08
Educación	.52	.88	.36
Cambios en capital y tierra por persona empleada:			
Existencias	.10	.02	− .08
Estructuras no residenciales y equipamiento	.29	.25	− .01
Tierra −	.04	− .03	.01
Producto por unidad de insumo[a]			
Mejor asignación de recursos[b]	.37	− .01	− .38
Cambios en el contexto legal y humano[c]	−04	− .44	− .40
Economías de escala	.41	.24	− .17
Factores irregulares −	.18	.03	.27
Avances en el conocimiento y otros[d]	1.41	− .75	−2.16

[a] Las contribuciones a la tasa de crecimiento mostrada en las líneas que siguen, se limitan a los efectos sobre el producto por unidad de insumo.
[b] Solamente se incluyen las ganancias resultantes de la realización del trabajo, excepto el de las explotaciones agrícolas, el autoempleo y el trabajo familiar no pagado en empresas pequeñas agrícolas.
[c] Se incluyen solamente los efectos sobre el producto por unidad de insumo de los costos pagados para proteger el medio ambiente y la seguridad y la salud de los trabajadores y los costos de la criminalidad.
[d] Obtenido como residuo.

FUENTE: Edward F. Denison, *Accounting for slower economic growth: the United States in the 1970s,* The Brookings Institution, 1979 cuadro 7-3 citado en Estados Unidos, Departamento de Comercio, *Survey of current business,* Washington, agosto 1979, volumen 59, núm. 8, parte II, p. 3.

CUADRO I.F
TIPO DE CONTROL DE LAS 200 MAYORES EMPRESAS
DE ESTADOS UNIDOS

	Tipo de control			
Grupos de control	*Mayo-ritario*	*Mino-ritario*	*Influencia preponde-rante*	*Interno*
Familiar	7	101		
Bancos		25	14	
Consejo de administración		7		42
Diversos	3	1		
Total	10	134	14	42

FUENTE: J. M. Chevalier, *L'economie industrielle en question*, Calmann-Levy, París, 1977, p. 50.

CUADRO 1.G
CLASIFICACIÓN DE LAS 200 PRIMERAS SOCIEDADES INDUSTRIALES FRANCESAS,
SEGÚN LA NATURALEZA Y FORMA DE CONTROL

Tipos de control	Control familiar	Bancario	Industrial	Control estatal	Control extranjero	Control cooperativo	Total
Mayoritario	36	2	1	7	40	1	87
Mayoritario con influencia	2	3	–	–	1		6
Minoritario	43	11	2	1	9		66
Minoritario con influencia	19	9	2	–	6		36
Interno	–	–	4	–	–		4
Interno con influencia	–	–	1	–	–	1	1
	100	25	10	8	56	1	200

FUENTE: F. Morin, *La structure financière du capitalisme française*, París, 1975, citado en Jean-Marie Chevalier, *L'économie industrielle en question, op. cit.*, p. 57.

CUADRO II.A
DURACIÓN DE LAS RESERVAS MUNDIALES
DE MINERALES SELECCIONADOS, EN 1974

	Tasa proyectada de crecimiento de la demanda (%)	Duración según la demanda proyectada
Diamantes industriales	4.23	8
Plata	2.33	14
Mercurio	0.50	21
Zinc	3.05	21
Sulfuro	3.16	26
Tungsteno	3.26	28
Plomo	3.14	29
Estaño	2.05	31
Cobre	2.94	35
Fluorina	4.58	37
Platino	3.75	43
Níquel	2.94	44
Mineral de hierro	2.95	68
Cromo	3.27	68
Manganeso	3.36	69
Potasio	3.27	84
Fosfatos	5.17	88
Aluminio en bauxita	4.29	94

FUENTE: *The Global 2000 report to the president*, informe preparado por el Council on Environmental Quality y el Departamento de Estado de los Estados Unidos (director del estudio, Gerald O. Barney), U.S. Government Printing Office, Washington, 1980, sobre la base de U.S. Bureau of Mines, *Mineral trends and forecasts*, Washington, octubre de 1976, vol. II, p. 212.

CUADRO II.B
DISTRIBUCIÓN GEOGRÁFICA DE LOS RECURSOS MUNDIALES
DE MINERALES SELECCIONADOS EN 1974
(porcentajes del total mundial)

	América del Norte Europa occidental, Australia y Japón	*Sudáfrica y Zimbabwe*	*URSS y Europa del Este*	*Países subdesarrollados*
	Reservas	*Reservas*	*Reservas*	*Reservas*
PRODUCTOS LIGADOS AL ACERO				
Hierro	40	1	30	29
Manganeso	8	45	37	10
Cromo	1	96	1	2
Níquel	27	3	9	61
PRODUCTOS NO FERROSOS				
Aluminio	23		4	73
Cobre	31	1	12	56
Plomo	58		21	21
Zinc	63		15	22
Estaño	7			87
PRODUCTOS NO METÁLICOS				
Sulfuro	40		18	42
Fosfato	18	11	3	68
Potasio	82		17	1

FUENTE: *The global 2000 report to the president, op. cit.,* vol. II, p. 223.

CUADRO II.C
CONCENTRACIÓN DE COMPAÑÍAS MINERAS EN LA PRODUCCIÓN DE METAL
(EXCLUIDOS LOS PAÍSES DEL ESTE Y CHINA)

Metal (producción o capacidad de extracción)	Parte de la compañía más grande	Parte de las tres primeras compañías	Parte de las 5 primeras compañías	Número de compañías que abastecen el 65% del mercado
Producción de bauxita, 1976	17.0	35.0	48.2	9
Capacidad de producción de aluminio, 1974	22.7	46.1	65.2	5
Capacidad de producción de aluminio, 1976	15.3	34.4	48.8	11
Extracción de molibdeno, 1977	41.9	59.8	71.6	4
Capacidad de extracción de cromita, 1974	16.5	41.0	53.7	9
Producción de níquel, 1976	35.4	54.2	62.4	6
Producción de platino, 1974	48.8	91.5	96.5	2

FUENTE: OCDE, *Interfutures, op. cit.,* p. 56, sobre la base de *Mining Annual Review,* 1978, pp. 84 y ss; *Falconbridge nickel mines, Annual report,* 1977.

CUADRO II.D
PRODUCCIÓN DE NÓDULOS MARINOS (AÑO 2000)

	Toneladas métricas	Porcentaje de la producción mundial de 1975-1977
Cobalto	133 000	520%
Níquel	703 000	80%
Cobre	600 000	8%
Manganeso	770 000	3%

FUENTE: UNCTAD, Doc. ID/B/721/Add.1.

CUADRO II.E
DIFERENCIAS ENTRE IMPORTACIONES DESEADAS Y EXPORTACIONES POTENCIALES
EN EL AÑO 2000 (EN MTEP)
(escenario WAES C2)

Importaciones deseadas	Petróleo	Gas natural	Carbón	Total	Saldo
América del norte[a]	546	153	—	699	+ 510
Europa occidental	836	163	107	1 106	+1 106
Japón	734	76	117	927	+ 927
Resto del mundo no comunista (excluido OPEP)	484	—	—	484	+ 402
Transportes internacionales	275	—	—	275	+ 275
Total	2 875	392	224	3 491	+3 220
Exportaciones potenciales					
OPEP	1 973	184	—	2 157	−2 157
URSS	—	51	—	51	− 51
América del norte[a]	—	—	189	189	—
Sudáfrica y Australia	—	—	51	51	− 51
Países en desarrollo	—	—	82	82	—
Total	1 973	235	322	2 530	−2 259
Saldo	− 902	−157	+98	−961	−961

[a] Canadá y Estados Unidos.

FUENTE: OCDE: *Interfutures, op. cit.*, p. 43 sobre la base de Workshop on Alternative Energy Strategies (1976).

CUADRO II.F
EXPROPIACIÓN DE EMPRESAS EXTRANJERAS POR SECTOR Y REGIÓN, 1960-1976
(número de expropiaciones)

	Total	Minería	Petróleo	Agri-cultura	Manufac-turas	Comer-cio	Servicios públicos	Bancos y seguros	Otros
África del sur del Sahara	605	38	64	108	120	32	25	145	73
Asia oriental y norte de África	275	2	90	—	41	7	2	92	41
Asia del Sur y del este	291	4	24	144	10	8	4	97	—
América Latina	198	36	42	20	50	1	27	15	.7
Países subdesarrollados	1 369	80	220	272	221	48	58	349	121

FUENTE: Naciones Unidas, Centro de Corporaciones Transnacionales, *Transnational corporations in world development: a re-examination*, Nueva York, 1978, p. 233.

CUADRO II.G
PROPORCIÓN ENTRE LOS PRECIOS DE EXPORTACIÓN Y LOS PRECIOS AL CONSUMIDOR
DE PRODUCTOS BÁSICOS EXPORTADOS POR PAÍSES SUBDESARROLLADOS, 1973

Producto	Valor unitario de las exportaciones	Precio mayorista	Precio minorista	Valor unitario exportaciones / Precio mayorista	Valor unitario exportaciones / Precio minorista
Mineral de hierro	12.6[a]	164[b]	..	8	
Cobre concentrado	1 339[c]	2 527[d]		53	
Cobre refinado	1 622[a]			64	
Bauxita	51.2			4	
Lingote de aluminio	404	1 350[e]		30	
Estaño	4 531[a]	6 148[f]		74	
Café	1.14[a]		3.49[g]		33
Té	0.95[h]	5.00[i]	10.93[j]	19	9
Cacao (en polvo)	0.37[a]	0.92[k]	2.66[g]	40	14
Aceite de maní	42.0[a]		100.6[g]		48
Naranjas	14.5[l]		55.5[m]		26
Bananas	9.1[a]		54.6[g]		17
Azúcar	20.8[n]		27.5[ñ]		76
Yute	233	1 494[o]		16	

[a] Todos los países subdesarrollados.
[b] República Federal Alemana.
[c] Filipinas.
[d] Francia, hilo de cobre.
[e] Francia, lámina de aluminio.
[f] Francia.
[g] Francia.
[h] Sri Lanka.
[i] Estados Unidos, bolsitas.
[j] Rep. Fed. Alemana.
[k] Estados Unidos.
[l] Marruecos.
[m] Francia.
[n] Media del Caribe.
[ñ] Reino Unido.
[o] Francia.

FUENTE: UNCTAD: *Proportion between export prices and consumer prices of selected commodities exported by developing countries*, Ginebra, 1976.

CUADRO III.A
COMPARACIÓN DE LAS ESTRUCTURAS DE IMPORTACIÓN DE PAÍSES INDUSTRIALES AVANZADOS[a]
SEGÚN EL CONTENIDO DE TRABAJO CALIFICADO Y DE CAPITAL
(en porcentajes de las importaciones del conjunto de los productos manufacturados)

	Importaciones provenientes de los NPI[a] 1977	Importaciones provenientes de los países del Este[b] 1977	Intercambio entre países desarrollados[c] 1977
Contenido en trabajo calificado: H			
H muy débil	56	41	22
H débil	14	28	32
H medio	15	11	21
H elevado	15	20	25
Total	100	100	100
Contenido en capital: P			
P muy débil	34	19	6
P débil	34	29	36
P medio	9	7	8
P elevado	23	45	50
Total	100	100	100
Combinación de los dos criterios:			
(1) H y P elevados	5	14	11
(2) H elevado, P débil o medio	10	5	14

(3) H medio, P elevado	5	5	9
(4) H medio, P débil o medio	10	6	31
(5) H débil o muy débil, P elevado	12	26	12
(6) H débil, P débil o medio	5	7	6
(7) H muy débil, P débil o medio	19	19	11
(8) H y P muy débiles	24	18	6
Total	100	100	100

a España, Portugal, Grecia, Turquía, Yugoslavia, Hong-Kong, Taiwán, Singapur, Corea, Filipinas, Malasia, Brasil, México, Venezuela, Argentina, Chile.

b URSS, Polonia, Hungría, Rumania, Checoslovaquia, República Democrática de Alemania.

c Países de la OCDE menos España, Portugal, Grecia, Turquía y Yugoslavia.

FUENTE: Commission des Communautés Européennes, *Evolution des structures sectorielles, op. cit.,* p. 41.

CUADRO III.B
PRODUCTIVIDAD, SALARIO NOMINAL Y COSTOS DEL SALARIO
POR UNIDAD PRODUCIDA EN LA INDUSTRIA SIDERÚRGICA
(Estados Unidos = 100)

	Mano de obra requerida por unidad producida	*Salario nominal por empleado*	*Costos salariales por unidad de 4producción*
Brasil	447	10	45
Reino Unido	262	38	99

FUENTE: Naciones Unidas, *Yearbook of Industrial Statistics, 1975*, Nueva York, 1977. Organización Internacional del Trabajo, *Yearbook of labour statistics*, Ginebra, 1977; Naciones Unidas, *Monthly bulletin of statistics;* Commodities Research Unit Ltd., *Study on the degree and scope for increased process of primary commodities in developing countries, prepared for UNCTAD*, Nueva York, septiembre de 1975.

CUADRO III.C
SALARIO MEDIO POR PERSONA EMPLEADA
(manufactura = 100)

	Textil	*Hierro y acero*	*Metales no ferrosos*	*Metalurgia*	*Total manufacturas*
Países en desarrollo[a]	88.0	144.9	157.0	129.0	100.0
Países desarrollados[a]	70.3	123.6	113.9	101.7	100.0
Países desarrollados excluido Japón	73.2	116.9	111.2	101.5	100.0
Estados Unidos	71.0	128.1	112.2	102.0	100.0

[a] La lista de países considerados se encuentra en la nota 25 del cap. III.

FUENTE: Naciones Unidas, *Yearbook of Industrial Statistics, 1975*, Nueva York, 1977; Organización Internacional del Trabajo, *Yearbook of Labour Statistics, 1977*, Ginebra, 1978; Naciones Unidas, *Monthly Bulletin of Statistics*, Nueva York.

CUADRO III.D
DISTRIBUCIÓN DE LA MANO DE OBRA EN EL SECTOR
MANUFACTURERO Y PORCENTAJE DE LA MANO DE OBRA
DEL SECTOR MANUFACTURERO EN EL CONJUNTO DE
LA POBLACIÓN ACTIVA OCUPADA
(en porcentajes)

	Textil	Hierro y acero	Metales no ferrosos	Meta-lurgia	Total Manufacturas	Manufacturas Población actual
Países en desarrollo[a]	21.2	6.8	3.4	6.5	100.0	3.9
Países desarrollados[a]	7.0	5.4	1.5	5.0	100.0	22.3
Países desarrollados sin Japón	6.1	5.7	1.6	8.1	100.0	24.3
Estados Unidos	6.3	4.5	1.6	8.2	100.0	22.2

[a] La lista de países considerados se encuentra en la nota 25 del cap. III.

FUENTE: Las mismas del cuadro C.

CUADRO III.E
PARTICIPACIÓN DE LOS SALARIOS EN EL VALOR AGREGADO
(en porcentaje)

	Textil	Hierro y acero	Metales no ferrosos	Metalur-gia	Total manufacturas
Países en desarrollo[a]	26.3	23.2	22.3	26.6	20.8
Países desarrollados[a]	45.8	44.9	38.0	46.4	41.6
Países desarrollados sin Japón	36.0	29.0	26.7	38.4	34.0
Estados Unidos	50.0	53.0	43.0	45.2	44.0

[a] La lista de países considerados se encuentra en la nota 25 del cap. III.

FUENTE: Las mismas del cuadro C.

CUADRO III.F
SALARIOS EN LOS PAÍSES EN DESARROLLO Y DESARROLLADOS
POR RAMA DE INDUSTRIA[a]
(Estados Unidos = 100)

	Textil	Hierro y acero	Metales no ferrosos	Metalurgia	Total manufacturas
Países en desarrollo[b]	21.3	9.7	23.0	20.0	17.3
Japón	45.5	29.1	41.0	44.4	44.3
Rep. Fed. Alemana	94.8	83.3	114.2	100.7	99.8

[a] Para el método, véase la nota 28 del cap. III.
[b] Para la lista de países, véase la nota 25 del cap. III.

FUENTE: Las citadas en el cuadro C y I.B. Kravis, Z. Kennesey y otros, *A system of international comparisons of gorss product and purchasing*, Hopkins University Press, 1975.

CUADRO III.G
COMPARACIÓN DE LOS COSTOS SALARIALES
POR UNIDAD PRODUCIDA[a]
(Estados Unidos = 100)

	Textil	Hierro y acero	Metales no ferrosos	Metalurgia	Total manufacturas
Países en desarrollo[b]	58.8	37.3	34.4	53.9	39.3
Países desarrollados[b]	89.0	83.3	86.7	84.4	73.6
Japón	71.0	70.5	66.9	65.0	64.3

[a] Se utiliza la productividad del modo señalado en el trabajo de la OIT citado en la nota 30 del cap. III.
[b] La lista de países considerados figura en la nota 25 del cap. III.

FUENTE: Las mismas del cuadro C.

CUADRO III.H
COMPARACIÓN DE COSTOS SALARIALES POR UNIDAD PRODUCIDA
(manufactura = 100)

	Textil	Hierro y acero	Metales no ferrosos	Metalurgia	Total manufacturas
Países en desarrollo[a]	106.2	121.5	98.4	140.3	100.0
Países desarrollados[a]	85.9	145.1	132.3	117.3	100.0
Japón	78.4	140.4	117.0	103.3	100.0
Estados Unidos	71.0	128.1	112.4	102.2	100.0

[a] La lista de países considerados figura en la nota 25 del cap. III.

FUENTE: Las mismas del cuadro C.

CUADRO IV.A
MONTO ACUMULADO DE LA INVERSIÓN DIRECTA EXTRANJERA
EN PAÍSES SELECCIONADOS, POR SECTORES

País	Año	Monto acumulado de la inversión extranjera directa (millones de dólares)	Porcentaje de distribución			
			Sector extrac-tivo	Manufac-turas	Servi-cios	Otros
AMÉRICA LATINA						
Argentina	1973	2 275.2	5.6	65.0	24.5	4.5
Brasil	1976	9 005.0	2.5	76.5	18.6	2.0
Colombia	1975	965.0	36.0	44.2	18.3	1.5
México	1975	4 735.8	4.1	77.5	18.1	0.2
Panamá	1974	353.5	16.1	37.4	46.4	—
ASIA						
Hong-Kong	1976	1 952.4	—	100.0	—	—
India	1974	1 682.8	4.2	92.0	3.7	—
Indonesia	1976	7 077.0	37.5	57.0	10.3	—
Filipinas	1976	513.0	12.6	48.7	34.0	4.7
República de Corea	1975	926.9	1.4	80.1	18.5	—
Singapur	1976	3 739.0	40.6	59.3	—	—
Tailandia	1975	174.7	—	93.1	6.8	—
ÁFRICA						
Nigeria	1973	1 998.6	63.3	25.2	10.3	1.2

FUENTE: United Nations Center on Transnational Corporations, *Transnational corporation in world development: a re-examination, op. cit.,* p. 259.

CUADRO IV.B
INDICADORES DE PARTICIPACIÓN EXTRANJERA EN INDUSTRIAS SELECCIONADAS
EN OCHO PAÍSES SUBDESARROLLADOS
(porcentajes de participación extranjera)

Producto País	Químicos (351-352)	Caucho (355)	Industrias del hierro y del acero (371)	Máquinas no eléctricas (382)	Máquinas eléctricas (383)	Vehículos a motor (3843)	Año
Argentina	37(P)	75(P)	...	82(P)	33(P)	84(P)	1969
Brasil	51(P)	44(P)	61(P)	55(C)	33(C)	100(C)	1976
India	27(P)	52(P)	41(P)	25(P)	33(P)	10(P)	1973
República de Corea	22(E)	...	37(P)	19(P)	...	...	1970
México	67(P)	84(P)	37(P)	31(P)	63(P)	...	1973
Perú	67(S)	88(S)	...	25(S)	62(S)	...	1969
Filipinas	...	73(P)	...	...	...	43(C)	1973
Singapur	46(E)	76(E)	21(E)	...	...	...	1968

Nota: C = Capital.
E = Empleo.
P = Producción.
S = Salarios.

FUENTE: United Nations Center on Transnational Corporations, *Transnational corporations in world development a re-examination*, *op. cit.*, cuadro III-63.

CUADRO IV.C
APORTES DE LA INVERSIÓN DIRECTA EXTRANJERA (NETOS) DE LOS PAÍSES DEL DAC A PAÍSES SUBDESARROLLADOS
(millones de dólares)

	1961/65[1]	1966/70[1]	1971/75[1]	1976	1977	Total	%
Canadá	146.4	244.2	870.0	430.0	390.0	2 080.6	2.9
Estados Unidos	4 092.0	7 022.0	17 399.0	3 119.0	4 866.0	36 498.0	50.8
Francia	1 553.0	1 523.9	2 239.3	245.5	264.7	5 826.4	8.1
Alemania	472.1	1 068.1	3 263.1	765.4	846.0	6 414.7	8.9
Italia	398.5	474.5	989.4	212.9	162.2	2 237.5	3.1
Países Bajos	269.4	651.8	1 010.2	244.7	485.7	2 661.8	3.7
Suiza	197.1	...	555.5	226.1	211.3	...	...
Suecia	112.9	172.3	235.1	125.0	126.3	771.6	1.1
Reino Unido	1 041.0	1 339.1	2 604.4	953.9	1 223.3	7 161.7	10.0
Bélgica	210.0	152.9	252.8	235.8	69.5	921.0	1.3
Japón	370.2	669.1	2 666.1	1 084.2	724.4	5 514.0	7.7
Total DAC	8 917.1	13 917.1	31 640.9	7 823.9	9 498.9	71 797.9	100.0

[1] Totales acumulados del período.

FUENTE: OCDE, Les apports de ressources aux pays en voies de développement, París, 1973; OCDE, Coopération pour le développement, Examen 1975, París, 1975 y Examen 1979, París, 1979.

CUADRO IV.D
ESTADOS UNIDOS: IMPORTACIONES INTRACOMPAÑÍA PROVENIENTES DE ÁFRICA, AMÉRICA LATINA Y ASIA, 1977

| | Total de las importaciones de los Estados Unidos (miles de millones de dólares) | | | | | Porcentaje intracompañía | | | | |
| | Total | Productos primarios | | Semi-manu-facturas | Manu-facturas | Total | Productos primarios | | Semi-manu-facturas | Manu-facturas |
		Petróleo	Otros				Petróleo	Otros		
TOTAL ÁFRICA	15 636	13 231	1 592	453	360	50.4	57.6	15.2	34.5	11.3
Argelia	3 052	2 979	—	4	69[a]	53.3	54.1	—	11.5	17.5
Libia	3 780	3 698	—	—	80[a]	51.2	52.3	—	—	—
Nigeria	6 106	5 955	65	25	57[a]	63.5	64.5	44.8	—	13.7
TOTAL AMÉRICA LATINA	20 457	3 521	6 376	2 820	7 740	34.6	36.9	16.2	22.2	51.6
Brasil	2 207	—	1 083	368	756	18.5	—	4.9	15.5	38.4
México	4 431	830	1 250	548	1 804	48.3	38.3	25.3	28.5	70.8
Venezuela	4 048	1 672	188	375[a]	1 814[a]	25.6	19.3	3.5	13.8	36.0
TOTAL ASIA	30 262	14 691	3 067	1 990	10 514	45.2	69.4	9.1	8.7	27.1
Arabia Saudita	6 338	6 267	—	43	1	82.2	82.7	—	10.2	11.0
República de Corea	2 911	—	62	500	2 329	18.3	—	9.5	11.0	19.7
Hong-Kong	2 881	—	46	104	2 618	20.1	—	5.2	6.6	20.5
Indonesia	3 487	2 605	631	103	146	55.3	70.9	9.9	0.9	12.6
Irán	2 783	2 637	80	113	38	53.9	56.5	3.0	—	5.6
Taiwán	3 678	—	70	231	3 357	19.6	—	5.0	6.6	20.5

[a] La casi totalidad corresponde a derivados del petróleo.

FUENTE: Computación de la UNCTAD, sobre la base de informaciones de G. K. Helleiner y R. Lavergne, preparada con datos del Bureau of Census de los Estados Unidos.

CUADRO IV.E
ESTADOS UNIDOS: IMPORTACIONES INTRACOMPAÑÍA DESDE
PAÍSES EN DESARROLLO POR GRUPOS DE PRODUCTOS
(millones de dólares)

CUCI		Total Imp.	Intra-compañía	%
0	ALIMENTOS	*8 775*	*1 047*	*11.9*
02	Productos lácteos	291	48	16.4
05	Frutas y legumbres	1 229	554	45.1
06	Café, té, cacao, especias	5 238	331	6.3
1	BEBIDAS Y TABACO	*303*	*29*	*9.7*
11	Bebidas	40	7	16.7
2	MATERIAS PRIMAS NO COMESTIBLES	*2 233*	*661*	*29.6*
23	Caucho	649	176	27.1
27	Abonos y minerales en bruto	162	59	36.2
28	Minerales metálicos	943	384	40.7
3	COMBUSTIBLES	*37 813*	*21 725*	*57.5*
33	Petróleo y derivados	37 597	21 699	57.7
4	ACEITE	*469*	*40*	*8.5*
5	PRODUCTOS QUÍMICOS	*578*	*198*	*34.2*
54	Farmacéuticos	42	26	60.3
55	Productos de perfumería	82	2	2.1
56	Abonos manufacturados	19	14	75.1
51	Compuestos químicos	366	149	40.7
6	ARTÍCULOS MANUFACTURADOS	*5 118*	*601*	*11.7*
62	Manufacturas de caucho	96	30	31.8
64	Papel	81	32	39.8
67	Hierro y acero	403	99	20.4
68	Metales	1 289	215	16.7
7	EQUIPOS DE TRANSPORTE	*4 503*	*3 181*	*70.6*
71	Maquinaria no eléctrica	658	418	63.5
72	Maquinaria eléctrica	3 541	2 663	75.2
73	Material de transporte	304	99	32.6
8	MANUFACTURAS DIVERSAS	*7 023*	*1 034*	*14.7*
84	Vestuario	3 227	372	11.5
85	Calzado	1 013	44	4.4
86	Instrumentos profesionales	487	250	51.2
89	Manufacturas diversas	1 825	312	17.1
9	PRODUCTOS NO CLASIFICADOS	*739*	*465*	*62.9*
93	Transacciones especiales	548	280	61.1
99	Diversos	185	185	100.0

FUENTE: Computación de la UNCTAD, sobre la base de informaciones de G. K. Helleiner y R. Lavergne, preparada con datos del Bureau of Census de los Estados Unidos.

CUADRO IV.F
REPATRIACIÓN DE BENEFICIOS Y COSTOS DE TECNOLOGÍA EN EL BRASIL, PARA ONCE EMPRESAS TRANSNACIONALES
(en millones de dólares)

Sociedad	Total de capital invertido en Brasil, comprendiendo los años anteriores de 1965 (1)	Reinversiones (2)	Beneficios y dividendos repatriados (3)	Repatriación de fondos bajo forma de compras de tecnología (4)	Total de repatriaciones (5)=(3+4)	Excedentes realizados en Brasil (6)=(2+3+4)	Relación entre los excedentes realizados en Brasil y el capital inicial (7)=(6:1)
Volkswagen	119.5	72.8	70.6	208.5	279.1	351.9	2.94
Rhodia	14.3	108.7	39.9	20.7	60.6	169.3	11.84
Exxon	1.8	67.7	44.5	—	44.5	112.2	62.33
Pirelli	28.7	37.8	45.1	19.8	64.9	102.7	3.58
Philips	9.9	51.2	5.0	9.4	14.4	65.6	6.63
Firestone	4.1	44.5	48.1	2.1	50.2	94.7	23.10
General Electric	13.9	32.2	19.4	4.3	23.7	55.9	4.02
Souza Cruz	2.5	129.5	81.3	1.0	82.3	211.8	84.70
Johnson and Johnson	0.7	34.0	17.0	5.7	22.7	56.7	81.00
Anderson Clayton	1.4	28.2	16.8	—	16.8	45.0	32.14
Brazilian Light	102.0	86.4	114.7	0.6	115.3	201.7	1.98
Total	*298.8*	*693.0*	*502.4*	*272.1*	*774.5*	*1 467.7*	*4.91*

FUENTE: Banco Central do Brazil.

CUADRO IV.G
PAÍSES SUBDESARROLLADOS CON MAYOR DEUDA EXTERNA: DEUDA TOTAL, SERVICIO DE LA DEUDA Y RESERVAS

	Deuda al fin de año (montos desembolsados)		Servicio de la deuda (pagos efectuados)		Porcentajes totales al fin del año		Servicio de la deuda en % de las exportaciones de bienes y servicios	
	1975	1979	1975	1980	1975	1979	1975	1979
1. Brasil	21.2	51.0	3.7	13.0	4.0	9.0	36	60
2. México	16.0	33.8	2.4	9.0	1.5	2.1	38	48
3. Argelia	6.9	17.2	0.9	3.9	1.4	2.9	19	31
4. India	12.5	16.9	0.9	1.3	1.4	7.8	15	15[a]
5. Indonesia	8.9	16.0	0.7	2.4	0.6	4.1	9	13
6. Rep. de Corea	5.8	15.8	0.7	2.8	0.8	3.0	12	13
7. Argentina	4.0	12.0	1.1	2.7	0.5	9.6	32	24
8. Egipto	5.0	12.0	0.6	1.7	0.3	0.6	22	20
9. Venezuela	1.6	10.8	0.5	2.6	8.9	7.8	5	13
10. Irán	5.2	9.7	1.5	1.4	8.9	15.4	6	7[a]
11. Perú	3.1	7.8	0.5	1.8	0.5	1.6	28	22
12. Filipinas	2.7	7.7	0.4	1.5	1.4	2.3	12	21
13. Chile	3.6	7.5	0.6	1.9	0.1	2.0	34	33
14. Nigeria	2.9	4.1	0.3	1.5	5.6	5.6	3	7
15. Arabia Saudita	0.4	3.4	0.3	3.1	23.3	19.5	1	5
Total 15 países	99.8	225.7	15.1	50.6	59.2	93.3	12	21
Total países subdesarrollados	149.2	350.4	22.1	81.2	87.2	144.5	8.9	16.7

[a] Servicio de la deuda/exportaciones de bienes.
FUENTE: OCDE, Coopération pour le développement, Examen 1977 y Examen 1980; Fondo Monetario Internacional, International financial statistics, marzo de 1981; UNCTAD, Manuel de statistiques du commerce, international et du développement, Supplement 1980.

papel ediciones crema de fábrica de papel san juan,
impreso en offset cemont, s.a.
ajusco 96 méxico 13, d.f.
tres mil ejemplares más sobrantes
23 de octubre de 1981

SUBDESARROLLO Y REVOLUCIÓN

RUY MAURO MARINI

La historia del subdesarrollo latinoamericano es la historia del desarrollo del sistema capitalista mundial. Su estudio es indispensable para quien desee comprender la situación a la que se enfrenta actualmente este sistema y las perspectivas que se le abren. Inversamente, sólo la compresión segura de la evolución y de los mecanismos que caracterizan la economía capitalista mundial proporciona el marco adecuado para ubicar y analizar la problemática latinoamericana.

En la presente edición se han incorporado dos nuevos ensayos: *Lucha armada y lucha de clases* y *Hacia la revolución continental.* Ambos contribuyen a precisar mejor las características económicas del desarrollo dependiente, en particular del subimperialismo brasileño, así como a profundizar en las contradicciones de clase que genera.

El trabajo de Marini se ha convertido ya en uno de los puntos básicos de partida o de polémica en la discusión teórica y la interpretación política del presente y el futuro de América Latina.

ANATOMÍA DE UNA CORPORACIÓN TRANSNACIONAL

JOHN DEVERELL Y EL LATIN AMERICAN WORKING GROUP

Poco es lo que se sabe acerca del mundo privado, con frecuencia misterioso, de las corporaciones multinacionales. Este libro ofrece una sobrecogedora y crítica mirada a una de tales empresas.

Falconbridge es un gigante de los negocios de la minería del níquel en Canadá, superado únicamente por la *INCO.* Es una enorme multinacional por derecho propio, con minas en África, Oceanía y América. En América Latina controla o posee empresas en Perú, Ecuador, Bolivia, Dominicana, Argentina y Brasil.

Siendo el níquel un metal estratégico vital, el crecimiento y el poder de Falconbridge está íntimamente ligado a la historia del armamento mundial. Falconbridge creció cuando el gobierno de los Estados Unidos le concedió un contrato para acumular masivamente el níquel en 1953. Gradualmente fueron aumentando los enredos de los negocios norteamericanos en la compañía, culminando con la llegada de un petrolero tejano, Howard Keck, de la Superior Oil. Falconbridge emerge de esa asociación como una empresa canadiense sólo de nombre, una empresa cuyas actividades están directamente relacionadas con la política de defensa y exterior de los Estados Unidos.

John Deverell es economista y periodista. El Latin American Working Group es un grupo de investigadores de Toronto que estudian las corporaciones transnacionales y la política exterior de Canadá respecto de América Latina.

CAPITALISMO Y SUBDESARROLLO EN AMÉRICA LATINA

ANDRÉ GUNDER FRANK

Este libro que después de largo tiempo ve su aparición en nuestro idioma, ha suscitado fructíferas discusiones acerca del pasado histórico latinoamericano y su presente. El autor parte del concepto de la unidad mundial del sistema de explotación capitalista. La tesis fundamental del trabajo sostiene que "es el capitalismo tanto mundial como nacional el que produjo el subdesarrollo de tiempos pasados y que aún engendra el de los presentes".

Para fundamentar sus tesis el autor apela al estudio de la evolución económica latinoamericana, centrándose en especial en los casos de Chile y Brasil, a través de los cuales se vislumbra el hilo conductor que nos permite visualizar la influencia que en nuestra formación histórica tuvo *ab initio* el naciente mercado mundial.

Este trabajo es, en definitiva, un aporte fundamental a la polémica sobre "feudalismo" y "capitalismo" y a la importancia que la dilucidación de este problema tiene en la realidad política latinoamericana, donde todavía algunos esperan la llegada salvadora de la inversión capitalista que generaría el necesario desarrollo de las fuerzas productivas indispensable para una construcción del socialismo.

PETRÓLEO Y ESTRATEGIA: MÉXICO Y ESTADOS UNIDOS EN EL CONTEXTO DE LA POLÍTICA GLOBAL

JOHN SAXE-FERNÁNDEZ

John Saxe-Fernández analiza los instrumentos y estrategias que esgrime el aparato corporativo e industrial-militar de los Estados Unidos para contener la crisis *múltiple* que en la actualidad abate al sistema capitalista como un todo. En especial se estudian los esfuerzos de la clase dominante norteamericana por conjuntar las metas de la empresa privada con las de la *seguridad nacional* y justificar su política intervencionista y bélica para impulsar la investigación y el desarrollo de sistemas de armamentos que proporcionen la capacidad de primer ataque, desestabilicen los componentes del sistema estratégico global y desarrollen actitudes técnicas para la guerra nuclear "limitada"; promover a nivel internacional un resurgimiento de la *guerra fría* y a nivel hemisférico conceder apoyo policiaco-militar e ideológico para enfrentar la "subversión comunista"; elaborar mecanismos financieros, económicos, políticos y militares para alcanzar las metas de la seguridad nacional (así como los fines de maximización de las ganancias de la empresa privada norteamericana) "integrando" a México y Canadá en una unidad geopolítica y mercantil (América del Norte) bajo liderazgo político, económico y militar estadounidense.

John Saxe-Fernández, autor de *Proyecciones hemisféricas de la pax americana, Ciencia social y política exterior* y *De la seguridad nacional,* es profesor de sociología y asuntos latinoamericanos en la Facultad de Ciencias Políticas y Sociales de la UNAM y director del proyecto Lázaro Cárdenas sobre la condición estratégica del petróleo en el hemisferio occidental.

LA ECONOMÍA DE LA MUERTE

RICHARD J. BARNET

Una llamada de atención: miles de millones de dólares han sido gastados en defensa desde 1946; pero ¿a dónde han ido a dar? El público ha sido estafado con su propio consentimiento y las decisiones irracionales y el derroche en gastos militares continúan.

La economía de la muerte nos proporciona ejemplos documentados del espantoso desperdicio en contratos de defensa, incluyendo más de 23 mil millones invertidos en proyectiles inútiles, y de cómo los norteamericanos están dedicando más recursos a la industria de la guerra de los que emplean los gobiernos federal, estatal y local en salud pública y hospitales, educación, beneficios por ancianidad y jubilación, desempleo y seguro social juntos.

El resultado de esta gigantesca inversión destinada a "seguridad" ha sido situar al pueblo norteamericano entre los más inseguros del planeta, sentimiento que es un reflejo de una sociedad cuya violencia va en aumento.

Pero la muerte no sólo llama a la puerta de los norteamericanos. La irracionalidad de sus gastos de defensa repercuten en todos los pueblos, y en especial sobre los países latinoamericanos.

Richard J. Barnet es codirector del Institute for Policy Studies de Washington. Durante el gobierno de Kennedy fue funcionario del Departamento de Estado y de la Oficina para el Control de Armamentos y el Desarme en Estados Unidos. Ha publicado también *Intervention and Revolution* (1968).

CÓMO MUERE LA OTRA MITAD DEL MUNDO. LAS VERDADERAS RAZONES DEL HAMBRE

SUSAN GEORGE

¿Por qué hay tanta hambre en el mundo? Susan George asegura categóricamente y con fundamentos bastante sólidos que no se debe ni a la sobrepoblación del planeta ni a las condiciones climatológicas. Se debe a que los ricos controlan los alimentos. Sólo los pobres pasan hambre.

Que esto sea así, es en buena medida responsabilidad de las corporaciones transnacionales y de los gobiernos occidentales con sus políticas de "ayuda alimentaria" y sus organizaciones multilaterales de desarrollo, supuestamente neutrales. Todas estas entidades trabajan en cooperación con las élites locales que, a su vez, son nutridas y protegidas por el poder del mundo desarrollado. Quien abre el camino, dirige operaciones e impone gradualmente un control sobre todo el planeta es Estados Unidos.

Sólo aquellos afortunados que puedan llegar a convertirse en consumidores comerán en el "Mundo feliz" que están construyendo los bien alimentados. Las soluciones liberales estándar para alimentar al mundo —el control de la natalidad o la revolución verde— son justamente lo que los pobres con hambre *no* necesitan. Lo que necesitan es un cambio social, conocido también como justicia. Con eso podrían, y lograrían, resolver la mayoría de sus problemas por sí mismos.

www.ingramcontent.com/pod-product-compliance
Lightning Source LLC
Chambersburg PA
CBHW030009290326
41934CB00005B/276